Collection in Maritime & Ocean Law by Sun Yat-sen University:
Volume 2

# 中山大学海事法文丛

## 第二辑

郭 萍 / 主 编

王 崇 / 执行主编

中山大学出版社
SUN YAT-SEN UNIVERSITY PRESS

·广州·

图书在版编目（CIP）数据

中山大学海事法文丛·第二辑/郭萍主编；王崇执行主编 . —广州：中山大学出版社，2023.6

ISBN 978 - 7 - 306 - 07835 - 3

Ⅰ . ①中… Ⅱ . ①郭…②王… Ⅲ . ①海事法规—文集 Ⅳ . ①D993.5 - 53

中国国家版本馆 CIP 数据核字（2023）第 113059 号

ZHONGSHANDAXUE HAISHIFA WENCONG · DI-ER JI

出 版 人：王天琪
策划编辑：赵　婷
责任编辑：赵　婷
封面设计：曾　婷
责任校对：廖丽玲
责任技编：靳晓虹
出版发行：中山大学出版社
电　　话：编辑部 020 - 84110283，84111997，84110779，84113349
　　　　　发行部 020 - 84111998，84111981，84111160
地　　址：广州市新港西路 135 号
邮　　编：510275　　　　　传　真：020 - 84036565
网　　址：http://www.zsup.com.cn　　E-mail:zdcbs@ mail.sysu.edu.cn
印 刷 者：广州方迪数字印刷有限公司
规　　格：787mm×1092mm　1/16　13.5 印张　265 千字
版次印次：2023 年 6 月第 1 版　2023 年 6 月第 1 次印刷
定　　价：38.00 元

# 目　　录

纪念《联合国海洋法公约》
通过 40 周年

# 中国与《联合国海洋法公约》：
# 历史回顾、特点分析及影响评价<sup>*</sup>

曲 波<sup>**</sup>

**摘要：**中国从1972年参加海底委员会会议到全程参加第三次联合国海洋法会议期间，就会议的程序问题、公约的具体制度及公约的序言和最后条款等发表了观点。中国代表在第三次联合国海洋法会议上参与广泛，虽发言主要以支持发展中国家的主张、维护发展中国家的利益为主，但对岛屿权益等涉及自身根本利益及原则的问题一直坚持己见。随着会议进程的不断发展，中国代表的发言也从以意识形态入手向注重说理转变。这些特点与中国自身定位、特定的时代背景及第三次海洋法会议上的特殊性有关。虽然诸多因素决定了中国在第三次海洋法会议上的影响力有限，但中国代表团就海洋权的立场及支持的相关主张在《联合国海洋法公约》中是有所体现的，而且对中国的国内立法及实践也有一定影响。当然，特定时代下的一些主张未考虑中国的长远利益及自身地理状况，对中国的海洋权益也有一定的消极影响。但20世纪七八十年代的环境决定了中国必然会有当时的选择和表现，这次造法活动的经历也为之后我国参与国际海洋治理提供了经验。

**关键词：**海底委员会；第三次联合国海洋法会议；中国代表；发展中国家；《联合国海洋法公约》

　　1971年中国恢复了在联合国的合法席位，同年联合国大会（以下简称"联大"）通过决议，接纳中国参加"和平利用国家管辖范围以外海床洋底委员会"（以下简称"海底委员会"）。1972年中国开始出席海底委员会的会议，

　　* 本文系国家社会科学基金项目"争议海域单方行为法律问题研究"（项目编号20BFX211）的阶段性成果。

　　** 曲波，女，宁波大学法学院/南方海洋科学与工程广东省实验室（珠海）教授，博士研究生导师，研究方向：国际公法、海洋法。

而后全程参加了第三次联合国海洋法会议，并在 1982 年《联合国海洋法公约》（以下简称《公约》）开放签署的当天就进行了签署，1996 年批准《公约》①。那么，中国在出席第三次联合国海洋法会议时的立场和观点是什么②，为何如此，具体有何影响，本文拟就这些问题进行分析。

## 一、第三次联合国海洋法会议中国代表的立场和观点

中国在首次出席海底委员会会议时就阐明了关于海洋权问题的原则立场，总体来说，是将和平共处五项原则这一国际法基本原则作为处理国家间海洋问题的原则，主张"大小国家一律平等，应该成为解决海洋权问题上各国共同遵循的一项基本原则""规定领海权的范围是各个国家的主权""各沿海国有权支配其沿岸海域、海底和海底下层的自然资源""各国领海和管辖权范围以外的海洋及海底资源，原则上为世界各国人民所共有""各国领海和管辖权范围以外的海床洋底，只能用于和平目的"。③ 在这一立场原则下，中国代表就以下问题发表了观点。

（一）第三次海洋法会议的相关问题

中国代表团不仅就海洋法的具体问题提供了建议，还就会议本身的问题发表了观点。

第一，会议应具有的特点。中国代表提出："这次会议在各方面，即从领导机构的组成、议事规则的制定、邀请范围到实质性的讨论等，都应反映出世界形势的这种变化，使国家不分大小，一律平等和尊重各国主权的原则得以贯

---

① See United Nations Convention on the Law of the Sea, United Nations, https：//www. un. org/Depts/los/reference_files/Los106UnclosStatusTableEng. pdf, 2022 - 08 - 30.

② 由于海底委员会主要负责筹备第三次联合国海洋法会议，鉴于二者的关系，中国的立场和观点从 1972 年参加海底委员会时起算，个别就召开海洋法会议的发言是在联大会议上发表的。资料主要来源于 1972 年至 1982 年的《我国代表团出席联合国有关会议文件集》。为行文方便，数字统一用阿拉伯数字表示，受字数所限，代表发言的具体日期省略。

③ 《安致远代表在海底委员会全体会议上发言阐明我国政府关于海洋权问题的原则立场》，《我国代表团出席联合国有关会议文件集》（1972），人民出版社 1972 年版，第 191～192 页。

彻。"① 如在议事规则方面，反对"协商一致"原则②；就会议邀请范围，指出"原则上邀请的范围应该尽可能广泛。但是，对于一些复杂的和特殊的情况，则应当具体研究，合理解决"，"不得邀请蒋介石集团代表出席海法会议""应该邀请柬埔寨的唯一合法政府——西哈努克亲王领导的柬埔寨王国民族团结政府的代表出席海法会议"，③ "越南南方共和临时革命政府是越南南方人民的真正代表……由西贡当局代表单方面出席这次会议是不适当的，不合理的"④；认为没有民族解放运动和组织的代表参加是不合理的⑤；等等。

第二，会议召开的时间和地点。中国代表在参加联大会议时指出"海底委员会的工作虽然取得了一些成果，但是……在海洋法的许多根本问题上还存在着严重的分歧，同时起草海洋法条文的工作还才着手进行"⑥，所以支持一些国家提出的"在 1973 年再开两次海底委员会会议，继续为海洋法会议进行准备"⑦，赞成海洋法会议在发展中国家举行⑧，并具体指出"原则上同意于1974 年举行国际海洋法会议""国际海洋法会议在圣地亚哥召开是十分适宜的"⑨。

第三，日内瓦海洋法四公约与会议的关系。该问题的核心是第三次海洋法会议是以日内瓦四公约为基础进行修补，还是重新审议所有的海洋法问题，制定新公约。中国代表提到四公约的不足，如《领海及毗连区公约》关于毗连区范围及对国际航行的海峡的无害通过的规定，《公海公约》公海四大自由的

---

① 《凌青同志关于海洋法会议问题的发言》，《我国代表团出席联合国有关会议文件集续集》（1973），人民出版社 1974 年版，第 59 页。

② 参见《凌青同志关于海洋法会议问题的发言》，《我国代表团出席联合国有关会议文件集续集》（1973），人民出版社 1974 年版，第 59～60 页。

③ 《凌青同志关于海洋法会议问题的发言》，《我国代表团出席联合国有关会议文件集续集》（1973），人民出版社 1974 年版，第 60 页。

④ 《柴树藩同志在第二期会议上的发言》，《我国代表团出席联合国有关会议文件集》（1974.7—12），人民出版社 1975 年版，第 278 页。

⑤ 参见《柴树藩同志在第二期会议上的发言》，《我国代表团出席联合国有关会议文件集》（1974.7—12），人民出版社 1975 年版，第 278 页。

⑥ 《陈楚同志关于海洋法会议问题的发言》，《我国代表团出席联合国有关会议文件集续集》（1972），人民出版社 1973 年版，第 99 页。

⑦ 《陈志方代表在海底委员会全体会议上发言主张各国应继续为海洋法会议进行准备》，《我国代表团出席联合国有关会议文件集》（1972），人民出版社 1972 年版，第 223 页。

⑧ 参见《凌青同志关于海洋法会议问题的发言》，《我国代表团出席联合国有关会议文件集续集》（1973），人民出版社 1974 年版，第 60 页。

⑨ 《陈楚同志关于海洋法会议问题的发言》，《我国代表团出席联合国有关会议文件集续集》（1972），人民出版社 1973 年版，第 99 页。

规定，《公海捕鱼和生物资源养护公约》关于捕鱼的规定，《大陆架公约》大陆架定义的标准及该公约一半条款是为了维护"公海自由"而规定的，日内瓦四公约"只规定了各国参加这些公约的程序，却没有对退出公约的手续作出任何规定"。因此，中方支持制定新公约，以代替日内瓦海洋法四公约。①

第四，海洋法会议文本使用等问题。在第三期会议上，会议决定三个主要委员会分别编写一份涵盖其所负责的议题的单一谈判文本，从而合并会议收到的众多提案或草案，并作为讨论的基础。② 中国代表指出"单一的协商案文当然不能代替或排斥各国原有的提案或今后提出新的提案"，认为"应该适当避免和适当改变""成立过多的工作组之类的组织，使许多代表团无法安排参加"。③

## （二）公约的序言和最后条款

序言是任何一部条约的重要组成部分。中国代表结合国际社会形势及自己关于海洋权的原则立场，认为序言"应该充分体现当前世界形势的重要特点，规定：维护民族独立，大小国家一律平等和互相尊重主权，各国的领土完整和正当海洋权益应受尊重和保护，各国管辖范围以外的海床洋底区域及其底土和资源是人类共同继承财产，其资源的开发应为全人类谋福利，特别应顾及发展中国家的利益和需要等重要原则"④。

对于最后条款，中国代表从诸多方面提出建议。首先，对于公约的加入问题，提出"经联合国承认并被邀以观察员身份参加第三次联合国海洋法会议的各解放运动可加入本公约"⑤。其次，对于公约的保留问题，指出"原则上主张公约应该允许提出保留。在国际实践中，多边公约允许不同程度的保留，这原是通常的做法……使之得到尽多国家的批准而早日生效，规定适当的保留条款，是必要和适宜的……也同意应当保持公约的必要完整性……也不赞成漫

---

① 参见《沈韦良同志在海底委员会第二小组委员会会议上关于日内瓦海法四公约问题的发言》，《我国代表团出席联合国有关会议文件集》（1973），人民出版社1973年版，第74～79页。

② See Third UN Conference on the Law of the Sea, 4 Official Records 153 (1975).

③ 《毕季龙团长在全体会议上的发言》，《我国代表团出席联合国有关会议文件集》（1975.1—6），人民出版社1976年版，第44～45页。

④ 《安致远团长在全体会议上的发言》，《我国代表团出席联合国有关会议文件集》（1978.1—6），人民出版社1978年版，第148～149页。

⑤ 《安致远团长在全体会议上的发言》，《我国代表团出席联合国有关会议文件集》（1978.1—6），人民出版社1978年版，第149页。

无限制的保留规定"①。再次，对于公约的废止问题，即退约问题，认为"废约和缔约一样，是缔约国的主权权利，一个缔约国在按公约规定程序通知废约时，它有权自行决定是否说明废约理由，而且无论说不说明理由，都不影响该国通知废约的法律效力"②。最后，对于公约的生效问题，认为"规定公约生效的条件，应该同本公约第十一部分有关问题联系起来考虑，以便既能使公约早日生效，又利于促使海底管理局尽快成立和发挥作用"，但是反对"尽管已有规定数目的国家批准和加入公约，然而由于某些国家尚未批准或加入公约，因而不能……组成管理局理事会，公约也不能生效"，主张 70 个国家批准或加入后公约生效。③

## （三）领海

对于一国管辖范围的领海，中国代表主要在以下四个方面发表了观点。

第一，领海宽度。联合国第一次和第二次海洋法会议并没有解决领海宽度的问题，中国代表认为"各沿海国有权根据自己的地理条件、考虑到本国的安全和民族经济利益的需要，合理地规定其领海和管辖权范围"④，不能将领海宽度限制在 12 海里，应由各国自行决定⑤。虽然中国 1958 年宣布自己的领海为 12 海里，但是不反对别国的领海超过 12 海里，⑥ 提出"坚决支持拉丁美洲国家带头兴起的捍卫 200 海里领海权"⑦。

第二，沿海国在领海的权利。指出领海"完全属于沿海国主权所支配"⑧，

---

① 《刘度副代表在"最后条款"法律专家小组会议上的发言（摘要）》，《中国代表团出席联合国有关会议文件集》（1980.1—6），世界知识出版社 1981 年版，第 85～86 页。

② 《刘度副代表在"最后条款"法律专家小组会议上的发言（摘要）》，《中国代表团出席联合国有关会议文件集》（1980.1—6），世界知识出版社 1981 年版，第 86 页。

③ 参见《刘度副代表在"最后条款"法律专家小组会议上的发言（摘要)》，《中国代表团出席联合国有关会议文件集》（1980.1—6），世界知识出版社 1981 年版，第 87～88 页。

④ 《安致远代表在海底委员会全体会议上发言阐明我国政府关于海洋权问题的原则立场》，《我国代表团出席联合国有关会议文件集》（1972），人民出版社 1972 年版，第 191 页。

⑤ 参见《陈楚同志关于海洋法会议问题的发言》，《我国代表团出席联合国有关会议文件集续集》（1972），人民出版社 1973 年版，第 98 页。

⑥ 参见《庄焰同志在海底委员会第二小组委员会会议上的发言》，《我国代表团出席联合国有关会议文件集》（1973），人民出版社 1973 年版，第 85 页。

⑦ 《安致远代表在海底委员会全体会议上发言阐明我国政府关于海洋权问题的原则立场》，《我国代表团出席联合国有关会议文件集》（1972），人民出版社 1972 年版，第 190 页。

⑧ 《庄焰同志在海底委员会第二小组委员会会议上关于领海和专属经济区问题的发言》，《我国代表团出席联合国有关会议文件集》（1973），人民出版社 1973 年版，第 66 页。

"各沿海国有权支配其沿岸海域、海底和海底下层的自然资源"①。

第三，领海划界。主张"同处一个海域的国家必须平等和对等地划分两个国家之间的领海界限"②。

第四，军舰在领海的通过。在海底委员会会议上，中国代表主张"外国军舰和军用飞机通过时，应该事先得到许可"③。在第三次联合国海洋法会议上强调外国军舰通过领海需事先经沿海国批准或通知沿海国④，并指出美国和苏联最初承认外国军舰没有自由通过别国领海的权利，但为了向外扩张而改变了立场⑤。提出不能用"一切船舶"的名义掩盖军舰与商船的区别⑥，"只有外国非军用船舶才能享有无害通过领海的权利"⑦。认为公约对外国军舰通过领海的规定很不明确，这使将来的执行和解释可能会产生分歧。⑧

## （四）用于国际航行的海峡

在该类海峡的地位上，中国代表认为"在海峡定义问题上是不能含糊的，必须就位于一国或几国领海范围内用于国际航行的海峡，根据一个国家对其领海拥有完全主权的原则，作出明确的规定"⑨；"属于各国领海范围内的海峡，不论是否经常用于国际航行的海峡，应由各沿岸国进行管理"，"不能改变它

---

① 《王子川同志在关于发展中国家自然资源永久主权决议草案表决前的解释性发言》，《我国代表团出席联合国有关会议文件集续集》（1972），人民出版社1973年版，第142页。

② 《王子川同志在关于发展中国家自然资源永久主权决议草案表决前的解释性发言》，《我国代表团出席联合国有关会议文件集续集》（1972），人民出版社1973年版，第142页。

③ 《沈韦良代表在海底委员会第二小组委员会会议上就海峡通航问题的发言》，《我国代表团出席联合国有关会议文件集》（1972），人民出版社1972年版，第206页。

④ 参见《沈韦良副团长在全会上的发言》，《中国代表团出席联合国有关会议文件集》（1982.1—6），世界知识出版社1983年版，第91页。

⑤ 参见《沈韦良代表在海底委员会第二小组委员会会议上就海峡通航问题的发言》，《我国代表团出席联合国有关会议文件集》（1972），人民出版社1972年版，第207～210页。

⑥ 参见《凌青同志在第二委员会关于海峡通行问题的发言》，《我国代表团出席联合国有关会议文件集》（1974.7—12），人民出版社1975年版，第289页；《安致远团长在二委非正式会议上关于领海内军舰通过制度问题的发言》，《我国代表团出席联合国有关会议文件集》（1978.1—6），人民出版社1978年版，第132页。

⑦ 《沈韦良副团长在全体会议上的发言》，《中国代表团出席联合国有关会议文件集》（1980.7—12），世界知识出版社1982年版，第278页。

⑧ 《沈韦良副团长在全会上的发言》，《中国代表团出席联合国有关会议文件集》（1982.1—6），世界知识出版社1983年版，第86页。

⑨ 《沈志成同志在第二委员会"无害通过"小组会议上关于海峡通行问题的发言》，《我国代表团出席联合国有关会议文件集》（1975.1—6），人民出版社1976年版，第70～71页。

的领海地位而成为公海"①。

在通过制度上，由于用于国际航行的海峡处于领海范围内，中国代表主张领海范围内的海峡不是公海，不能实行自由航行制度。② 部分代表提出，"外国商船可以无害通过，但是应该遵守各沿岸国的有关法令和制度的规定"③，"外国军用船舶通过时需事先通知或经该国事先同意"④，并提出《领海和毗连区公约》第16条规定（国际航行的海峡中，不得停止外国船舶的无害通过）是不合理的。⑤

### （五）低潮高地

关于低潮高地能否作为起讫点的问题⑥，中国代表认为："对于同样的自然地理地形加以人为的区别是不合理的……低潮高地不问是否建有永久高于海面的灯塔或类似设施设备，都可以作为基线的起讫点。"⑦

---

① 《沈韦良代表在海底委员会第二小组委员会会议上就海峡通航问题的发言》，《我国代表团出席联合国有关会议文件集》（1972），人民出版社1972年版，第206、211页。

② 参见《沈志成同志在第二委员会"无害通过"小组会议上关于海峡通行问题的发言》，《我国代表团出席联合国有关会议文件集》（1975.1—6），人民出版社1976年版，第72页。

③ 《沈韦良代表在海底委员会第二小组委员会会议上就海峡通航问题的发言》，《我国代表团出席联合国有关会议文件集》（1972），人民出版社1972年版，第211页；《柴树藩同志在第二期会议上的发言》，《我国代表团出席联合国有关会议文件集》（1974.7—12），人民出版社1975年版，第275～276页；《沈志成同志在第二委员会"无害通过"小组会议上关于海峡通行问题的发言》，《我国代表团出席联合国有关会议文件集》（1975.1—6），人民出版社1976年版，第71～72页；《安致远团长在二委非正式会议上关于领海内军舰通过制度问题的发言》，《我国代表团出席联合国有关会议文件集》（1978.1—6），人民出版社1978年版，第131页。

④ 《柴树藩同志在第二期会议上的发言》，《我国代表团出席联合国有关会议文件集》（1974.7—12），人民出版社1975年版，第276页；《沈志成同志在第二委员会"无害通过"小组会议上关于海峡通行问题的发言》，《我国代表团出席联合国有关会议文件集》（1975.1—6），人民出版社1976年版，第71～72页；《安致远团长在二委非正式会议上关于领海内军舰通过制度问题的发言》，《我国代表团出席联合国有关会议文件集》（1978.1—6），人民出版社1978年版，第131页。

⑤ 参见《沈韦良同志在海底委员会第二小组委员会会议上关于日内瓦海法四公约问题的发言》，《我国代表团出席联合国有关会议文件集》（1973），人民出版社1973年版，第75页。

⑥ 《联合国海洋法公约》在第49条第4款群岛基线中规定了低潮高地起讫点的问题。

⑦ 《安致远团长在二委非正式会议上关于低潮高地问题的发言》，《我国代表团出席联合国有关会议文件集》（1978.1—6），人民出版社1978年版，第130页。

（六）专属经济区

专属经济区是第三次联合国海洋法会议的主要议题，中国代表从多个角度发表了观点。

1. 设立专属经济区的必要性

中国代表认为，"有些国家根据具体条件和民族经济利益发展的需要，可以在领海以外合理地以专属经济区、大陆架、承袭海、渔业区的名义划定本国在经济资源方面的管辖范围，这是属于一国的主权行为"[1]，"以便保护其渔业资源"[2]，"以维护沿海的发展中国家和中小国家的主权和权利……保障它们的安全不受任何外国以捕鱼为借口的威胁和破坏"[3]。

2. 专属经济区渔业问题

在专属经济区的这一核心问题上，中国代表指出：第一，专属经济区的渔业资源为沿海国所有[4]；"沿海国在12海里以外有某些渔业优先权"[5]，有权自行决定专属经济区内的最大允许捕获量[6]；外国渔船在尊重沿海国主权和管辖权，通过平等协商订立协议，遵守沿海国的有关法律规章，得到沿海国的允许后才能在沿海国的专属经济区捕鱼[7]。第二，必须重视专属经济区内渔业资源的管理和养护。[8] 第三，违反沿海国渔业法律规章的行为由沿海国处理，而非

---

① 《庄焰同志在海底委员会第二小组委员会会议上关于领海和专属经济区问题的发言》，《我国代表团出席联合国有关会议文件集》（1973），人民出版社1973年版，第65页。

② 《陈志方代表在海底委员会第二小组委员会会议上就"捕鱼问题"的发言》，《我国代表团出席联合国有关会议文件集》（1972），人民出版社1972年版，第202页。

③ 《张炳熹同志在第二委员会关于经济区内渔业问题的发言》，《我国代表团出席联合国有关会议文件集》（1975.1—6），人民出版社1976年版，第62页。

④ 参见《陈志方代表在海底委员会第二小组委员会会议上就"捕鱼问题"的发言》，《我国代表团出席联合国有关会议文件集》（1972），人民出版社1972年版，第202～203页。

⑤ 《陈志方代表在海底委员会第二小组委员会会议上就"捕鱼问题"的发言》，《我国代表团出席联合国有关会议文件集》（1972），人民出版社1972年版，第203页。

⑥ 参见《我国代表在第二委员会第一工作组会议上关于专属经济区内沿海国和其他国家的权利和义务问题的发言》，《我国代表团出席联合国有关会议文件集》（1976.7—12），人民出版社1977年版，第180页。

⑦ 参见《张炳熹同志在第二委员会关于经济区内渔业问题的发言》，《我国代表团出席联合国有关会议文件集》（1975.1—6），人民出版社1976年版，第63页。

⑧ 参见《张炳熹同志在第二委员会关于经济区内渔业问题的发言》，《我国代表团出席联合国有关会议文件集》（1975.1—6），人民出版社1976年版，第64页。

船旗国处理。① 第四，发展中内陆国或地理不利国对毗邻沿海国专属经济区的渔业资源有权参与开发或分享利益。②

3. 划定海域的原则

中国代表主张"同处一个海域的邻近国家，应该在平等和互相尊重的基础上，通过协商，合理划分他们之间的管辖范围"③。

4. 专属经济区的法律地位

中国代表指出专属经济区不同于领海④，不同于公海⑤，应明确专属经济区是国家管辖区域，它不属于公海的一部分⑥。反对"公海"部分的相关条款适用于专属经济区，"这就使专属经济区更加接近于公海性质，是同……专属经济区的特定法律制度的规定相矛盾的"⑦。

5. 沿海国及其他国家在专属经济区的权利、管辖权和义务

中国代表在海底委员会的相关会议上就指出沿海国在专属经济区"主要是对该海域内的经济资源，包括生物资源及海底自然资源享有所有权"，"沿海国为保护、利用、探测和开发这些资源，有必要在该区域行使专属管辖权，有权采取必要措施和规定各项有关法令，使这些资源免受掠夺、侵占、破坏或污染"。⑧ 在第七期会议上强调，"沿海国对专属经济区的一切自然资源享有主权权利，对专属经济区的人工设施、环境保护、科学研究等享有专属管辖

---

① 参见《张炳熹同志在第二委员会关于经济区内渔业问题的发言》，《我国代表团出席联合国有关会议文件集》（1975.1—6），人民出版社1976年版，第65页。

② 参见《张炳熹同志在第二委员会关于经济区内渔业问题的发言》，《我国代表团出席联合国有关会议文件集》（1975.1—6），人民出版社1976年版，第64～66页。

③ 《庄焰同志在海底委员会第二小组委员会会议上关于领海和专属经济区问题的发言》，《我国代表团出席联合国有关会议文件集》（1973），人民出版社1973年版，第65页。

④ 参见《庄焰同志在海底委员会第二小组委员会会议上关于领海和专属经济区问题的发言》，《我国代表团出席联合国有关会议文件集》（1973），人民出版社1973年版，第65～66页。

⑤ 参见《沈韦良代表在二委非正式会议上关于反对苏联建议的发言》，《我国代表团出席联合国有关会议文件集》（1978.1—6），人民出版社1978年版，第139页。

⑥ 参见《张炳熹同志在第二委员会非正式协商小组会上驳斥苏修"经济区是公海的一部分"的发言》，《我国代表团出席联合国有关会议文件集》（1975.1—6），人民出版社1976年版，第58～59页。

⑦ 《沈韦良副团长在二委非正式会议上的发言》，《我国代表团出席联合国有关会议文件集》（1978.1—6），人民出版社1978年版，第147页。

⑧ 参见《庄焰同志在海底委员会第二小组委员会会议上关于领海和专属经济区问题的发言》，《我国代表团出席联合国有关会议文件集》（1973），人民出版社1973年版，第66页。

权"，提出"专属权利"和"专属管辖权"不能写成一般的"权利"和"管辖权"。① 并特别强调了专属经济区专属管辖权的事项，包括沿海国"有权制定法律规章……以及为了保证该区域内经济活动的正常进行，以及不受干扰所需要具备的安全管制等"；特别强调了专属经济区必要安全条件对沿海国专属管辖权的重要性。② 也提出沿海国行使前述权利和管辖权时，"应当考虑到毗邻内陆国和地理不利国家的权利和利益，也应当照顾到其他国家的合法使用和利益③，"原则上应给予在经济区内同享一定比例的所有权和管辖权，其具体办法由有关国家通过协商求得合理解决"④。

其他国家"经沿海国的许可后，才能在专属经济区从事有关活动，并应严格遵守沿海国的有关规定和措施。在专属经济区内，其他国家在不妨碍沿海国的安全，不影响其渔业活动和对海底资源的探测、开发的条件下，享有正常航行和飞越的便利"⑤。并强调"保证电缆、管道在不影响沿海国行使权利的条件下敷设、使用等，但是这并不意味着经济区如同公海一样"⑥。一国在专属经济区内行使航行、飞越和其他规定的权利时，不得造成对沿海国政治独立和安全的破坏或威胁。⑦ "外国不得在沿海国的专属经济区内建造任何军事性质的设施和进行军事性质的活动。"⑧ 并强调军事、安全问题是不超出海洋法

① 参见《沈韦良代表在二委非正式会议上的发言》，《我国代表团出席联合国有关会议文件集》（1978.1—6），人民出版社1978年版，第137页。

② 参见《柯在铄同志在第二委员会"经济区"工作小组会议上关于经济区的权利和性质问题的发言》，《我国代表团出席联合国有关会议文件集》（1975.1—6），人民出版社1976年版，第61页。

③ 《柯在铄同志在第二委员会"经济区"工作小组会议上关于经济区的权利和性质问题的发言》，《我国代表团出席联合国有关会议文件集》（1975.1—6），人民出版社1976年版，第61页。

④ 《庄焰同志在海底委员会第二小组委员会会议上关于领海和专属经济区问题的发言》，《我国代表团出席联合国有关会议文件集》（1973），人民出版社1973年版，第66页。

⑤ 《庄焰同志在海底委员会第二小组委员会会议上关于领海和专属经济区问题的发言》，《我国代表团出席联合国有关会议文件集》（1973），人民出版社1973年版，第66页。

⑥ 《张炳熹同志在第二委员会非正式协商小组会上驳斥苏修"经济区是公海的一部分"的发言》，《我国代表团出席联合国有关会议文件集》（1975.1—6），人民出版社1976年版，第58页。

⑦ 参见《我国代表在第二委员会第一工作组会议上关于专属经济区内沿海国和其他国家的权利和义务问题的发言》，《我国代表团出席联合国有关会议文件集》（1976.7—12），人民出版社1977年版，第181页。

⑧ 《沈韦良代表在二委非正式会议上的发言》，《我国代表团出席联合国有关会议文件集》（1978.1—6），人民出版社1978年版，第138页。

范围的。①

此外，中国代表支持发展中国家提出的删除专属经济区中剩余权利问题。②

（七）大陆架

对于大陆架，中国代表主要在以下方面发表了观点。

第一，大陆架的定义。中国代表指出"世界各地大陆边的地理地质构造具有不同的情况和特点，案文中有关大陆架的定义和概念应规定得较为灵活一些"③，并提出了具体建议④。

第二，大陆架的范围。中国代表反对《大陆架公约》规定的 200 米等深线和容许开采的深度。因为这显然"对技术先进的海洋大国是有利的"⑤，"应当根据大陆架上沿海国陆地领土自然延伸的原则，来确定一国大陆架的范围"⑥，"在不影响自然延伸的原则下，不到 200 海里的可以延伸到 200 海里"⑦，"大陆架的外部界限从测算领海的基线量起不能超过 350 海里或 2500 米水深线以外 100 海里，也比较合理"⑧。

第三，大陆架划界。中国代表主张"我国和相邻或相向国家间有关大陆

---

① 参见《我国代表在第二委员会第一工作组会议上关于专属经济区内沿海国和其他国家的权利和义务问题的发言》，《我国代表团出席联合国有关会议文件集》（1976.7—12），人民出版社 1977 年版，第 181 页。

② 参见《我国代表在第二委员会第一工作组会议上关于专属经济区内沿海国和其他国家的权利和义务问题的发言》，《我国代表团出席联合国有关会议文件集》（1976.7—12），人民出版社 1977 年版，第 179 页。

③ 《沈韦良副团长在全体会议上的发言》，《中国代表团出席联合国有关会议文件集》（1980.7—12），世界知识出版社 1982 年版，第 279 页。

④ 参见《沈韦良副团长在二委非正式会议上的发言》，《中国代表团出席联合国有关会议文件集》（1982.1—6），世界知识出版社 1983 年版，第 85 页；《沈韦良副团长在全会上的发言》，《中国代表团出席联合国有关会议文件集》（1982.1—6），世界知识出版社 1983 年版，第 87～88 页。

⑤ 《沈韦良同志在海底委员会第二小组委员会会议上关于日内瓦海法四公约问题的发言》，《我国代表团出席联合国有关会议文件集》（1973），人民出版社 1973 年版，第 77 页。

⑥ 《郭振西代表在第六协商组会上关于大陆架问题的发言》，《中国代表团出席联合国有关会议文件集》（1979.1—6），世界知识出版社 1979 年版，第 85～86 页。

⑦ 《沈韦良副团长在全体会议上的发言》，《中国代表团出席联合国有关会议文件集》（1980.7—12），世界知识出版社 1982 年版，第 279 页。

⑧ 《沈韦良副团长在全体会议上的发言》，《中国代表团出席联合国有关会议文件集》（1980.7—12），世界知识出版社 1982 年版，第 279 页。

架管辖范围，由有关国家在平等协商的基础上共同确定"①。

第四，大陆架的人工岛屿、设施。中国代表认为沿海国对大陆架上的人工岛屿享有管辖权，反对外国在大陆架上设置人工岛屿②。大陆架内不得建造任何军事性质的设施和进行军事性质的活动③。

此外中国代表还主张，200海里以外大陆架的开发收益采用一定比例的分享制度④；在解决大陆架问题时，对内陆国和其他地理不利国家特别是其中的发展中国家的利益和要求，应予适当照顾。⑤

## （八）公海

中国代表反对《公海公约》的四大自由，认为这四大自由"实质上是超级大国对其他国家、特别是发展中国家进行侵略、威胁、掠夺的'自由'，是他们推行霸权主义和强权政治的'自由'"⑥。

## （九）国际海底区域

国际海底区域（以下简称"区域"）是新海洋秩序的核心，在该制度上，中国从多个角度发表了观点。

1. 管理区域的国际制度

中国代表认为区域制度应该以1970年《联合国关于各国管辖范围以外的海床、洋底及其底层的原则宣言》（以下简称《原则宣言》）为依据。支持"人类共同继承遗产"原则，认为"区域及其资源既然在各国管辖范围以外，原则上应为世界各国人民所共有"⑦；指出"把生物资源包括在管制范围之内

---

① 《黄明达同志在全面委员会会议上关于亚洲近海资源问题的发言》，《我国代表团出席联合国有关会议文件集》（1973.7—1974.7），人民出版社1974年版，第85页。

② 参见《郭振西代表在第六协商组会上关于大陆架问题的发言》，《中国代表团出席联合国有关会议文件集》（1979.1—6），世界知识出版社1979年版，第86页。

③ 参见《沈韦良代表在二委非正式会议上的发言》，《我国代表团出席联合国有关会议文件集》（1978.1—6），人民出版社1978年版，第138页。

④ 参见《郭振西代表在第六协商组会上关于大陆架问题的发言》，《中国代表团出席联合国有关会议文件集》（1979.1—6），世界知识出版社1979年版，第86页。

⑤ 参见《郭振西代表在第六协商组会上关于大陆架问题的发言》，《中国代表团出席联合国有关会议文件集》（1979.1—6），世界知识出版社1979年版，第86页。

⑥ 《沈韦良同志在海底委员会第二小组委员会会议上关于日内瓦海法四公约问题的发言》，《我国代表团出席联合国有关会议文件集》（1973），人民出版社1973年版，第76页。

⑦ 《夏璞代表在海底委员会第一小组委员会会议上关于海洋国际制度问题的发言》，《我国代表团出席联合国有关会议文件集》（1972），人民出版社1972年版，第212～213页。

是适当的"，但"不应当把国际制度管制的对象仅限于海底探测和开发活动"；① 认为"区域应用于和平目的"②，"应该禁止一切核潜艇在国际和别国海床、洋底活动。只是禁止在海底设置核武器和进行核试验是不够的"③。

2. 管理区域的国际机构

在国际机构的性质和地位方面，中国代表认为，基于区域及其资源的性质而建立的国际机构，"也应当由世界各国共同管理"④；在国际机构的组成方面，主张"根据大小国家一律平等、地区合理分配、经过选举轮流担任等原则来行事……必须反映当前发展中国家在国际事务中发挥积极作用的现实情况，使他们在机构中占有较大的比重"⑤。具体设计如下：

首先，支持77国集团提出的关于国际管理局的权力的方案。"国际管理局代表全人类对区域及其资源拥有所有权，并对资源拥有一切其他权力；管理局具有广泛的实际权力，对一切有关国际海底的活动，经常保持直接有效的控制；管理局有权随时确定区域内可以进行勘探和开发活动的部分；管理局有权在任何时间采取必要措施，以实现公约的规定，特别是有关管制生产的规定；管理局在情况发生激烈变化或不可抗力时，可采取适当措施，包括对合同采取必要的行动。"⑥

其次，支持发展中国家主张的"大会是最高权力机构，理事会是执行机构，应向大会负责……大会有权审议和决定有关任何重大问题"⑦，"企业部应在大会和理事会的领导下，负责进行有关勘探、开发和科研等一切有关业务

---

① 参见《夏璞代表在海底委员会第一小组委员会会议上关于海洋国际制度问题的发言》，《我国代表团出席联合国有关会议文件集》（1972），人民出版社1972年版，第214页。

② 《柴树藩同志在第二期会议上的发言》，《我国代表团出席联合国有关会议文件集》（1974.7—12），人民出版社1975年版，第276页。

③ 《夏璞代表在海底委员会第一小组委员会会议上关于海洋国际制度问题的发言》，《我国代表团出席联合国有关会议文件集》（1972），人民出版社1972年版，第215页。

④ 《夏璞同志在海底委员会第一小组委员会会议上关于国际机构问题的发言》，《我国代表团出席联合国有关会议文件集》（1973），人民出版社1973年版，第68～69页。

⑤ 《夏璞同志在海底委员会第一小组委员会会议上关于国际机构问题的发言》，《我国代表团出席联合国有关会议文件集》（1973），人民出版社1973年版，第69～70页；《柯在铄同志在第一委员会关于国际制度和机构问题的发言》，《我国代表团出席联合国有关会议文件集》（1974.7—12），人民出版社1975年版，第281页。

⑥ 《王崇理同志在第一委员会工作组会议上关于勘探和开发问题的发言》，《我国代表团出席联合国有关会议文件集》（1975.1—6），人民出版社1976年版，第48～49页。

⑦ 《柯在铄同志在第一委员会关于国际制度和机构问题的发言》，《我国代表团出席联合国有关会议文件集》（1974.7—12），人民出版社1975年版，第281页。

方面的活动"①。理事会的组成，从支持77国最初主张的"所有36个名额应全部按地区分配"到后来同意修正案主张的"应遵循地区公平分配原则，在理事会的36个名额中，24名应按地区公平分配"，"按地区分配的原则是以地理概念作为标准，没有必要在公约中写明什么社会制度"②。在第七期会议上，提到"既然主席说现在的案文是协商的产物，那么……18个成员按地区分配就不能再减少……也不同意每个地区至少有一名成员的规定加以改变"③，"不同意在目前规定的18个名额中，改为每地区至少2名。由于亚非拉国家占大多数，它们至少应占有14个名额……利益集团中都应有发展中国家的名额"④。

最后，在大会和理事会的表决制度上，支持发展中国家主张的"实质问题经成员国2/3通过，程序问题经成员国过半数通过"⑤，"一个问题是实质问题还是程序问题的决定，则由出席和参加表决的成员国过半数作出"⑥。在第九期会议上提出，"由于各方意见分歧……目前新案文对实质问题采取分类，使用不同的表决办法。虽然这种办法我们并不满意，但考虑到目前的实际情况，只要大多数国家能够接受，我们原则上不加反对……对问题应属哪一项产生争议时，这个问题应由2/3多数作出决定"⑦。针对否决票，指出，"如果否决票数少到5票或6票，就等于说任何特殊利益集团都能够阻挠一个重要问题的决定，其结果只能是使理事会陷于瘫痪或半瘫痪"⑧，"为照顾某些利益集团成员国的特殊利益的需要，可以以计算赞成票或反对票的方式设置'阻挡票'的办法，但这种办法应只允许适用于为数有限而且明确规定的那些确属重大的

① 《田进同志在第一委员会全体会议上关于国际海底机构问题的发言》，《我国代表团出席联合国有关会议文件集》（1975.1—6），人民出版社1976年版，第52页。

② 参见《吴晓达代表在一委非正式协商会议上的发言》，《我国代表团出席联合国有关会议文件集》（1977.1—6），人民出版社1978年版，第59～60页。

③ 《欧阳楚屏代表在第三协商组会议上的发言》，《我国代表团出席联合国有关会议文件集》（1978.1—6），人民出版社1978年版，第133页。

④ 《欧阳楚屏代表在第三协商组会议上的发言》，《我国代表团出席联合国有关会议文件集》（1978.1—6），人民出版社1978年版，第145～146页。

⑤ 《柯在铄同志在第一委员会关于国际制度和机构问题的发言》，《我国代表团出席联合国有关会议文件集》（1974.7—12），人民出版社1975年版，第281页。

⑥ 《吴晓达代表在一委非正式协商会议上的发言》，《我国代表团出席联合国有关会议文件集》（1977.1—6），人民出版社1978年版，第60页。

⑦ 《沈韦良副团长在全体会议上的发言》，《中国代表团出席联合国有关会议文件集》（1980.7—12），世界知识出版社1982年版，第277～278页。

⑧ 《郭振西代表在一委非正式会议上关于国际海底问题的发言》，《中国代表团出席联合国有关会议文件集》（1979.7—12），世界知识出版社1980年版，第235页。

实质问题；同时'阻挡票'的票数不能过少，更不能由此形成一个集团甚或极少数国家拥有事实上的或者变相的否决权……对于地区集团的特殊利益……我们反对不分地区集团的大小，笼统地规定，只要一个区域或者一个区域加上很少的其他区域的成员国，就可以集体投反对票而阻挠决议的通过"①。

3. 开发区域的机构和制度之间的关系

提出二者是"紧密联系的。确定国际制度是确定国际机构的前提。国际机构要按照国际制度的形式，国际制度要由国际机构来执行"②。

4. 区域勘探和开发活动

（1）区域制度和机构建立之前的开发活动。主张"国际制度建立以前，应该停止在这个区域中进行以商业性开发资源为目的的活动"③。

（2）开发的目的和方针。"只有管理局才能代表全人类……开发国际海底资源的目的和方针应该是造福于全人类……应该有助于建立新的国际经济秩序，促使发展中国家的经济得到有力的发展，应该避免对它们的国民经济产生任何不良的影响。"④

（3）开发制度的原则性规定。支持77国集团提出的开发制度方面的原则性规定。认为首先应遵循的原则是"国际海底资源是人类共同财产"，"资源必须由国际机构直接进行开发，或者以在它完全控制下的全体方式进行开发"，"大小国家一律平等"，对发展中国家的特殊需要进行照顾。⑤ 中国代表最初反对把"缔约国""国营企业"、法人和自然人放在同管理局"平等"的

---

① 《欧阳楚屏副代表在第一委员会全体会议上的发言》，《中国代表团出席联合国有关会议文件集》（1980.1—6），世界知识出版社1981年版，第94～95页。

② 《田进同志在第一委员会全体会议上关于国际海底机构问题的发言》，《我国代表团出席联合国有关会议文件集》（1975.1—6），人民出版社1976年版，第52页。

③ 《陈志方代表在海底委员会全体会议上发言主张各国应继续为海洋法会议进行准备》，《我国代表团出席联合国有关会议文件集》（1972），人民出版社1972年版，第224页；《柯在铄同志在第一委员会关于国际制度和机构问题的发言》，《我国代表团出席联合国有关会议文件集》（1974.7—12），人民出版社1975年版，第281页；《夏璞同志在海底委员会第一小组委员会会议上关于国际机构问题的发言》，《我国代表团出席联合国有关会议文件集》（1973），人民出版社1973年版，第71页。

④ 《沈韦良代表在一委非正式协商会议上的发言》，《我国代表团出席联合国有关会议文件集》（1977.1—6），人民出版社1978年版，第48～49页。

⑤ 参见《欧阳楚屏同志在第一委员会非正式会议关于开发条件的发言》，《我国代表团出席联合国有关会议文件集》（1974.7—12），人民出版社1975年版，第283～286页。

地位，反对"平行开发制度"，① 认为要体现"企业部同其他进入区域的实体具有一定的不同地位"②。但在第七期会议上，中国代表指出"开发制度问题的实质就是所谓'单一制度'和'平行制度'的问题"，"在国际管理局直接进行开发的同时，允许缔约国和其他实体在一定条件下进行开发"，所说的条件是"保证管理局对'区域'活动的有效控制，保证管理局通过企业部在开始开发时，具有同其他进入'区域'的实体的同样的实际条件……管理局必须具备必要的资金和技术，向管理局提供资金和技术应是一个先决条件，只有同意承担这个义务的国家及企业才能进入开发……技术转让问题……必须作为订立合同的一个必要条件"；③ 而且"申请人应保证于订立合同的同时，而不是以后，同管理局谈判一项协定，以真正公正而合理的条件，向企业部提供申请人所使用或将使用的技术"④。在第九期会议上，中国代表强调："在案文中要明确规定：申请者在向技术所有人取得技术的同时，应要求技术所有人承担义务，作出在法律上有约束力的书面保证，一旦当企业部提出要求时，必须以向合同承包者提供技术的同样条件向企业部转让技术……要确保企业部获得进行综合作业所需要的全部技术。"⑤

（4）开发的规模问题。中国代表认为："必须对开发国际海底资源的规模进行必要的控制……坚决反对任何国家和公司企图对国际海底资源的开发进行垄断。"⑥

（5）开发制度的审查问题。中国代表认为在特定的开发制度下才同意审查制度。如果在管理局直接有效的控制下，企业部同缔约国或它们的企业以协

---

① 参见《我国代表在第一委员会工作组会议上关于开发制度问题的发言》，《我国代表团出席联合国有关会议文件集》（1976.7—12），人民出版社1977年版，第174页；《我国代表在第一委员会小协商组会上关于管理局职务（第二十二条）的发言》，《我国代表团出席联合国有关会议文件集》（1976.7—12），人民出版社1977年版，第176～178页。

② 《柯在铄代表在第一协商组会议上的发言》，《我国代表团出席联合国有关会议文件集》（1978.1—6），人民出版社1978年版，第122页。

③ 参见《安致远团长在第一协商组会议上的发言》，《我国代表团出席联合国有关会议文件集》（1978.1—6），人民出版社1978年版，第119～120页。

④ 《柯在铄代表在第一协商组会议上的发言》，《我国代表团出席联合国有关会议文件集》（1978.1—6），人民出版社1978年版，第142～143页。

⑤ 《欧阳楚屏副代表在第一委员会全体会议上的发言》，《中国代表团出席联合国有关会议文件集》（1980.1—6），世界知识出版社1981年版，第90页。

⑥ 《沈韦良代表在一委非正式协商会议上的发言》，《我国代表团出席联合国有关会议文件集》（1977.1—6），人民出版社1978年版，第49页。

作的方式进行开发，且这种办法是过渡性的，此时才需要审查制度。① 如果区域内的活动全部由管理局通过企业部进行或者实行完全的平行开发制，那根本就不需要审查制度了。② 后来因为公约涉及各方利益的协调，"考虑到一些工业化国家的主张，同意接受'平行开发制'，但是……除了技术转让和财政资金的保证外，这种'平行开发制'是一种过渡时期的临时制度，在过渡时期结束之后要召开一次审查会议，决定这种制度是否继续实行"③。关于审查会议的表决方式，"有关实质问题的决定由出席并参加表决的成员国 2/3 多数作出，这个多数至少应包括参加该届会议的过半数成员。审查会议没有必要建立同管理局全体大会不一致的表决方法……审查会议通过的对原有规定的决议和修正，无须经过缔约国的批准……审查会议所做的决定，应同管理局的大会所召开的其他会议一样，在通过后即行生效"④。如果审查会议在一定时间内未能就开发制度问题作出决定或达成协议，管理局应该暂时停止同申请人签订新的勘探和开发合同，直至达成协议为止；如果协商后仍不能达成协议，就应该实行区域活动全部由管理局进行的原则。⑤ 在第七期会议上，又表达了"如审查会议未能达成协议，管理局应暂时停止同申请人签订新的合同，除非大会以实质问题所需的多数作出签订的决定"⑥。

（6）生产政策。在处理产量限制方面，要顾及"陆产国的利益"，"消费国的利益"，"有效促进世界经济的健全发展"，为此要"寻求一项有关产量限制的最高限额和最低限额的合理计算办法以及有关生产政策的其他规定"，⑦在第九期会议上，又进行了详细阐述⑧。

---

① 参见《吴晓达代表在一委工作组会议上关于审查制度问题的发言》，《我国代表团出席联合国有关会议文件集》（1977.1—6），人民出版社 1978 年版，第 51～52 页。

② 参见《柯在铄代表在第一协商组会议上的发言》，《我国代表团出席联合国有关会议文件集》（1978.1—6），人民出版社 1978 年版，第 123～124 页。

③ 《欧阳楚屏副代表在第一委员会全体会议上的发言》，《中国代表团出席联合国有关会议文件集》（1980.1—6），世界知识出版社 1981 年版，第 91 页。

④ 《柯在铄代表在第一协商组会议上的发言》，《我国代表团出席联合国有关会议文件集》（1978.1—6），人民出版社 1978 年版，第 124～125 页。

⑤ 参见《柯在铄代表在第一协商组会议上的发言》，《我国代表团出席联合国有关会议文件集》（1978.1—6），人民出版社 1978 年版，第 125 页。

⑥ 《柯在铄代表在第一协商组会议上的发言》，《我国代表团出席联合国有关会议文件集》（1978.1—6），人民出版社 1978 年版，第 144 页。

⑦ 参见《郭振西代表在一委非正式会议上关于国际海底问题的发言》，《中国代表团出席联合国有关会议文件集》（1979.7—12），世界知识出版社 1980 年版，第 232～233 页。

⑧ 参见《欧阳楚屏副代表在第一委员会全体会议上的发言》，《中国代表团出席联合国有关会议文件集》（1980.1—6），世界知识出版社 1981 年版，第 92～93 页。

5. 财政安排及豁免

在财政安排方面，"不能只是片面地照顾承包者的利益，而不考虑管理局和企业部的需要"①，对"企业部开发第一个矿址如何保证其所需资金""企业部豁免捐税问题"发表了具体意见。②

6. 海底各制度间的关系

认为"有关国际海底开发制度、财政安排和管理机构等事项，必须通过一揽子审议以求解决。这一揽子的基础，就是国际海底资源是全人类共同继承财产这一公认的原则"③。

### （十）海洋环境

中国历来重视海洋环境保护。中国代表 1972 年参加海底委员会会议时，对于防止和控制海洋污染，就提出了"尊重各沿海国的权利""履行各国的责任""建立国际管制"的主张。④ 在此基础上，又在第三次海洋法会议的第二期会议上提到了"加强国际合作"⑤。具体内容如下：

第一，沿海国有权对其管辖范围内的海域，根据本国的具体情况，制定环境政策和采取一切必要措施，保护海洋环境，防止污染。当然，沿海国在采取措施时，也应照顾到整体和相邻国家的利益。⑥

第二，各国，特别是工业发达的国家，有责任采取一切有效措施，来解决本国有害物质的排放问题，防止因其管辖范围的海洋环境污染，而损害别国管辖的海域和国际海域的海洋环境。⑦

---

① 《郭振西代表在一委非正式会议上关于国际海底问题的发言》，《中国代表团出席联合国有关会议文件集》（1979.7—12），世界知识出版社 1980 年版，第 234 页。

② 参见《欧阳楚屏副代表在第一委员会全体会议上的发言》，《中国代表团出席联合国有关会议文件集》（1980.1—6），世界知识出版社 1981 年版，第 93～94 页。

③ 《柯在铄代表在全体会议上就第一委员会工作报告的发言》，《中国代表团出席联合国有关会议文件集》（1979.1—6），世界知识出版社 1979 年版，第 87 页。

④ 参见《陈志方代表在海底委员会第三小组委员会会议上关于保护海洋环境问题的发言》，《我国代表团出席联合国有关会议文件集》（1972），人民出版社 1972 年版，第 219～220 页。

⑤ 参见《罗钰如同志在第三委员会关于海洋污染问题的发言》，《我国代表团出席联合国有关会议文件集》（1974.7—12），人民出版社 1975 年版，第 298～300 页。

⑥ 参见《罗钰如同志在第三委员会关于海洋污染问题的发言》，《我国代表团出席联合国有关会议文件集》（1974.7—12），人民出版社 1975 年版，第 299 页。

⑦ 参见《罗钰如同志在第三委员会关于海洋污染问题的发言》，《我国代表团出席联合国有关会议文件集》（1974.7—12），人民出版社 1975 年版，第 299 页。

第三，对国际海域的海洋环境，应制定国际防护措施和标准，实施适当和必要的国际管制，不得在国际海域任意倾倒有害有毒物质，严禁在国际海域倾倒放射性物质和烈性毒品。①

第四，各国以及有关的国际组织应当在尊重主权、平等互利的原则基础上加强合作，开展防止海洋污染的研究，促进有关防污技术和资料的交流与利用。②

### （十一）海洋科研

中国代表批驳了一些国家提出的海洋科研是一种"纯科学"的观点，并提出了海洋科研的基本原则。③

首先，在别国国家管辖范围以内的海域从事海洋科学研究，必须得到有关沿海国的事先同意，并应遵守该沿海国的有关法律和规章。④ "经济区和大陆架在法律性质上是国家管辖范围内的海域，沿海国对该海域内的科研行使专属管辖权是理所当然的……任何科研活动必须经沿海国的'明确同意'。"⑤ 不同意"经济区内与勘探、开发资源'无关'的科学研究，事先通知沿海国即可进行"，因为"在海洋环境中进行科学研究，根本不可能区分哪一种与资源'有关'，哪一种'无关'"；⑥ 反对要求沿海国应采取"包括立法在内的措施，简化科学研究船进入沿海国港口和内水的手续"，因为这实际上是"强行规定

① 参见《罗钰如同志在第三委员会关于海洋污染问题的发言》，《我国代表团出席联合国有关会议文件集》（1974.7—12），人民出版社1975年版，第300页。

② 参见《罗钰如同志在第三委员会关于海洋污染问题的发言》，《我国代表团出席联合国有关会议文件集》（1974.7—12），人民出版社1975年版，第300页。

③ 参见《沈韦良同志在海底委员会第三小组委员会会议上关于海洋科研问题的发言》，《我国代表团出席联合国有关会议文件集》（1973），人民出版社1973年版，第81～83页；《罗钰如同志在第三委员会关于海洋科学研究问题的发言》，《我国代表团出席联合国有关会议文件集》（1974.7—12），人民出版社1975年版，第302页。

④ 参见《沈韦良同志在海底委员会第三小组委员会会议上关于海洋科研问题的发言》，《我国代表团出席联合国有关会议文件集》（1973），人民出版社1973年版，第83页；《罗钰如同志在第三委员会关于海洋科学研究问题的发言》，《我国代表团出席联合国有关会议文件集》（1974.7—12），人民出版社1975年版，第302页。

⑤ 《我国代表在第三委员会全会上关于科研问题的发言》，《我国代表团出席联合国有关会议文件集》（1976.7—12），人民出版社1977年版，第183～184页。

⑥ 参见《罗钰如同志在第三委员会全体会议上关于海洋科学研究问题的发言》，《我国代表团出席联合国有关会议文件集》（1975.1—6），人民出版社1976年版，第74～75页。

沿海国的义务……是对沿海国主权和独立的侵犯"；① 反对沿海国管辖范围内海域的科学设施问题由设置国管辖，认为"除沿海国同意外，必须置于沿海国的管辖之下"②；反对双重标准，如反对苏联一方面倡导"如果非经沿海国同意就不能在大陆架进行任何科学研究，许多有价值的纯科学工作即将停止"，但它却"颁布自己的法律，禁止在其大陆架进行测量考察或任何其他活动，除非根据协定或特别许可"。③

其次，沿海国有权参加别国在其管辖范围内海域的科学研究工作，并有权获得这种科学研究或所得的资料和成果。对这种研究成果的发表和转让，必须事先得到该沿海国的同意。④

再次，在各国管辖范围以外的海域从事科学研究，应受行将建立的国际制度和国际机构的管理。⑤ 反对在"经济区和大陆架范围以外的海床进行海洋科学研究的自由"⑥。

最后，各国应在尊重主权和平等互利的基础上，促进海洋科学研究的国际合作，并积极帮助发展中国家提高其独立进行海洋科学研究的能力。⑦

---

① 参见《罗钰如同志在第三委员会全体会议上关于海洋科学研究问题的发言》，《我国代表团出席联合国有关会议文件集》（1975.1—6），人民出版社1976年版，第75页。

② 参见《罗钰如同志在第三委员会全体会议上关于海洋科学研究问题的发言》，《我国代表团出席联合国有关会议文件集》（1975.1—6），人民出版社1976年版，第75～76页。

③ 参见《沈韦良同志在海底委员会第二小组委员会会议上关于日内瓦海法四公约问题的发言》，《我国代表团出席联合国有关会议文件集》（1973），人民出版社1973年版，第78页。

④ 参见《沈韦良同志在海底委员会第三小组委员会会议上关于海洋科研问题的发言》，《我国代表团出席联合国有关会议文件集》（1973），人民出版社1973年版，第83页；《罗钰如同志在第三委员会关于海洋科学研究问题的发言》，《我国代表团出席联合国有关会议文件集》（1974.7—12），人民出版社1975年版，第302页。

⑤ 参见《罗钰如同志在第三委员会关于海洋科学研究问题的发言》，《我国代表团出席联合国有关会议文件集》（1974.7—12），人民出版社1975年版，第302页；《沈韦良同志在海底委员会第三小组委员会会议上关于海洋科研问题的发言》，《我国代表团出席联合国有关会议文件集》（1973），人民出版社1973年版，第83页。

⑥ 《罗钰如同志在第三委员会全体会议上关于海洋科学研究问题的发言》，《我国代表团出席联合国有关会议文件集》（1975.1—6），人民出版社1976年版，第75页。

⑦ 参见《沈韦良同志在海底委员会第三小组委员会会议上关于海洋科研问题的发言》，《我国代表团出席联合国有关会议文件集》（1973），人民出版社1973年版，第83页；《罗钰如同志在第三委员会关于海洋科学研究问题的发言》，《我国代表团出席联合国有关会议文件集》（1974.7—12），人民出版社1975年版，第302页。

## （十二）技术转让

提出"海洋科学研究和技术转让问题……只有在尊重各国主权和大小国家一律平等的基础上，才能求得合理解决"，"应积极对发展中国家进行技术转让，这种技术转让应当严格尊重受援国的主权，不附带任何条件，不要求任何特权，所转让的技术必须实用、有效、廉价、方便"。[1]

## （十三）内陆国和地理不利国利益的考虑

对内陆国和地理不利国利益的考虑主要是涉及经济利益。主张"内陆国和地理位置不利的国家，特别是其中的发展中国家……他们的合理的海洋权益，应该得到应有的保障"[2]。在专属经济区，从资源开发、权利行使等角度专门提及了对这类国家利益的保障。[3] 在解决大陆架问题时，主张对内陆国和其他地理不利国特别是其中的发展中国家的利益和要求，应予适当照顾。[4]

## （十四）海域划界

对于海域划界的原则立场，在1973年海底委员会会议上，中国代表团就加以阐明："相邻或相向国家间海洋界限的划分，关系到各有关国家的主权和切身利益，因此应当由双方根据公平合理的原则，照顾到一切有关情况，通过协商共同确定，以达到双方都满意的结果。"[5] 在此原则下，在不同会议上分

---

① 参见《罗钰如同志在第三委员会关于海洋科学研究问题的发言》，《我国代表团出席联合国有关会议文件集》（1974.7—12），人民出版社1975年版，第303页。

② 《我国代表团团长在海洋法会议全体会议上的发言》，《我国代表团出席联合国有关会议文件集》（1976.7—12），人民出版社1977年版，第168页。

③ 参见《张炳熹同志在第二委员会关于经济区内渔业问题的发言》，《我国代表团出席联合国有关会议文件集》（1975.1—6），人民出版社1976年版，第64～66页；《柯在铄同志在第二委员会"经济区"工作小组会议上关于经济区的权利和性质问题的发言》，《我国代表团出席联合国有关会议文件集》（1975.1—6），人民出版社1976年版，第61页；《庄焰同志在海底委员会第二小组委员会会议上关于领海和专属经济区问题的发言》，《我国代表团出席联合国有关会议文件集》（1973），人民出版社1973年版，第66～67页。

④ 参见《郭振西代表在第六协商组会上关于大陆架问题的发言》，《中国代表团出席联合国有关会议文件集》（1979.1—6），世界知识出版社1979年版，第86页。

⑤ 《沈韦良副团长在第七协商组会议上的发言》，《我国代表团出席联合国有关会议文件集》（1978.1—6），人民出版社1978年版，第126页。

别提到了相邻或相向国家领海①、专属经济区②及大陆架③的划界主张。在第九期会议上，提出："相邻或相向国家间专属经济区和大陆架的划界，应由有关各方根据公平原则，考虑到各种因素和情况，通过平等协商，加以确定。"④

对于划界前的临时安排，提出应通过国家间的相互协议，考虑相关原则和精神，使其安排对各方都比较合理。临时安排的具体办法，应不做统一规定，由国家具体商定。有关国家应力求做出临时安排，有关各方应避免进行可能使局势恶化的措施。⑤

对划界标准问题，同意"划界标准问题、临时措施和争端解决是相互关联的"，"以协议来确定双方的海洋分界……海洋划界谈判中应顾及到所有有关因素和特殊条件"。⑥ 在公平原则与等距离线或中间线的关系上，认为中间线"只是划分海洋界限的一种方法，不应把它规定为必须采取的方法……海洋划界应遵循的根本原则，应该是公平合理的原则。在某些情况下，如果采用中间线或等距离线的方法能够达到公平合理的划界结果时，有关国家可以通过协议，加以使用"⑦，"公平原则和中间线或等距离线不能是等量齐观的。公平原则不仅已为国际上一些有关海洋划界的重要判例所确认，也是符合联合国宪章的宗旨和原则的"⑧。

---

① 参见《王子川同志在关于发展中国家自然资源永久主权决议草案表决前的解释性发言》，《我国代表团出席联合国有关会议文件集续集》（1972），人民出版社1973年版，第142页。

② 参见《庄焰同志在海底委员会第二小组委员会会议上关于领海和专属经济区问题的发言》，《我国代表团出席联合国有关会议文件集》（1973），人民出版社1973年版，第65页。

③ 参见《黄明达同志在全面委员会会议上关于亚洲近海资源问题的发言》，《我国代表团出席联合国有关会议文件集》（1973.7—1974.7），人民出版社1974年版，第85页。

④ 《沈韦良副团长在全体会议上的发言》，《中国代表团出席联合国有关会议文件集》（1980.7—12），世界知识出版社1982年版，第279页。

⑤ 参见《柯在铄代表在第七协商组会议上关于相邻或相向国家间海域划界中"临时安排"问题的发言（摘要）》，《中国代表团出席联合国有关会议文件集》（1979.1—6），世界知识出版社1979年版，第82页。

⑥ 参见《柯在铄代表在第七协商组会议上关于相邻或相向国家间海域划界标准问题的发言》，《中国代表团出席联合国有关会议文件集》（1979.1—6），世界知识出版社1979年版，第83～84页。

⑦ 《沈韦良副团长在第七协商组会议上的发言》，《我国代表团出席联合国有关会议文件集》（1978.1—6），人民出版社1978年版，第126页。

⑧ 《柯在铄代表在第七协商组会议上关于相邻或相向国家间海域划界标准问题的发言》，《中国代表团出席联合国有关会议文件集》（1979.1—6），世界知识出版社1979年版，第84页。

### （十五）争端解决

争端解决作为第三次联合国海洋法会议的重要问题，在 1976 年第四期会议上才开始讨论。中国的主张包括以下三点。

1. 坚持自愿解决争端

一是强调以谈判方式解决争端。在第四期会议的全体会议上，中国代表就指出："中国政府一贯主张，国家之间的任何争端，应当由各当事国在互相尊重主权和领土完整以及平等的基础上通过谈判协商解决，这是解决争端的主要途径。"① 对于划界争端，认为"在通常情况下，通过直接有关方面的谈判、协商和协议来求得海上边界争端的解决，是最合理和最有效的方法。这是国际实践所充分证明的……这种解决方法是完全符合《联合国宪章》的宗旨和目的的，是与宪章具体规定相一致的。也有利于国家之间发展友好和睦邻关系"②。

二是反对强制程序。主张除谈判解决争端外，"有关国家可以通过协议选择其他和平方法解决彼此之间的争端。但是，要求一个主权国家无条件地接受一个国际司法机构的强制管辖，这实际上是使这个司法机构凌驾于各主权国家之上，这是违反国家主权原则的"③，"强制管辖无条件地适用于所有主权国家，不论其愿意接受与否。这样的规定在原则上是我们所不能同意的"④。这一观点后被不断重申。⑤

2. 主张发生在国家管辖范围内的争端由沿海国管辖

中国代表强调："发生在领海、专属经济区和大陆架的争端……属于沿海国主权和专属管辖权的范围之内，更应该按照沿海国的法律和规定的程序进行

---

① 《中国代表在全体会议上关于解决争端问题的发言》，《我国代表团出席联合国有关会议文件集》（1976.1—6），人民出版社 1976 年版，第 94 页。

② 《王铁崖顾问在第七协商组会上关于划界争端问题的发言》，《我国代表团出席联合国有关会议文件集》（1979.1—6），世界知识出版社 1979 年版，第 91～92 页。

③ 《中国代表在全体会议上关于解决争端问题的发言》，《我国代表团出席联合国有关会议文件集》（1976.1—6），人民出版社 1976 年版，第 94 页。

④ 《我国代表在全会非正式会议上关于解决争端问题的发言》，《我国代表团出席联合国有关会议文件集》（1976.7—12），人民出版社 1977 年版，第 170 页。

⑤ 参见《沈韦良副团长在第七协商组会议上的发言》，《我国代表团出席联合国有关会议文件集》（1978.1—6），人民出版社 1978 年版，第 127 页；《王铁崖顾问在第七协商组会上关于划界争端问题的发言》，《中国代表团出席联合国有关会议文件集》（1979.1—6），世界知识出版社 1979 年版，第 91～92 页。

处理，而不应适用本公约规定的解决争端程序。"① 在第七期会议上又指出："凡在沿海国领海、专属经济区和大陆架范围内发生的一切争端，包括由于军事活动引起的争端，都应该受沿海国管辖，而不应适用强制解决程序。"②

3. 提出由单独文本规定争端解决

中国代表主张："如果大多数国家同意就解决争端的程序作某些具体规定，我们认为这些规定不应列入公约的本文，可把它作为一个单独的议定书，由各国自行决定是否接受。"③

## 二、第三次联合国海洋法会议中国代表发言的特点

从中国代表的发言可见，中国在第三次海洋法会议上的立场、观点有以下三个特点。

### （一）积极维护发展中国家利益

中国1972年首次出席海底委员会会议时就指出，"中国同绝大多数亚非拉国家有着共同的遭遇，面临着共同的历史任务，中国政府和中国人民一贯坚决站在一切遭受超级大国侵略、颠覆、控制、干涉和欺负的中小国家一边，坚决站在亚非拉各国人民一边……坚决反对超级大国的海洋霸权主义和强权政治"④，"为了反对海洋霸权主义的侵略和掠夺，我们坚决支持广大发展中的沿海国家，维护海洋权益的正义立场"⑤，认为"发展中国家内部，沿海国同内陆国以及地理上不利国家之间不存在根本的利害冲突，他们都是海洋霸权主义的受害者"⑥。在这一导向下，代表的发言主要以维护发展中国家利益为首位，

---

① 《我国代表在全会非正式会议上关于解决争端问题的发言》，《我国代表团出席联合国有关会议文件集》（1976.7—12），人民出版社1977年版，第171页。

② 《沈韦良副团长在第五协商组会议上的发言》，《我国代表团出席联合国有关会议文件集》（1978.1—6），人民出版社1978年版，第128页。

③ 《中国代表在全体会议上关于解决争端问题的发言》，《我国代表团出席联合国有关会议文件集》（1976.1—6），人民出版社1976年版，第94页。

④ 《安致远代表在海底委员会全体会议上发言阐明我国政府关于海洋权问题的原则立场》，《我国代表团出席联合国有关会议文件集》（1972），人民出版社1972年版，第190页。

⑤ 《安致远团长在第四协商组会议上的发言》，《我国代表团出席联合国有关会议文件集》（1978.1—6），人民出版社1978年版，第135页。

⑥ 《我国代表在第二委员会第一工作组会议上关于专属经济区内沿海国和其他国家的权利和义务问题的发言》，《我国代表团出席联合国有关会议文件集》（1976.7—12），人民出版社1977年版，第182页。

以超级大国为针对对象。这至少在以下两个方面有所体现。

1. 《公约》制定和会议进程方面

中国之所以主张制定新公约，而非对 1958 年日内瓦公约进行修补，其中一个原因是因为 1958 年第一次联合国海洋法会议时，不少亚非拉国家还没有获得独立，"帝国主义大国的操纵，亚非拉国家提出的不少合理意见都未被采纳"[①]，"旧海法根本不符合广大发展中国家的利益和要求"[②]。反对《公海公约》的一个理由是认为公约体现的自由是"超级大国推行霸权主义和强权政治的自由"[③]，《公海捕鱼和生物资源养护公约》"实际上对沿海发展中国家的利益，并没有提供任何保障。第 7 条的规定……实际上是为超级大国掠夺别国渔业资源制造合法依据"[④]。

对于会议召开的时间和地点，也是"考虑到大多数中、小国家的意见"，赞成 1973 年冬天召开海洋法会议的组织会议，1974 年举行一次海洋法会议并在一个发展中国家举行。[⑤] 对于会议代表问题，也强调"目前正在从事反帝、反殖和反犹太复国主义斗争的民族解放运动和组织完全有权并应当被邀请参加这次海洋法会议"[⑥]，对于发展中国家代表提出的"协商一致"就是建立大国的"否决权制度"表示支持[⑦]。在海洋法会议推进方面，认为"77 国集团做得对"，"正是超级大国的海洋霸权主义立场构成了海洋法会议不能获得应有进展的根本原因"，"只要广大发展中国家继续加强团结……坚持斗争，就一定能够更好地推动海洋法会议沿着正确的方向向前发展……中国代表团愿意同

---

① 《沈韦良同志在海底委员会第二小组委员会会议上关于日内瓦海法四公约问题的发言》，《我国代表团出席联合国有关会议文件集》（1973），人民出版社 1973 年版，第 73 页。

② 《罗钰如同志在第三委员会全体会议上关于海洋科学研究问题的发言》，《我国代表团出席联合国有关会议文件集》（1975.1—6），人民出版社 1976 年版，第 76 页。

③ 《沈韦良同志在海底委员会第二小组委员会会议上关于日内瓦海法四公约问题的发言》，《我国代表团出席联合国有关会议文件集》（1973），人民出版社 1973 年版，第 76 页。

④ 《沈韦良同志在海底委员会第二小组委员会会议上关于日内瓦海法四公约问题的发言》，《我国代表团出席联合国有关会议文件集》（1973），人民出版社 1973 年版，第 77 页。

⑤ 参见《陈志方代表在海底委员会全体会议上发言主张各国应继续为海洋法会议进行准备》，《我国代表团出席联合国有关会议文件集》（1972），人民出版社 1972 年版，第 224 页；《凌青同志关于海洋法会议问题的发言》，《我国代表团出席联合国有关会议文件集续集》（1973），人民出版社 1974 年版，第 60 页。

⑥ 《柴树藩同志在第二期会议上的发言》，《我国代表团出席联合国有关会议文件集》（1974.7—12），人民出版社 1975 年版，第 278 页。

⑦ 参见《凌青同志关于海洋法会议问题的发言》，《我国代表团出席联合国有关会议文件集续集》（1973），人民出版社 1974 年版，第 59 页。

广大发展中国家和尊重公正原则的国家一起……"。① 第六期会议面临"在会议下一阶段如何在目前讨论的基础上搞出一个非正式的综合协商案文的问题"，认为"要制定出一个反映广大发展中国家要求的综合案文的道路是很不平坦的"。②

2. 具体制度方面

中国代表认为，将领海宽度限定为 12 海里的主张是"阴谋"，"对于这一阴谋，我们应有高度警惕"。③ 认为领海范围内的海峡问题迟迟达不成协议，责任完全在超级大国方面。④ 对于领海和专属经济区的主张，提到"中国代表团提出上述看法和主张，是从维护各国主权、捍卫民族经济利益和反对超级大国霸权主义的基本立场出发的"，"中国政府和中国人民坚决同世界上遭受侵略、欺负和掠夺的国家和人民站在一起，同一切主持正义的国家和人民站在一起，为争取合理解决海洋权问题而共同努力"。⑤ 如有的国家提出对"沿海国在 12 海里以外有某些渔业优先权"加以限制，我国代表主要是从亚非拉国家的生产力及反对超级大国的霸权视角进行发言。⑥ 对于区域受管制的范围，认为如果只限于海底矿物资源的开发，也是不符合发展中国家的利益的。⑦ 提出基于《原则宣言》设立的制度及国际机构"必须保证对该区域实行合理的管理……从而使各国能分享利益，特别应考虑到发展中国家的利益和需要，不论

---

① 参见《我国代表团团长在海洋法会议全体会议上的发言》，《我国代表团出席联合国有关会议文件集》（1976.7—12），人民出版社 1977 年版，第 167～168 页。

② 参见《沈韦良代表在全体会议上的发言》，《我国代表团出席联合国有关会议文件集》（1977.1—6），人民出版社 1978 年版，第 65 页。

③ 参见《庄焰同志在海底委员会第二小组委员会会议上关于领海和专属经济区问题的发言》，《我国代表团出席联合国有关会议文件集》（1973），人民出版社 1973 年版，第 61 页。

④ 参见《沈志成同志在第二委员会"无害通过"小组会议上关于海峡通行问题的发言》，《我国代表团出席联合国有关会议文件集》（1975.1—6），人民出版社 1976 年版，第 72～73 页。

⑤ 参见《庄焰同志在海底委员会第二小组委员会会议上关于领海和专属经济区问题的发言》，《我国代表团出席联合国有关会议文件集 1973》，人民出版社 1973 年版，第 67 页。

⑥ 参见《陈志方代表在海底委员会第二小组委员会会议上就"捕鱼问题"的发言》，《我国代表团出席联合国有关会议文件集》（1972），人民出版社 1972 年版，第 203 页。

⑦ 《夏璞代表在海底委员会第一小组委员会会议上关于海洋国际制度问题的发言》，《我国代表团出席联合国有关会议文件集》（1972），人民出版社 1972 年版，第 214 页。

其为内陆国或沿海国"①。认为对发展中国家的技术转让应不附带任何条件。② 争端解决方面，也提出"必须高度警惕它们利用解决争端的程序，来削弱新海洋法中可能反映第三世界国家利益的规定，限制第三世界国家对自己海域的主权和管辖权以及在国家管辖范围以外领域中的应有权益，以维护超级大国海洋霸权主义的既得利益"③。

在第三次联合国海洋法会议上，中国代表之所以积极维护发展中国家的利益，至少有以下三点原因。

第一，与时代背景有关。20 世纪 70 年代，国际形势发生了很大变化。正如周恩来总理所讲："当前，国际形势的特点是：国家要独立，民族要解放，人民要革命，已成为不可抗拒的历史潮流。亚非拉第三世界反对帝国主义和新老殖民主义，反对强权政治和霸权主义的斗争，正在蓬勃发展。拉丁美洲正以崭新的姿态出现在世界舞台上。"④ 为了反对超级大国的侵略、扩张，为了维护本国安全和沿海资源，"20 世纪六七十年代，发展中国家开展反对海洋霸权的斗争"，马耳他常驻联合国代表帕多提议的国家管辖范围以外的海床和洋底属于"人类共同继承财产"的观点最有影响。⑤ 一些拉美国家宣布了 200 海里主权和管辖权范围，很多第三世界国家纷纷响应。有的提出了 200 海里承袭海的主张，还有国家宣布扩大自己的领海或建立专属渔区；马来西亚和印度尼西亚宣布了对马六甲海峡的管辖权；地中海国家发出了"地中海是地中海国家的地中海"的呼声；斯里兰卡等国提出了印度洋为"和平区"的强烈要求。⑥中国 1971 年恢复在联合国的合法席位，之前没有参加联合国第一次和第二次海洋法会议，而"当时国际上有关海洋权的斗争，实质上就是侵略与反侵略、

---

① 《夏璞代表在海底委员会第一小组委员会会议上关于海洋国际制度问题的发言》，《我国代表团出席联合国有关会议文件集》（1972），人民出版社 1972 年版，第 212～213 页。

② 参见《罗钰如同志在第三委员会关于海洋科学研究问题的发言》，《我国代表团出席联合国有关会议文件集》（1974.7—12），人民出版社 1975 年版，第 303 页。

③ 《中国代表在全体会议上关于解决争端问题的发言》，《我国代表团出席联合国有关会议文件集》（1976.1—6），人民出版社 1976 年版，第 94 页。

④ 《周恩来总理在欢迎墨西哥总统埃切维里亚和夫人的宴会上的讲话（节录）（1973 年 4 月 19 日）》，载北京大学法律系国际法教研室编《海洋法资料汇编》，人民出版社 1974 年版，第 2 页。

⑤ 参见刘楠来《第三次联合国海洋法会议与中国对海洋权益的维护》，《边界与海洋研究》2019 年第 5 期，第 38 页。

⑥ 参见《柴树藩同志在第二期会议上的发言》，《我国代表团出席联合国有关会议文件集》（1974.7—12），人民出版社 1975 年版，第 272 页。

掠夺与反掠夺、霸权与反霸权的斗争"①，中国代表认为"所有发展中国家……只有互相照顾，进一步加强团结，才能真正维护自己的主权和利益，挫败超级大国妄图霸占海洋的狂妄野心"②，这一背景下，必然会积极维护发展中国家的利益。在 1982 年 4 月 30 日《公约》通过的当天，沈韦良副团长也指出："广大发展中国家为制定一部能为各国普遍接受的新的海洋法公约，本着诚意协商的精神，作出了巨大努力，为会议作出了重要贡献……广大发展中国家为维护公约的宗旨和原则，捍卫本国的正当权益，还需要继续不断做出努力。"③

　　第二，与中国的自身定位有关。1974 年 2 月，毛泽东主席从战略意义上提出了"三个世界"这一概念。④ "作为发展中国家，中国属于第三世界，中国旗帜鲜明地支持第三世界国家扩大 200 海里海洋权益的斗争是当时特定国际政治环境决定的，符合中国在国际政治中的战略和利益。"⑤ 20 世纪 70 年代，中国与很多国家建交，这其中就包括一些主张 200 海里海洋权的拉丁美洲国家。⑥ 中国于 1971 年 11 月 2 日与秘鲁建立大使级外交关系，在两国建交公报中，"中国政府承认秘鲁对邻接其海岸的 200 海里范围以内的海域的主权"⑦。1972 年 2 月 19 日与阿根廷建交的联合公报中也表示"中华人民共和国政府承

---

① 《安致远代表在海底委员会全体会议上发言阐明我国政府关于海洋权问题的原则立场》，《我国代表团出席联合国有关会议文件集》（1972），人民出版社 1972 年版，第 189 页；《沈韦良副代表在海底委员会第二小组委员会会议上发言驳斥超级大国诡辩并强调发展中国家有权捍卫本国海洋权》，《我国代表团出席联合国有关会议文件集》（1972），人民出版社 1972 年版，第 197 页；《庄焰同志在海底委员会第二小组委员会会议上的发言》，《我国代表团出席联合国有关会议文件集》（1973），人民出版社 1973 年版，第 87 页。

② 《庄焰同志在海底委员会第二小组委员会会议上关于领海和专属经济区问题的发言》，《我国代表团出席联合国有关会议文件集》（1973），人民出版社 1973 年版，第 63 ～ 64 页。

③ 《沈韦良副团长在全会上的发言》，《中国代表团出席联合国有关会议文件集》（1982.1—6），世界知识出版社 1983 年版，第 90 ～ 91 页。

④ 参见《毛泽东第一次提出"三个世界"的概念》，光明网，https：//www. gmw. cn/ 03zhuanti/2_zhuanti/jinian/50zn/50yj/yj-02. htm，访问日期：2022 年 9 月 1 日。

⑤ 段洁龙主编：《中国国际法实践与案例》，法律出版社 2011 年版，第 95 页。

⑥ 参见《中华人民共和国与各国建立外交关系日期简表》，中华人民共和国外交部网站，https：//www. mfa. gov. cn/web/ziliao_674904/2193_674977/200812/t20081221_ 9284708. shtml，访问日期：2022 年 9 月 1 日。

⑦ 《中华人民共和国政府和秘鲁共和国政府关于中国和秘鲁建立外交关系的联合公报》，中华人民共和国外交部网站，https：//www. fmprc. gov. cn/chn/pds/gjhdq/gj/nmz/1206_ 7/1207/t4967. htm，访问日期：2022 年 9 月 1 日。

认阿根廷共和国对邻接其海岸的 200 海里范围以内的海域的管辖权"①。这种情况下，中国必然在第三次联合国海洋法会议上支持这些国家的主张，甚至提出"中国人民把拉丁美洲国家和人民反对美帝侵略的斗争，看作自己的斗争"②。对于非洲首脑会议通过《非洲统一组织公约海洋法问题的宣言》并规定"非洲国家有权……建立 200 海里专有经济区"表示热烈祝贺，认为"这不仅是维护非洲国家海洋资源的重要措施，而且是对中小国家反对超级大国争夺海洋霸权的共同斗争的巨大支持"③。总之，"新国家的兴起，第三世界的形成是第二次世界大战后国际关系……的一个主要特点。这个特点必然反映在当代国际法上"④。

第三，与第三次联合国海洋法会议的特点有关。第三次联合国海洋法会议是在新的时代背景下召开的。参会国家多，有 149 个国家的政府被邀请参会，即使在短暂的组织会议上，也有超过 140 个政府的代表。⑤ 从《公约》文本可见，第三次联合国海洋法会议议题广泛；没有单一的预备性文本，不像第一次海洋法会议的筹备工作首先由国际法委员会进行，在会议召开时已有一项公约草案，但第三次联合国海洋法会议的筹备工作由海底委员会负责，1973 年会议召开时，没有任何单一的预备性文本作为协商的基础，直到 1975 年第三期会议结束之后，才有了单一协商案文；⑥ 加上独特的议事规则，如"通过表决避免或拖延就实质性事项作出决定的特别规则""关于作出决定所需多数票的规则"等，⑦ 这种情况下，只有"抱团"才有可能维护自己的利益，因此，很多利益集团相应产生。除传统的 77 国集团、区域集团外，还有很多新的特殊

---

① 《中华人民共和国政府和阿根廷共和国政府关于建立外交关系的联合公报》，中华人民共和国外交部网站，https://www.fmprc.gov.cn/chn/pds/gjhdq/gj/nmz/1206/1207/t4890.htm，访问日期：2022 年 9 月 1 日。

② 《支持拉丁美洲国家保卫领海权的斗争》，《人民日报》1970 年 11 月 20 日社论，转引自北京大学法律系国际法教研室编《海洋法资料汇编》，人民出版社 1974 年版，第 96 页。

③ 《热烈祝贺非洲首脑会议的重大成就（节录）》，《人民日报》1973 年 6 月 1 日评论员文章，转引自北京大学法律系国际法教研室编《海洋法资料汇编》，人民出版社 1974 年版，第 99 页。

④ 邓正来编：《王铁崖文选》，中国政法出版社 2003 年版，第 24 页。

⑤ 参见［美］迈伦·H. 诺德奎斯特原书主编，吕文正等审译本主编《1982 年〈联合国海洋法公约〉评注》（第一卷），海洋出版社 2019 年版，前言第 33 页。

⑥ 参见［美］迈伦·H. 诺德奎斯特原书主编，吕文正等审译本主编《1982 年〈联合国海洋法公约〉评注》（第一卷），海洋出版社 2019 年版，第 17 页。

⑦ 参见［美］迈伦·H. 诺德奎斯特原书主编，吕文正等审译本主编《1982 年〈联合国海洋法公约〉评注》（第一卷），海洋出版社 2019 年版，第 57～58 页。

利益集团，如沿海国集团、内陆国和地理不利国集团、海峡国家集团等。一个国家可能属于不同的集团，大多数利益集团是同质的。① 从可查询的资料看，中国未加入任何新的利益集团，主要是支持传统的 77 国集团，而该集团是发展中国家为维护自身利益建立的，所以，中国在第三次联合国海洋法会议中必然维护发展中国家的利益。

### （二）从用感情说事到逐渐注重说理

中国从出席海底委员会会议到在第三次海洋法会议第六期会议上的发言，绝大多数是以意识形态、阶级阵营为基础发表的观点，认为"围绕海洋法的斗争是尖锐的、复杂的，霸权主义绝不会自动退出历史舞台"②。对于中国权益的维护也有从反对超级大国视角出发的。如在核试验问题上，新西兰代表对中国为防御目的进行的有限而必要的核试验进行了指责，中国代表对此进行批驳，同时指出"仅仅要求禁止核试验"，而不是"全面禁止和彻底销毁核武器"，"恰恰适应超级大国的需要，只能束缚爱好和平的国家和人民的手脚"。③ 即便有所说理，也会配有感情和道义。如认为有关专属经济区的渔业问题，"归根到底是超级大国和广大发展中国家和中小国家之间的掠夺和反掠夺、霸权主义和反霸权主义的斗争"④；指出"日本代表在发言中指责中国将钓鱼岛等岛屿问题强加于海底委员会，这种指责是完全站不住脚的"，因为"当前国际上有关海洋权的斗争，实质上就是侵略与反侵略、掠夺与反掠夺、霸权与反霸权的斗争"。⑤ 但从第七期会议开始，做法有所改变，尤其是从第九期会议起，表现得更加明显。这至少以下两个方面有所体现。

1. 《公约》一般问题上的体现

如前所述，中国代表支持制定新公约的理由是当时日内瓦四公约制定时，

---

① 参见［美］迈伦·H. 诺德奎斯特原书主编，吕文正等审译本主编《1982 年〈联合国海洋法公约〉评注》（第一卷），海洋出版社 2019 年版，第 31～45 页。

② 《柴树藩同志在第二期会议上的发言》，《我国代表团出席联合国有关会议文件集》（1974.7—12），人民出版社 1975 年版，第 277 页。

③ 参见《陈志方代表在海底委员会第三小组委员会会议上对新西兰等国关于反对核试验提案的发言》，《我国代表团出席联合国有关会议文件集》，人民出版社 1972 年版，第 221～222 页。

④ 《张炳熹同志在第二委员会关于经济区内渔业问题的发言》，《我国代表团出席联合国有关会议文件集》（1975.1—6），人民出版社 1976 年版，第 65 页。

⑤ 参见《安致远代表在海底委员会会议驳斥日本代表对我国领土钓鱼岛等岛屿拥有主权的谰言》，《我国代表团出席联合国有关会议文件集》（1972），人民出版社 1972 年版，第 193 页。

"由于帝国主义大国的操纵，会上亚非拉国家提出的不少合理意见都未被采纳"。如对于《公海公约》提出的"四大自由"，中国代表反对的理由是"只有那些拥有优越的海上力量和先进技术的大国"才有条件享受这种"自由"，"公海的'四大自由'，实质上是超级大国对其他国家、特别是发展中国家进行侵略、威胁、掠夺的'自由'，是他们推行霸权主义和强权政治的'自由'"①。这样完全站在针锋相对的视角表达观点，必然会忽视自身利益，无法考虑到自身在这些自由中会有何权利、有何利益，也相应会淡化从法理角度说明问题。对于《公约》的一般性问题，后来的做法就有所改变。如在第九期会议涉及对《公约》的保留、废约即"退出"等问题时，更多是从法理角度进行的说明，② 甚至对公约草案的写法提供了明确的建议。如对废约问题，草案规定的是"应说明废约理由"，中国代表认为"这对缔约国构成了一种法律义务……建议将其从草案中取消。或者采取另一种办法，就是可以写'得（may）说明废约理由'，但同时还得写上：不论是否说明或如何说明理由，都不影响该国通知废约的法律效力"③。

2. 具体问题上的体现

中国代表对于军舰在领海，包括在用于国际航行海峡的通过问题，最初谈及此问题时，多会从揭露超级大国、霸权主义的行径入手。如"超级大国硬要把军舰同商船混为一谈……它们的荒谬理由是根本站不住脚的"④，"时代在不断前进……谁要是妄图使历史的车轮停止前进，甚至向后倒转，必然会遭到可耻的失败"⑤。即便是反对美国提出的军舰在领海的航行自由，强调应实行批准制，中国代表提出的理由是"保证正常航行"，这不是标准的法律用语。⑥但在第九期会议上，中国代表在同样表达军舰不享有无害通过领海的权利时，

① 参见《沈韦良同志在海底委员会第二小组委员会会议上关于日内瓦海法四公约问题的发言》，《我国代表团出席联合国有关会议文件集》（1973），人民出版社1973年版，第76页。

② 参见《刘度副代表在"最后条款"法律专家小组会议上的发言（摘要）》，《中国代表团出席联合国有关会议文件集》（1980.1—6），世界知识出版社1981年版，第85～88页。

③ 《刘度副代表在"最后条款"法律专家小组会议上的发言（摘要）》，《中国代表团出席联合国有关会议文件集》（1980.1—6），世界知识出版社1981年版，第86～87页。

④ 《沈志成同志在第二委员会"无害通过"小组会议上关于海峡通行问题的发言》，《我国代表团出席联合国有关会议文件集》（1975.1—6），人民出版社1976年版，第72页。

⑤ 《沈韦良代表在海底委员会第二小组委员会会议上就海峡通航问题的发言》，《我国代表团出席联合国有关会议文件集》（1972），人民出版社1972年版，第210页。

⑥ 参见刘楠来《第三次联合国海洋法会议与中国对海洋权益的维护》，《边界与海洋研究》2019年第5期，第41页。

则是从沿海国主权和安全、国际法原则、国家实践等视角进行说明，并提出了《非正式单一综合协商案文》未明确只有非军用船舶享有无害通过的不利性及修改建议。①

在大陆架制度上，中国代表在海底委员会会议中提出：有国家石油组织鼓吹"从大陆架边缘到'最深处'的整个大陆坡，都应包括在大陆架范围之内。这充分说明了他们的用心所在"②。但在第九期会议上，中国代表指出"世界各地大陆边的地理地质构造具有不同的情况和特点，案文中有关大陆架的定义和概念应规定得较为灵活一些"③，并提出了具体建议："在第76条第1款中，在'扩展到'后面加上'不超过'这三个字，把沿海国的大陆架规定为包括其陆地领土的自然延伸，不超过大陆边的外缘；并在第3款规定中加上'一般地'这三个字，即'大陆边……一般地由陆架、陆坡和陆基构成'。"④

区域是第三次联合国海洋法会议的一个新制度，中国代表团表达了自己的原则立场，包括"反对超级大国利用其先进的工业技术以直接或间接的方式对海底资源进行掠夺"⑤。但从第七期会议开始，虽然一些立场是对前期立场的重申，但在具体问题上，如"技术转让""勘探和开发的基本条件""审查制度"的发言基本是以说理为主。⑥ 第九期会议上，在财政安排方面，对于企业部开发第一个矿址资金的保证问题，提出"如果在公约生效初期，由于批准和加入的国家数目不足按公约所规定的办法筹集企业部开发第一个矿址所需资金时，其不足部分应由早期取得合同进入开发的承包人所属的缔约国，积极参与活动的程度进行分摊"；对于企业部豁免捐税问题，指出"不能单纯从商业竞争的角度将企业部和其他承包者等同对待。企业部所享有的捐税豁免，也

---

① 参见《沈韦良副团长在全体会议上的发言》，《中国代表团出席联合国有关会议文件集》（1980.7—12），世界知识出版社1982年版，第278～279页。

② 《沈韦良同志在海底委员会第二小组委员会会议上关于日内瓦海法四公约问题的发言》，《我国代表团出席联合国有关会议文件集》（1973），人民出版社1973年版，第77页。

③ 《沈韦良副团长在全体会议上的发言》，《中国代表团出席联合国有关会议文件集》（1980.7—12），世界知识出版社1982年版，第279页。

④ 《沈韦良副团长在二委非正式会议上的发言》，《中国代表团出席联合国有关会议文件集》（1982.1—6），世界知识出版社1983年版，第87～88页。

⑤ 参见《柯在铄同志在第一委员会关于国际制度和机构问题的发言》，《我国代表团出席联合国有关会议文件集》（1974.7—12），人民出版社1975年版，第279～282页。

⑥ 《安致远团长在第一协商组会议上的发言》，《我国代表团出席联合国有关会议文件集》（1978.1—6），人民出版社1978年版，第119～120页；《柯在铄代表在第一协商组会议上的发言》，《我国代表团出席联合国有关会议文件集》（1978.1—6），人民出版社1978年版，第121～125页。

不能解释为只适用于它的机构所在的东道国"。① 比如对于美国在 1980 年通过的《深海固体矿物资源法案》，中国代表对这一行为表示严重的关切，原因是早在 1967 年联大就已通过决议，建立海底委员会，审议制定国际海底制度和建立国际海底关联机构。中国在第三次联合国海洋法会议上也为此不懈努力，取得了较大进展。美国的单方立法给会议进展带来消极影响，也不符合区域及其资源是全人类共同继承财产的原则。② 对此，中国不再是言语犀利地从霸权主义、反对超级大国角度进行指责。例如，针对美国对《公约》草案第 11 部分国际海底资源制度的质疑，中国代表表示该部分条款是"经过会议长期谈判所达成的一揽子协议，发展中国家已经作了不少的妥协和让步，对美国的利益给了尽可能的照顾"③，并有理有据地对美国改变条款的不合理性进行了说明④。

之所以有这些变化，至少有以下两个原因：

一是与会议的进程有关。赵理海先生将第三次联合国海洋法会议分成了三个阶段。第一阶段（第一至第六期会议）除了通过议事规则外，在文本方面的最后结果是草拟了《非正式单一综合协商案文》；第二阶段（第七至第九期会议）将《非正式单一综合协商案文》修改为《非正式海洋法公约草案》；第三阶段（第十至十一期会议）的第十期会议上，将《非正式海洋法公约草案》改为正式草案。⑤ 可见，随着会议日程的推进，所需讨论的问题越来越具体。中国代表在最初的会议上已经表明了相关原则立场，待讨论具体问题时，涉及很多细节，单纯的言语口号无法解决问题，只有提出细致的观点，有理有据地进行说明，才能维护要维护的利益。

二是与中国自身情况有关。到了会议中后期，中国情况也发生了变化，如1978 年党的十一届三中全会召开，"指出实践是检验真理的唯一标准"，"作出

---

① 参见《欧阳楚屏副代表在第一委员会全体会议上的发言》，《中国代表团出席联合国有关会议文件集》（1980.1～6），世界知识出版社 1981 年版，第 93～94 页。

② 参见《俞沛文团长在全体会议上就美国单方立法行动的发言》，《中国代表团出席联合国有关会议文件集》（1980.7—12），世界知识出版社 1982 年版，第 275～276 页。

③ 《梁于藩团长在全会上的发言》，《中国代表团出席联合国有关会议文件集》（1982.1—6），世界知识出版社 1983 年版，第 79 页。

④ 参见《沈韦良副团长在一委非正式会议上的发言》，《中国代表团出席联合国有关会议文件集》（1982.1—6），世界知识出版社 1983 年版，第 80～83 页。

⑤ 参见赵理海《海洋法的新发展》，北京大学出版社 1984 年版，第 76～78 页。

了实行改革开放的新决策"。① 在这一背景下，逐渐不再以意识形态考虑问题，而要从自身角度思考问题。从这时起，"中国的国际法学迎来了繁荣和发展的春天，步入了发展的快车道"②。而且在后期的一些会议上，有一些国际法领域的专家出席，如王铁崖先生及倪征燠先生分别参加了第八期及第十期会议③，也使中国代表团的观点表达更具法律性，更加细致具体。

### （三） 参与广泛但影响力不够

对比《公约》框架，不难发现中国代表除"毗连区""群岛国""岛屿制度""闭海或半闭海"等无涉及外，在其他制度上大体都有相关发言，但具体程度不同。其中，对专属经济区、区域制度这些发展中国家倡导的新制度发言较多，对一些制度只有一些较为宽泛的原则立场，如在海洋科研、海洋环境保护等领域。在具体发言时，有很多立场被不断重申，如海域划界的原则立场和

---

① 参见中共十一届三中全会（1978 年），共产党员网，https：//fuwu. 12371. cn/2012/06/11/ARTI1339400277677166. shtml？from = singlemessage&ivk_ sa = 1024320u，访问日期：2022 年 8 月 31 日。

② 国际公法学编写组：《国际公法学》（第二版），高等教育出版社 2018 年版，第 14 页。

③ 参见《王铁崖顾问在第七协商组会上关于划界争端问题的发言》，《中国代表团出席联合国有关会议文件集》 （1979. 1—6），世界知识出版社 1979 年版，第 91 ～ 92 页；Third United Nations Conference on the Law of the Sea (1973 – 1982)，Document：– A/CONF. 62/SR. 153，https：//legal. un. org/diplomaticconferences/1973_los/docs/english/vol_15/a_conf62_sr153. pdf，2022 – 08 – 31。

标准①、商船在领海的无害通过②、争端解决③；有的观点有所变化，这种变化有的没直接说明原因，如对专属经济区的资源，中国在海底委员会的相关会议上指出"对该海域内的经济资源，包括生物资源及海底自然资源享有所有权"④，在第七期会议上强调"沿海国对专属经济区的一切自然资源享有主权权利"⑤。对于军舰的通过制度，如在海底委员会会议上主张"外国军舰和军用飞机通过时，应该事先得到许可"⑥；在第三次联合国海洋法会议上，提出

---

① 参见《王子川同志在关于发展中国家自然资源永久主权决议草案表决前的解释性发言》，《我国代表团出席联合国有关会议文件集续集》（1972），人民出版社1973年版，第142页；《庄焰同志在海底委员会第二小组委员会会议上关于领海和专属经济区问题的发言》，《我国代表团出席联合国有关会议文件集》（1973），人民出版社1973年版，第65页；《黄明达同志在全面委员会会议上关于亚洲近海资源问题的发言》，《我国代表团出席联合国有关会议文件集》（1973.7—1974.7），人民出版社1974年版，第85页；《沈韦良副团长在第七协商组会议上的发言》，《我国代表团出席联合国有关会议文件集》（1978.1—6），人民出版社1978年版，第126页；《柯在铄代表在第七协商组会议上关于相邻或相向国家间海域划界标准问题的发言》，《中国代表团出席联合国有关会议文件集》（1979.1—6），世界知识出版社1979年版，第84页；《沈韦良副团长在全体会议上的发言》，《中国代表团出席联合国有关会议文件集》（1980.7—12），世界知识出版社1982年版，第279页。

② 参见《沈韦良代表在海底委员会第二小组委员会会议上就海峡通航问题的发言》，《我国代表团出席联合国有关会议文件集》（1972），人民出版社1972年版，第206、211页；《柴树藩同志在第二期会议上的发言》，《我国代表团出席联合国有关会议文件集》（1974.7—12），人民出版社1975年版，第275～276页；《沈志成同志在第二委员会"无害通过"小组会议上关于海峡通行问题的发言》，《我国代表团出席联合国有关会议文件集》（1975.1—6），人民出版社1976年版，第71～72页；《安致远团长在二委非正式会议上关于领海内军舰通过制度问题的发言》，《我国代表团出席联合国有关会议文件集》（1978.1—6），人民出版社1978年版，第131页。

③ 参见《中国代表在全体会议上关于解决争端问题的发言》，《我国代表团出席联合国有关会议文件集》（1976.1—6），人民出版社1976年版，第94页；《我国代表在全会非正式会议上关于解决争端问题的发言》，《我国代表团出席联合国有关会议文件集》（1976.7—12），人民出版社1977年版，第170～172页；《沈韦良副团长在第五协商组会议上的发言》，《我国代表团出席联合国有关会议文件集》（1978.1—6），人民出版社1978年版，第128～129页；《王铁崖顾问在第七协商组会上关于划界争端问题的发言》，《我国代表团出席联合国有关会议文件集》（1979.1—6），世界知识出版社1979年版，第91～92页。

④ 《庄焰同志在海底委员会第二小组委员会会议上关于领海和专属经济区问题的发言》，《我国代表团出席联合国有关会议文件集》（1973），人民出版社1973年版，第66页。

⑤ 《沈韦良代表在二委非正式会议上的发言》，《我国代表团出席联合国有关会议文件集》（1978.1—6），人民出版社1978年版，第137页。

⑥ 《沈韦良代表在海底委员会第二小组委员会会议上就海峡通航问题的发言》，《我国代表团出席联合国有关会议文件集》（1972），人民出版社1972年版，第206页。

"外国军用船舶通过时需事先通知或经该国事先同意"①。有一些观点因中国支持的发展中国家立场的转变而同时转变，这在区域制度上尤为明显。如在国际海底管理局理事会的组成方面，针对地区分配名额从 36 个到同意 24 个再到同意 18 个②；开发制度方面，从要求资源必须由国际机构直接开发到同意有条件地平行开发③，因为"为了取得妥协，会议同意采取一种平行开发的办法作为过渡时期的勘探开发制度，这是发展中国家的重大让步"④。

虽然中国代表发言涉及面较广，但具体主张主要是支持发展中国家的主张。"许多发展中国家提出了一系列关于海洋法方面的正当主张与合理建议，中国政府和人民坚决支持他们所提出的一切正义要求。"⑤ 包括支持厄瓜多尔关于领海问题的提案⑥；认为菲律宾代表塞浦路斯等八国提出的领海内的海峡通航的观点是合理的⑦，支持阿曼用于国际航行的海峡的通过制度的提案⑧，对于马来西亚、坦桑尼亚代表提出的在第三委员会案文中用于国际航行的海峡的法律制度是不适当的，中国代表团表示支持⑨；支持尼日利亚提出的关于专

---

① 《柴树藩同志在第二期会议上的发言》，《我国代表团出席联合国有关会议文件集》(1974.7—12)，人民出版社 1975 年版，第 276 页。

② 参见《吴晓达代表在一委非正式协商会议上的发言》，《我国代表团出席联合国有关会议文件集》(1977.1—6)，人民出版社 1978 年版，第 59～60 页；《欧阳楚屏代表在第三协商组会议上的发言》，《我国代表团出席联合国有关会议文件集》(1978.1—6)，人民出版社 1978 年版，第 133 页。

③ 参见《欧阳楚屏同志在第一委员会非正式会议关于开发条件的发言》，《我国代表团出席联合国有关会议文件集》(1974.7—12)，人民出版社 1975 年版，第 283～286 页；《安致远团长在第一协商组会议上的发言》，《我国代表团出席联合国有关会议文件集》(1978.1—6)，人民出版社 1978 年版，第 119～120 页。

④ 《柯在铄代表在全体会议上就第一委员会工作报告的发言》，《中国代表团出席联合国有关会议文件集》(1979.1—6)，世界知识出版社 1979 年版，第 88 页。

⑤ 《柴树藩同志在第二期会议上的发言》，《我国代表团出席联合国有关会议文件集》(1974.7—12)，人民出版社 1975 年版，第 274 页。

⑥ 参见《柯在铄同志在第二委员会全体会议上关于支持厄瓜多尔提案的发言》，《我国代表团出席联合国有关会议文件集》(1975.1—6)，人民出版社 1976 年版，第 67～69 页。

⑦ 参见《庄焰同志在海底委员会第二小组委员会会议上的发言》，《我国代表团出席联合国有关会议文件集》(1973)，人民出版社 1973 年版，第 84 页。

⑧ 参见《凌青同志在第二委员会关于海峡通行问题的发言》，《我国代表团出席联合国有关会议文件集》(1974.7—12)，人民出版社 1975 年版，第 287～289 页。

⑨ 参见《我国代表在第三委员会非正式会议上关于防止船舶污染问题的发言》，《我国代表团出席联合国有关会议文件集》(1976.7—12)，人民出版社 1977 年版，第 187 页。

属经济区的条款草案①，完全同意乌拉圭和其他一些发展中国家关于专属经济区条款的意见，支持秘鲁等国关于专属经济区内的军事活动和保障沿海国和有关地区安全问题的意见，② 支持秘鲁代表关于其他国家在专属经济区权利义务条款的提议③；支持孟加拉国关于将低潮高地作为起讫点的要求④；在国际海底科学研究的责任等问题上同意巴基斯坦代表团的意见⑤；支持马达加斯加、阿根廷、厄瓜多尔等发展中国家在争端解决方面的意见⑥；支持阿尔及利亚等阿拉伯国家关于公约签字和加入的提案⑦。

在自己的观点与大多数国家立场不一致时，多会以大多数国家的意见为准。比如在国际海底管理局理事会的表决制度上，"我们本来主张理事会对实质问题的决定，应由出席并参加投票的2/3多数通过。由于各方意见分歧……目前新案文对实质问题采取分类，使用不同的表决办法。虽然这种办法我们并不满意，但考虑到目前的实际情况，只要大多数国家能够接受，我们原则上不加反对……"⑧ 如对于开发制度的审查条款，我们的立场是"如果大多数国家主张对开发制度规定一个审查条款，我们在原则上并不反对"⑨。但当涉及根本原则时，则会坚持己见。如在争端解决问题上，我国代表一直坚持将争端解

---

① 参见《凌青同志在第二委员会关于专属经济区问题的发言》，《我国代表团出席联合国有关会议文件集》（1974.7—12），人民出版社1975年版，第294页。

② 参见《我国代表在第二委员会第一工作组会议上关于专属经济区内沿海国和其他国家的权利和义务问题的发言》，《我国代表团出席联合国有关会议文件集》（1976.7—12），人民出版社1977年版，第179～182页。

③ 参见《沈韦良副团长在二委非正式会议上的发言》，《我国代表团出席联合国有关会议文件集》（1978.1—6），人民出版社1978年版，第147页。

④ 参见《安致远团长在二委非正式会议上关于低潮高地问题的发言》，《我国代表团出席联合国有关会议文件集》（1978.1—6），人民出版社1978年版，第130页。

⑤ 参见《柯在铄代表在第一协商组会议上的发言》，《我国代表团出席联合国有关会议文件集》（1978.1—6），人民出版社1978年版，第144页。

⑥ 参见《我国代表在全会非正式会议上关于解决争端问题（例外条款）的发言》，《我国代表团出席联合国有关会议文件集》（1976.7—12），人民出版社1977年版，第171页。

⑦ 参见《安致远团长在全体会议上的发言》，《我国代表团出席联合国有关会议文件集》（1978.1—6），人民出版社1978年版，第149页。

⑧ 《沈韦良副团长在全体会议上的发言》，《中国代表团出席联合国有关会议文件集》（1980.7—12），世界知识出版社1982年版，第277～278页。

⑨ 《吴晓达代表在一委工作组会议上关于审查制度问题的发言》，《我国代表团出席联合国有关会议文件集》（1977.1—6），人民出版社1978年版，第51页。

决由单独议定书规定，由各国自行决定是否接受。①

此外，中国代表利用时机维护我国岛屿主权。如第一次参加海底委员会全体会议时，中国代表就重申"台湾省及其所有附属岛屿，包括钓鱼岛、黄尾屿、赤尾屿、南小岛、北小岛等岛屿在内，是中国的神圣领土。这些岛屿周围的海域和邻近中国的浅海海域的海底资源，都完全属于中国所有"②，并强调"公元十五、十六世纪，这些岛屿就在中国海防范围之内，是中国台湾的附属岛屿，并不属于琉球"③。

总之，在第三次海洋法会议上，中国总体处于被动，也没有对会议协商发挥影响力的人物。整体来说，在很多主题上表达了观点，但建议不够具体。④如在用于国际航行海峡的无害通过制度上，中国代表团概括地从"尊重海峡沿岸国主权""国际航行"等角度发表观点⑤，但美国从无害通过定义解释本身存在分歧、潜水艇在无害通过制度下的受限、无害通过不包括飞机而很多国际航行的海峡本身也是重要的航路等视角提出了为什么反对在用于国际航行的海峡实行无害通过制度⑥。之所以如此，与第三次联合国海洋法会议议题广泛有直接关系，如海底委员会当时列出了 25 个不同的项目，而每个不同项目下又涉及不同的具体问题，所有的议题，"从采矿到渔业，从军事、战略影响到财政和税务问题以及环境问题，都需要广泛的专业知识"⑦。《公约》正文就有320 条，足见会议所涉议题的广泛性。而当时中国代表团规模很小，只有大约

① 参见《中国代表在全体会议上关于解决争端问题的发言》，《我国代表团出席联合国有关会议文件集》（1976.1—6），人民出版社 1976 年版，第 94 页；《我国代表在全会非正式会议上关于解决争端问题的发言》，《我国代表团出席联合国有关会议文件集》（1976.7—12），人民出版社 1977 年版，第 171～172 页。

② 《安致远代表在海底委员会全体会议上发言阐明我国政府关于海洋权问题的原则立场》，《我国代表团出席联合国有关会议文件集》（1972），人民出版社 1972 年版，第 190 页。

③ 《安致远代表在海底委员会会议驳斥日本代表对我国领土钓鱼岛等岛屿拥有主权的谗言》，《我国代表团出席联合国有关会议文件集》（1972），人民出版社 1972 年版，第 194 页。

④ See Charles Douglas Bethill, *People's Republic of China and the Law of the Sea*, 8 International Lawyer 751（1974）.

⑤ 参见《凌青同志在第二委员会关于海峡通行问题的发言》，《我国代表团出席联合国有关会议文件集》（1974.7—12），人民出版社 1975 年版，第 288 页。

⑥ See John R. Stevenson and Bernard H. Oxman, *The Preparations for the Law of the Sea Conference*, 68 American Journal of International Law 10（1974）.

⑦ ［美］迈伦·H. 诺德奎斯特原书主编，吕文正等中译本主编：《1982 年〈联合国海洋法公约〉评注》（第一卷），海洋出版社 2019 年版，第 3～7、12 页。

20 名成员参加会议，规模甚至小于丹麦及荷兰。① 如此少的人数且如此复杂广泛的议题，很容易将中国排除在诸多工作组之外，这也是为什么当时中国反对成立大量工作组的原因。② 而且"中国代表团的组成人员主要来自外交部和国家海洋局的实务工作者"，"全国几乎没有专门从事国际海洋法研究的学者，少数几位学者只是在国际法的大框架下对领海问题略有涉猎"。③ 加上第三次联合国海洋法会议是中国恢复联合国合法席位后，第一次参与多边造法活动，由于前期经验不足，同时"中国政府参加第三次联合国海洋法会议，主要目的是弄清国际海洋制度的发展趋向和各国的主张，并在此基础上思考我们应当提出什么样的主张维护国家权利"④，所以有前述的表现就不难理解了。

## 三、第三次联合国海洋法会议中国代表主张的影响

中国代表在第三次联合国海洋法会议上的主张对国际海洋法治、国内海洋立法实践及自身利益都产生了影响。

### （一）对《公约》及国际实践的影响

《公约》是折中的产物，是各国意志妥协的结果。虽然我国在保留、领海宽度等方面的观点没有被采纳，但这也是完全正常的，比如，"虽然《公约》由一系列的折中方案组成，但它们构成了一个不可分割的整体"，所以《公约》没有规定保留。⑤ 但对比《公约》可见，中国的一些主张或建议是在《公约》中有所体现的。

中国代表在出席海底委员会会议时表达的关于海洋权问题的原则立场很多是被《公约》所体现的。如主张"和平共处五项原则应当成为国与国之间关

---

① See Hungdah Chiu, *China and the Law of the Sea Conference*, 4 Maryland Series in Contemporary Asian Studies 25（1981）.

② 参见《毕季龙团长在全体会议上的发言》，《我国代表团出席联合国有关会议文件集》（1975.1—6），人民出版社 1976 年版，第 45 页。

③ 参见刘楠来《第三次联合国海洋法会议与中国对海洋权益的维护》，《边界与海洋研究》2019 年第 5 期，第 39 页。

④ 刘楠来：《第三次联合国海洋法会议与中国对海洋权益的维护》，《边界与海洋研究》2019 年第 5 期，第 40 页。

⑤ 参见［美］迈伦·H. 诺德奎斯特原书主编，吕文正等审译本主编《1982 年〈联合国海洋法公约〉评注》（第一卷），海洋出版社 2019 年版，前言第 47～48 页。

系的准则。各国的主权、领土完整及其海洋权益应该得到普遍尊重"①。这与《公约》序言所体现的"合作""妥为顾及所有国家主权""权利平等"相一致，《公约》的整体精神也是如此。《公约》第 136 条（人类的共同继承财产）、第 141 条（专为和平目的利用"区域"）实际与中国主张的"各国领海和管辖权范围以外的海洋及海底资源，原则上为世界各国人民所共有""各国领海和管辖权范围以外的海床洋底，只能用于和平目的"② 相一致。《公约》第 317 条（退出）、第 56 条（沿海国在专属经济区的权利、管辖权和义务）的规定与中国支持及主张的观点有一致性。③《公约》第 74 条和第 83 条第 1款、第 3 款、第 4 款与中国主张的海域划界的原则和立场一致。④ 中国代表对《大陆架公约》关于大陆架定义的意见也是被接受的。⑤ 大陆架自然延伸及大陆架范围的观点⑥在《公约》第 76 第 1 款及第 5 款中有所体现。"中国代表提出的一项提案对大陆架界限作了一般规定，措辞更加有弹性……是关于大陆架

---

① 《安致远代表在海底委员会全体会议上发言阐明我国政府关于海洋权问题的原则立场》，《我国代表团出席联合国有关会议文件集》（1972），人民出版社 1972 年版，第 192 页。

② 《安致远代表在海底委员会全体会议上发言阐明我国政府关于海洋权问题的原则立场》，《我国代表团出席联合国有关会议文件集》（1972），人民出版社 1972 年版，第 191～192 页。

③ 参见《刘度副代表在"最后条款"法律专家小组会议上的发言（摘要）》，《中国代表团出席联合国有关会议文件集》（1980.1—6），世界知识出版社 1981 年版，第 86～87页；《庄焰同志在海底委员会第二小组委员会会议上关于领海和专属经济区问题的发言》，《我国代表团出席联合国有关会议文件集》（1973），人民出版社 1973 年版，第 66 页；《沈韦良代表在二委非正式会议上的发言》，《我国代表团出席联合国有关会议文件集》（1978.1—6），人民出版社 1978 年版，第 137 页；《柯在铄同志在第二委员会"经济区"工作小组会议上关于经济区的权利和性质问题的发言》，《我国代表团出席联合国有关会议文件集》（1975.1—6），人民出版社 1976 年版，第 61 页。

④ 参见《沈韦良副团长在第七协商组会议上的发言》，《我国代表团出席联合国有关会议文件集》（1978.1—6），人民出版社 1978 年版，第 126 页；《柯在铄代表在第七协商组会议上关于相邻或相向国家间海域划界中"临时安排"问题的发言（摘要）》，《中国代表团出席联合国有关会议文件集》（1979.1—6），世界知识出版社 1979 年版，第 82 页；《沈韦良副团长在全体会议上的发言》，《中国代表团出席联合国有关会议文件集》（1980.7—12），世界知识出版社 1982 年版，第 279 页。

⑤ 参见［美］迈伦·H. 诺德奎斯特原书主编，吕文正等中译本主编《1982 年〈联合国海洋法公约〉评注》（第一卷），海洋出版社 2019 年版，前言第 39 页。

⑥ 参见《郭振西代表在第六协商组会上关于大陆架问题的发言》，《中国代表团出席联合国有关会议文件集》（1979.1—6），世界知识出版社 1979 年版，第 85～86 页；《沈韦良副团长在全体会议上的发言》，《中国代表团出席联合国有关会议文件集》（1980.7—12），世界知识出版社 1982 年版，第 279 页。

是大陆领土的'自然延伸'的第一个提案。"① 中国代表认为"国际海底区域禁止包括核潜艇在内的一切军事活动；在专属经济区大陆架和其他国家管辖海域，沿海国有权管制外国军事活动和军事设施；有权管制一切科研活动"②，"应该禁止一切核潜艇在国际和别国海床、洋底活动。只是禁止在海底设置核武器和进行核试验是不够的"③；并对错误主张积极反驳，如对超级大国"极力反对就全面禁止和彻底销毁核武器达成协议""拒绝承担不首先使用核武器的义务""仅仅要求禁止核试验"进行了批驳。④ 这实质是倡导和平利用海洋空间。《公约》在序言中就规定了海洋的和平用途，而后在涉及领海的第 19 条，涉及公海的第 88 条，涉及区域的第 138、141、143、147、155 条，涉及海洋科研的第 240、242 条等都有所体现。

中国主张自愿解决争端，包括谈判解决争端。《公约》第 279 条和第 280 条都包含谈判解决争端的内容。事实证明，谈判解决争端也是国家间解决海洋争端最常用的方式。以划界争端为例，如到 1992 年，全球有 137 个海洋边界协议达成⑤，从 1993 年到 2002 年，大约又有 54 个海洋边界协定达成⑥。由于目前国际法院、国际海洋法法庭等都有相关网站，相关案例数据的公开性使法律方法解决的争端易于了解，相比于一些国家间谈判解决划界的情况不为人所知的情况，此举容易使人认为用法律方法解决划界争端已成为一种趋势，但实际情况并非如此。比如在南海周边国家中，就有很多国家通过谈判协商签订了划界协定，如《马来西亚/印尼领海划界协定（马六甲海峡）》《马来西亚/印尼大陆架划界协定（马六甲海峡和南海）》《印尼/马来西亚/泰国大陆架划界协定（马六甲海峡北部、印尼和泰国在安达曼海）》《印尼/新加坡领海划界协定》《越南/泰国专属经济区和大陆架划界协定（泰国湾中部）》《越南/印尼大

---

① ［斐济］萨切雅·南丹、［以］沙卜泰·罗森主编：《1982 年〈联合国海洋法公约〉评注》（第二卷），海洋出版社 2014 年版，第 763 页。

② 《中国代表在全体会议上关于"和平利用海洋空间"问题的发言》，《我国代表团出席联合国有关会议文件集》（1976.1—6），人民出版社 1976 年版，第 98 页。

③ 《夏璞代表在海底委员会第一小组委员会会议上关于海洋国际制度问题的发言》，《我国代表团出席联合国有关会议文件集》（1972），人民出版社 1972 年版，第 215 页。

④ 参见《陈志方代表在海底委员会第三小组委员会会议上对新西兰等国关于反对核试验提案的发言》，《我国代表团出席联合国有关会议文件集》（1972），人民出版社 1972 年版，第 221 ～ 222 页。

⑤ See Jonathan I. Charney and Lewis M. Alexander（ed）. *International Maritime Boundaries*, Dordrecht：Martinus Nijhoff Publishers, 1993, p.41.

⑥ ［澳］维克托·普雷斯科特、克莱夫·斯科菲尔德：《世界海洋政治边界》，吴继陆、张海文译，海洋出版社 2014 年版，第 175 页。

陆架划界协定》《中国/越南北部湾划界协定》。①

## （二）对中国海洋立法及实践的影响

中国代表在第三次联合国海洋法会议上的主张对我国立法有重要影响。如 1992 年的《领海及毗连区法》规定领海的宽度、领海通过制度及我国在领海的权利等，与我国在第三次联合国海洋法会议上的观点一致，也延续了 1958 年《中华人民共和国政府关于领海的声明》（以下简称《关于领海的声明》）的观点；中国支持专属经济区制度，对大陆架宽度发表了意见，1998 年制定了《专属经济区和大陆架法》；提出沿海国对其管辖海域的海洋环境有权采取一切必要措施，中国在《公约》通过的当年就专门制定了《海洋环境保护法》，注重对海洋污染源的管理、加强环境影响评价，而后在 1999 年对其进行了修订，2013 年、2016 年和 2017 年又分别进行了修正。② 中国代表强调"各沿海国有权支配其沿岸海域、海底和海底下层的自然资源"③，1986 年中国通过了《渔业法》④、《矿产资源法》⑤，并不断进行修正。这些立法不仅是我国履行缔约国义务的体现，也是我国在第三次海洋法会议上的主张在立法中的呈现。

在实践方面，如在海洋划界中，我国主张以公平原则、协商方式进行划界。目前与越南达成了《中越北部湾领海、专属经济区和大陆架的划界协定》，与韩国的海洋划界谈判已经启动，同时中越积极推进湾口外海域划界。⑥ 自 1997 年起，中朝双方外交事务当局建立海洋法非正式磋商机制；2008 年，中日就东海问题达成了原则共识；中国积极与南海周边国家落实《南海各方

---

① 这些划界协定的详细内容参见赵伟《南（中国）海周边国家协议解决海域划界争端的实践及其对中国的启示》，《中国海洋法评论》2013 年第 1 期，第 136～147 页。

② 参见《中华人民共和国海洋环境保护法》，中国人大网，http：//www. npc. gov. cn/npc/sjxflfg/201906/604accded97d4cc39268d7f16720ef1d. shtml，访问日期：2022 年 9 月 1 日。

③ 《王子川同志在关于发展中国家自然资源永久主权决议草案表决前的解释性发言》，《我国代表团出席联合国有关会议文件集续集》（1972），人民出版社 1973 年版，第 142 页。

④ 参见《中华人民共和国渔业法》，中华人民共和国生态环境部网站，https：//www. mee. gov. cn/ywgz/fgbz/fl/200802/t20080201_117912. shtml，访问日期：2022 年 9 月 1 日。

⑤ 参见《中华人民共和国矿产资源法》，中华人民共和国生态环境部网站，https：//www. mee. gov. cn/ywgz/fgbz/fl/201904/t20190429_701421. shtml，访问日期：2022 年 9 月 1 日。

⑥ 参见《中越举行北部湾湾口外海域工作组第十四轮磋商和海上共同开发磋商工作组第十一轮磋商》，中华人民共和国外交部网站，https：//www. mfa. gov. cn/web/wjb_673085/zzjg_673183/bjhysws_674671/xgxw_674673/202101/t20210108_7671704. shtml，访问日期：2022 年 9 月 1 日。

行为宣言》。① 中国主张划界前的临时安排，与日本、韩国签订了渔业协定；根据《关于指导解决中越海上问题基本原则协议》，与越南推进南海共同开发。② 在争端解决方面，我国主张以谈判方式解决争端，反对强制争端解决机制，虽然中国提出的将争端解决问题单独订立文本的建议未被接受，但《公约》第 297 条和第 298 条规定了适用导致有拘束力裁判的强制程序的限制及例外，2006 年 8 月 25 日，中国根据《公约》第 298 条的规定向联合国秘书长提交声明，明确将涉及海洋划界、历史性海湾或所有权等争端排除在《公约》强制争端解决程序之外。③ 对菲律宾单方面将中菲在南海有关领土和海洋划界的争议包装为若干单独的《公约》解释或适用问题的"南海仲裁案"，坚持不接受、不参与。④

（三）对自身利益的影响

这里所说的对自身利益的影响主要限于中国支持的并在《公约》中有所体现的观点，或中国反对的且最后未在《公约》中体现的观点对中国的影响。这种影响有积极的，也有消极的。从积极方面看，中国主张大陆架自然延伸等观点有利于维护自身权益。本部分重点对一些消极影响进行分析，主要体现在以下两个方面。

1. 不考虑长远利益带来的影响

首先，领海中军舰的通过问题。中国代表曾指出《公约》对外国军舰通过领海的规定很不明确，将来的执行和解释上可能会产生分歧。⑤ 事实确实如此，从国家已经做出的解释性声明或说明内容看，既有反对军舰在领海享有无害通过权的国家的声明，也有赞成军舰在领海内享有无害通过权的国家的声

---

① 参见段洁龙主编《中国国际法实践与案例》，法律出版社 2011 年版，第 143～154 页。

② 参见《中越举行北部湾湾口外海域工作组第十四轮磋商和海上共同开发磋商工作组第十一轮磋商》，中华人民共和国外交部网站，https：//www.mfa.gov.cn/web/wjb_673085/zzjg_673183/bjhysws_674671/xgxw_674673/202101/t20210108_7671704.shtml，访问日期：2022 年 9 月 3 日。

③ 参见《中国坚持通过谈判解决中国与菲律宾在南海的有关争议》，国务院新闻办公室网站，http：//www.scio.gov.cn/zfbps/32832/Document/1483611/1483611_2.htm，访问日期：2022 年 9 月 3 日。

④ 参见中国国际法学会《南海仲裁案裁决之批判》，外文出版社 2018 年版，第 1 页。

⑤ 参见《沈韦良副团长在全会上的发言》，《中国代表团出席联合国有关会议文件集》（1982.1—6），世界知识出版社 1983 年版，第 86 页。

明。① 中国反对军舰在领海的无害通过。在 1958 年《关于领海的声明》中就主张 "一切外国飞机和军用船舶，未经中华人民共和国政府的许可，不得进入中国的领海和领海上空"，在海底委员会会议上也持同样的观点；在第三次联合国海洋法会议上，提出 "外国军用船舶通过时需事先通知或经该国事先同意"。② 1992 年的《领海及毗连区法》同样规定的是批准制。之所以这样规定，"是中国基于历史和现实，自 1958 年《关于领海的声明》以来在海洋法方面的首要关切"③。但如果现实有所变化，或者说考虑到中国的未来情况，何种做法对中国有利可能就会有所不同。早在 1991 年，赵理海先生就指出："随着我国对外开放的发展，我国商船通过别国领海日益频繁，军用船舶必要时也开始远航。鉴于我国的国防力量日益强大，海军实力也具规模，足以保证我国的海防安全……从长远计，根据对等原则，要求外国军舰通过领海必须事先同意，未必对我国有利。"④

其次，在用于国际航行的海峡中我国反对航行自由，要求征得沿海国同意或事先许可。但事实上，中国虽有三大重要海峡，但并无《公约》所说的用于国际航行的海峡。如渤海海峡作为我国北部重要海峡，是沟通黄海与渤海的唯一通道，处于辽东半岛和山东半岛之间的领海基线的西侧（向陆岸一侧），属于内水⑤；琼州海峡是南海黄金水道，1964 年的《外籍非军用船舶通过琼州海峡管理规则》第 1 条规定，"根据《关于领海的声明》，琼州海峡是中国的内海，一切外国籍军用船舶不得通过，一切外国籍非军用船舶如需通过，必须按照本规则的规定申请批准"；台湾海峡同样 "不是国际水域"，"台湾海峡最窄处约 70 海里，最宽处约 220 海里。根据《公约》和中国国内法，台湾海峡水域由两岸的海岸向海峡中心线延伸，依次为中国的内水、领海、毗连区和专属经济区。中国对台湾海峡享有主权、主权权利和管辖权，同时也尊重其他国

---

① 参见赵建文《论〈联合国海洋法公约〉缔约国关于军舰通过领海的解释性声明》，《中国海洋法学评论》2005 年第 2 期，第 5～13 页。

② 参见《柴树藩同志在第二期会议上的发言》，《我国代表团出席联合国有关会议文件集》（1974.7—12），人民出版社 1975 年版，第 276 页；《沈志成同志在第二委员会 "无害通过" 小组会议上关于海峡通行问题的发言》，《我国代表团出席联合国有关会议文件集》（1975.1—6），人民出版社 1976 年版，第 71～72 页；《安致远团长在二委非正式会议上关于领海内军舰通过制度问题的发言》，《我国代表团出席联合国有关会议文件集》（1978.1—6），人民出版社 1978 年版，第 131 页。

③ 段洁龙主编：《中国国际法实践与案例》，法律出版社 2011 年版，第 94～95 页。

④ 赵理海：《〈联合国海洋法公约〉的批准问题》，《北京大学学报（哲学社会科学版）》1991 年第 4 期，第 59 页。

⑤ 参见陆儒德《爱我蓝色国土》，大连海事大学出版社 2005 年版，第 55～56 页。

家在相关海域的合法权利"①。相反，中国的地缘决定了中国虽然濒临世界的最大洋——太平洋，但中国的大陆海岸线并不直接通向太平洋，在其间横隔着日本列岛、菲律宾群岛、印度尼西亚群岛。这些群岛周围的海峡以及群岛国海道，许多是中外联系的必经之路。如朝鲜海峡位于中国远洋运输的北行航线，巴士海峡、巴林塘海峡等很多用于国际航行的海峡是中国南海通向外部海域的通道。② 1982 年 4 月 30 日《公约》通过的当天，中国代表团沈韦良副团长在发言中就指出：《公约》"还只是建立新的海洋法律秩序的第一步。公约虽然对维护人类共同继承财产和各国海洋权益，规定了一系列重要的法律原则和制度，但也有不少条款的规定是不完善的，甚至是有严重缺陷的"，其中专门提到了国际海底制度的预备性投资、军舰在领海的通过、大陆架定义以及相邻和相向国家间海域划界问题。③ 1982 年 12 月 10 日签署《公约》后，中国代表团团长韩叙也发表了同样的观点。④ 但并没有对用于国际航行的海峡制度表示异议，有学者认为，这是因为"国际海峡制既不与中国的法律矛盾，又不损害中国的实际利益"⑤。虽然《公约》规定的过境通行制 + 无害通过制考虑了过境国及沿岸国的利益，但就中国而言，否定用于国际航行的海峡的航行自由⑥，并对军舰和商船的通过制度区别对待⑦，从长远看，是与中国作为成长中的海洋大国的利益相违背的⑧。

最后，对于区域，中国从最初支持单一开发制到后来支持有条件的平行开

---

① 2022 年 6 月 13 日外交部发言人汪文斌主持例行记者会，中华人民共和国外交部网站，https://www.fmprc.gov.cn/web/fyrbt_673021/jzhsl_673025/202206/t20220613_10702387.shtml，访问日期：2022 年 9 月 5 日。

② 参见李钢《新的国际海峡制度的确立》，载赵理海主编《当代海洋法的理论与实践》，法律出版社 1987 年版，第 112～113 页。

③ 参见《沈韦良副团长在全会上的发言》，《中国代表团出席联合国有关会议文件集》（1982.1—6），世界知识出版社 1983 年版，第 90～91 页。

④ 参见段洁龙主编《中国国际法实践与案例》，法律出版社 2011 年版，第 97 页。

⑤ 李钢：《新的国际海峡制度的确立》，载赵理海主编《当代海洋法的理论与实践》，法律出版社 1987 年版，第 112 页。

⑥ 参见《柴树藩同志在第二期会议上的发言》，《我国代表团出席联合国有关会议文件集》（1974.7—12），人民出版社 1975 年版，第 275～276 页；《沈志成同志在第二委员会"无害通过"小组会议上关于海峡通行问题的发言》，《我国代表团出席联合国有关会议文件集》（1975.1—6），人民出版社 1976 年版，第 72 页。

⑦ 参见《安致远团长在二委非正式会议上关于领海内军舰通过制度问题的发言》，《我国代表团出席联合国有关会议文件集》（1978.1—6），人民出版社 1978 年版，第 131 页。

⑧ See Hungdah Chiu, *China and the Law of the Sea Conference*, 4 Maryland Series in Contemporary Asian Studies 25 (1981).

发制，并没有出面积极地反对平行开发。① 在《公约》通过的当天，沈韦良副团长在全会上的发言中还指出：国际海底制度有关预备性投资的决议草案，对少数工业大国过多照顾，该草案的实施，应当符合公约的规定，"否则会对维护人类共同继承财产的原则和实行平行开发制造成严重的不利后果"②，并积极支持技术转让。不论是哪种开发制度，都是赋予了国际机构开发的权限。事实证明，中国在海底区域属于优势者。1991 年，中国大洋矿产资源研究开发协会登记注册为国际海底开发先驱者。③ 至 2021 年底，中国的承包者先后与管理局签订了 5 份勘探合同，中国已成为世界上获得区域资源种类最全、勘探矿区数量最多的国家。④ 对比各种制度，从国家利益考虑，英美等国家主张的注册性的国际制度和机构⑤，无疑会更有利于我国区域资源的开发。海底经济价值的提高也促使国家开始制定相关国内法。1980 年美国出台《深海固体矿物资源法案》，我国代表指出，该法"会给会议取得新的进展带来消极的影响"，不符合《原则宣言》的原则。⑥ 在《公约》签署前，除美国 1980 年的《深海海底硬矿物资源法》外，法国于 1980 年通过《海底资源勘探和开发法》、英国于 1981 年通过《深海采矿法（临时条款)》、日本于 1982 年通过《深海海底采矿暂行措施》、苏联于 1982 年通过《关于调整苏联企业勘探和开发矿物资源的暂行措施的法令》。⑦ 1982 年《公约》通过的当天，中国代表在全会上指出："任何国家都不应制定有关深海开发的单方立法……在这方面进行的任何单方面立法活动都是非法的和无效的。"⑧ 但从实际情况看，到 2016 年中国出台《深海海底区域资源勘探开发法》时，国际社会有"包括美国、英国、

① 参见刘楠来《第三次联合国海洋法会议与中国对海洋权益的维护》，《边界与海洋研究》2019 年第 5 期，第 41 页。

② 《沈韦良副团长在全会上的发言》，《中国代表团出席联合国有关会议文件集》(1982.1—6)，世界知识出版社 1983 年版，第 91 页。

③ 参见"协会简介"，中国大洋矿产资源研究开发协会网站，http://www.comra.org/2013-09/23/content_6322477.htm，访问日期：2022 年 9 月 5 日。

④ 参见自然资源部海洋发展战略研究所课题组编著《中国海洋发展报告》(2021)，海洋出版社 2021 年版，第 245 页。

⑤ ［英］巴里·布赞《海底政治》，时富鑫译，生活·读书·新知三联书店 1981 年版，第 190～192 页。

⑥ 参见《俞沛文团长在全体会议上就美国单方立法行动的发言》，《中国代表团出席联合国有关会议文件集》(1980.7—12)，世界知识出版社 1982 年版，第 275～276 页。

⑦ 参见翟勇《各国深海海底资源勘探开发立法情况》，人大新闻网，http://npc.people.com.cn/n1/2016/0414/c14576-28275329.html，访问日期：2022 年 9 月 5 日。

⑧ 《沈韦良副团长在全会上的发言》，《中国代表团出席联合国有关会议文件集》(1982.1—6)，世界知识出版社 1983 年版，第 91 页。

法国、德国、日本、捷克、库克群岛、斐济、汤加、新加坡、比利时等在内的14个国家已完成了专门针对深海资源勘探开发的国内立法"，相关负责人在就该法答记者问时说："深海立法既是履行《公约》缔约国责任的要求，也体现了负责任大国的担当。"① 所以，从长远看，中国当时反对深海国内立法也未必是一种好的选择。

2. 忽视自身资源及地理状况带来的影响

中国积极支持专属经济区制度，实际上带来的影响至少有两方面：

一是沿海国对专属经济区的自然资源，包括渔业资源的专属性所带来的影响。近年来，多种因素所致，中国渔民远洋捕鱼较多，也有一些因在他国专属经济区捕鱼而被抓捕或被击沉渔船的事件。如2016年3月中国"鲁烟远渔010"号在阿根廷专属经济区捕鱼时被阿根廷海警击沉。② "有的国家滥用IUU概念……不加区别地将所有进入邻国与之有争议海域的外国渔船都称为IUU渔船，并采取抓捕、炸船、烧船等措施……此种做法激化了海上争端"③，而之所以有这种争议海域的渔业问题，与专属经济区制度不能说没有关系。

二是按照《公约》规定，专属经济区的最大范围是200海里，但是从中国所处的亚太海域地理情况看，黄海海区南北长470海里，东西宽360海里，全部位于大陆架上，④ 沿岸涉及中国、韩国、朝鲜三国。东海东西宽150～360海里，南北长630海里，⑤ 属于半闭海性质，沿岸涉及中国、日本和韩国。南海属于西太平洋的半封闭型边缘海，海域面积约为350万平方公里，南北相距约1800公里，东西相距约900公里，⑥ 沿岸涉及菲律宾、马来西亚、印度尼西亚、文莱、越南等国家。中国周边这些海域所涉的国家，除朝鲜外，均批准了

---

① 《规范深海资源勘探开发 维护全人类共同利益——就〈深海法〉专访国家海洋局副局长孙书贤》，中华人民共和国自然资源部网站，https：//www. mnr. gov. cn/dt/hy/201603/t20160301_2332862. html，访问日期：2022年9月6日。

② 参见《外交部发言人陆慷就一艘中国渔船在阿根廷海域被阿海警击沉答记者问》，中华人民共和国外交部网站，https：//www. fmprc. gov. cn/ce/cgct/chn/fyrth/t1348086. htm，访问日期：2022年9月6日。

③ 张海文：《〈联合国海洋法公约〉若干条款的解释和适用问题》，载中国国际法学会主办《中国国际法年刊》（2020），法律出版社2021年版，第36页。

④ 参见袁古洁《国际海洋划界的理论与实践》，法律出版社2001年版，第173～174页。

⑤ 参见高健军《中国与国际海洋法——纪，念〈联合国海洋法公约〉生效10周年》，海洋出版社2011年版，第95页。

⑥ 参见国家海洋局海洋发展战略研究所课题组《中国海洋发展报告》（2011），海洋出版社2011年版，第20页。

《公约》，也宣布了 200 海里专属经济区，① 朝鲜虽未批准《公约》，但早在 1977 年就通过《中央人民委员会关于建立朝鲜民主主义人民共和国经济区的政令》，宣布建立 200 海里经济区②。这样就导致了中国与周边国家的专属经济区划界，同时也涉及大陆架划界。③《公约》第 74 条和第 83 条实际上只为海域划界提供了原则性的指导，我国主张谈判协商解决划界争端，但目前我国除与越南达成了北部湾划界协定外，其余海域均未完成划界。加之东海划界及南海的一些划界还涉及岛屿主权问题，海域划界谈判极其艰难。如中越北部湾划界谈判，从 1974 年第一次谈判开始，经历三个阶段，前后 27 年，最终中越两国才于 2000 年 12 月 25 日签署《中越北部湾领海、专属经济区和大陆架的划界协定》，并签署了《中越北部湾渔业合作协定》。④ 但据广东省政府的文件显示："中越北部湾划界使我省减少了 3.2 万平方公里传统高产渔场，6600 多艘渔船被迫从北部湾渔场撤出，10 多万渔民需重新就业，沿海渔区面临前所未有的稳定和发展问题。"⑤ 划界未决导致了很多争端。如 2013 年菲律宾单方面提起的"南海仲裁案"实质就是领土主权和海域划界争端。⑥ 即便可在划界前达成渔业协定等临时安排，但同样面临问题。以中韩为例，2001 年《中韩渔业协定》生效后，使得中国渔民的传统捕捞区被划归韩国专属经济区，尤其自 2005 年，韩方一侧过渡水域成为韩国的专属经济区，中国渔民失去了大面积合法捕捞的海域。中国沿海渔业大省之一的辽宁省的渔场范围缩小了 40.02%，2005 年入渔船数比 2000 年减少 78%，捕捞数量大大下降，近海渔场严重拥挤，转产转业难度加大。⑦ 舟山传统的外海作业渔场的 30% 全部丧

---

① See Maritime Space: Maritime Zones and Maritime Delimitation, United Nations, https://www.un.org/Depts/los/LEGISLATIONANDTREATIES/asia.htm, 2022 – 09 – 07.

② 参见杨金森、高之国编著《亚太地区的海洋政策》，海洋出版社 1990 年版，第 54 页。

③ 参见高健军《中国与国际海洋法——纪念〈联合国海洋法公约〉生效 10 周年》，海洋出版社 2011 年版，第 136 页。

④ 参见《中越北部湾划界协定情况介绍》，中华人民共和国外交部网站，http://www.fmprc.gov.cn/ce/cgkhb/chn/xwdt/t146857.htm，访问日期：2022 年 9 月 8 日。

⑤ 广东省人民政府：《转发省人大常委会〈关于继续扶持沿海渔民转产转业保持渔区稳定的决议〉的通知》，广东省人民政府网，http://www.gd.gov.cn/gkmlpt/content/0/138/post_138879.html#7，访问日期：2022 年 9 月 3 日。

⑥ 参见《中华人民共和国政府关于菲律宾共和国所提南海仲裁案管辖权问题的立场文件》，中华人民共和国外交部网站，https://www.mfa.gov.cn/nanhai/chn/yfgk/201606/t20160602_8527544.html，访问日期：2022 年 9 月 8 日。

⑦ 参见林月娇、刘海映《〈中韩渔业协定〉的实施对辽宁省渔业的影响及对策》，《中国渔业经济》2006 年第 4 期，第 71～72 页。

失，25%受到严格限制，国内大批外海作业渔船被迫向近海挤压，导致近海渔场捕捞强度剧增，资源加速衰减，3000 余艘渔船将陷入困境，近 3 万渔民面临失业。[1] 近年来，我国渔船获得入渔许可证数量和渔获物配额呈逐年递减趋势，许可船数从 2001 年的 2796 艘下降到 2021 年的 1350 艘，降幅达 51.7%，许可配额从 2001 年的 16.44 万吨下降到 2021 年的 5.675 万吨，降幅达 65.48%。[2] 韩方不断制定复杂繁多的作业条件和程序规则，导致我国渔船频频被扣。根据 2011 年《韩国海警白皮书》统计的数据，2002 年至 2011 年，韩国海警共扣押了 4175 艘中国渔船。[3] 从 2012 年至 2021 年底，韩国以无许可捕鱼等各种理由扣押中国渔船 3000 余艘。[4] 虽然《中韩渔业协定》仅具有临时性质，双方对边界有意模糊化处理，韩国根据《中韩渔业协定》和其国内法的规定主张专属经济区边界及进行执法活动不具有国际法依据，但很多恶性事件及争端确实发生。[5] 这些都与海洋划界没有解决有关，更深层次地说，与专属经济区制度密切相关。

## 四、结语

总之，中国代表从 1972 年起，在海底委员会会议及之后的第三次联合国海洋法会议的诸期会议上发表了中国就海洋法诸多问题的立场、建议。中国代表团在第三次联合国海洋法会议上的立场主要从"领海主权和安全利益""领土主权和海洋经济利益""中国属于第三世界"三方面因素考虑[6]，即便第三次联合国海洋法会议有很多新的利益集团出现[7]，但中国并未参与这些利益集团，主要是以支持 77 国集团等方式发表主张，也没有像美国等国那样更多地

---

① 参见任淑华《中韩渔业协定生效舟山渔民转产转业的策略》，《渔业管理》2003 年第 2 期，第 62 页。

② 数据依据韩国海洋水产部事前公布信息统计，https：//www. mof. go. kr/article/list. do？boardKey=2&menuKey=427，访问日期：2022 年 9 月 1 日。

③ See Suk Kyoon Kim, *Illegal Chinese Fishing in the Yellow Sea：A Korean Officer's Perspective*, 5 Journal of East Asia and International Law 466 (2012)．

④ 数据依据韩国海洋水产部的中国渔船被扣押情况整理，https：//www. mof. go. kr/article/view. do？menuKey=427&boardKey=2&articleKey=46125，访问日期：2022 年 9 月 1 日。

⑤ 参见黄瑶、黄明明《中韩与中越渔业协定及其实施的比较分析》，《中山大学法律评论》2013 年第 2 期，第 77 页。

⑥ 参见段洁龙主编《中国国际法实践与案例》，法律出版社 2011 年版，第 94～95 页。

⑦ 参见［美］迈伦·H. 诺德奎斯特原书主编，吕文正等审译本主编《1982 年〈联合国海洋法公约〉评注》（第一卷），海洋出版社 2019 年版，第 31～46 页。

考虑自身的长远利益。[1] 有观点认为，中国在第三次联合国海洋法会议上，除了支持大多数发展中国家及通过议事规则外，没有采取更多的行动。[2] "尽管20世纪七八十年代我国的海洋法研究力量非常薄弱，但我国政府的大部分立场主张在第三次联合国海洋法会议上还是得到了实现。"[3] 中国支持发展中国家本身就是对《公约》得以通过的贡献，而且中国的自身立场也不是绝无作用。中国对海权问题的一些原则，如和平共处五项原则在处理国家间海洋问题方面的适用，在海洋环境等领域的立场，等等，在今天也是适用的。所以也正如学者所说，"中国的参与是不容忽视的"，如果会议持续的时间足够长，中国有可能会发挥更积极有力的作用。[4] 或者也可以说，恰恰是这次参加多边造法的不足，才会给中国未来的活动提供更多的经验教训。《公约》通过后，我国积极为国际海洋治理贡献智慧。如中国积极参加国际海底管理局《国际海底区域内多金属结核规章》《国际海底区域内多金属硫化物规章》《国际海底区域内富钴铁锰结壳规章》的制定，就《国际海底区域内矿产资源开发规章草案》积极提供建议。2020年3月，中国政府向管理局提交了《中华人民共和国政府关于国际海底开发规章缴费机制问题的评论意见》，建议管理局继续深入研究"从价与从利结合的财务模型"，并给出了具体建议。[5] 积极参与《国家管辖范围外海域生物多样性养护和可持续利用问题国际协定》的谈判，"通过单独发言或参加'77国集团+中国'发言表达立场"[6]，通过倡导和落实"人类命运共同体""海洋命运共同体"为国际海洋治理贡献中国智慧和力量。

---

① 参见刘高龙《美国为什么拒绝签署〈联合国海洋法公约〉》，载赵理海主编《当代海洋法的理论与实践》，法律出版社1987年版，第335页。

② See Hungdah Chiu, *China and the Law of the Sea Conference*, 4 Maryland Series in Contemporary Asian Studies 25 (1981).

③ 刘楠来：《第三次联合国海洋法会议与中国对海洋权益的维护》，《边界与海洋研究》2019年第5期，第40页。

④ See Hungdah Chiu, *China and the Law of the Sea Conference*, 4 Maryland Series in Contemporary Asian Studies 25 (1981).

⑤ 参见自然资源部海洋发展战略研究所课题组编著《中国海洋发展报告》(2021)，海洋出版社2021年版，第245～246页。

⑥ 邱雨桐：《国家管辖范围外海域生物多样性养护和可持续利用问题国际谈判2020年会间工作情况》，载中国国际法学会主办《中国国际法年刊(2020)》，法律出版社2021年版，第526页。

# China and the *United Nations Convention on the Law of the Sea*: Historical Review, Characteristic Analysis and Impact Assessment

## QU Bo

**Abstract**: During the period from the participation of the seabed Commission in 1972 to the third United Nations Conference on the Law of the Sea, China expressed its views on the procedural issues of the Conference, the specific system of the Convention and the preamble and final provisions of the Convention. The representatives of China participated extensively at the third Conference on the Law of the Sea, and although their speeches were mainly to support the views of developing countries and to safeguard the interests of developing countries, they always adhered to their own views on issues related to their own fundamental interests and principles, such as the rights and interests of islands. With the continuous development of the conference process, the speeches of Chinese representatives also began to change from ideology to reasoning. These characteristics are related to China's own positioning, the specific background of the times and the particularity of the third Conference on the Law of the Sea. Although many factors determine that China's influence in the third Conference on the Law of the Sea is limited, the position and support of the Chinese delegation on maritime rights are reflected in the *United Nations Convention on the Law of the Sea* and also have a certain impact on China's domestic legislation and practice. Of course, some propositions in the specific era at that time did not take into account China's long-term interests and its own geographical situation, and also had a certain negative impact on China's maritime rights and interests, but the environment in the 1970s and 1980s determined that China must have the choice and performance at that time. The experience of this law-making activity also provides experience for China to participate in international marine governance.

**Key words**: seabed commission; third united nations conference on the law of the sea; representatives of China; developing countries; *United Nations Convention on the Law of the Sea*

# 《联合国海洋法公约》视域下中俄北极合作的模式与路径研究

王亚男 张博洋 巩炜昊<sup>*</sup>

**摘要：** 北极地区在地理区位、交通航道、环境资源乃至军事战略上都有着特殊的战略地位。就目前而言，国家间北极合作仍以《联合国海洋法公约》和北极理事会为主，而我国在参与北极治理的进程中受"域内治理"的掣肘，对北极治理产生的影响力度仍尚存不足。此外，理事会的内部分歧、对"域外治理"的排斥以及《联合国海洋法公约》在北极问题上的规制缺失都是影响北极地区开发合作的重要因素。在全球变暖导致北极永久冰层融化的时代背景下，如何抓住机遇扩大北极开发合作参与度，如何提升北极地区治理的话语权，则是我国目前在北极战略上需要优先考虑的问题。在北极合作方面，中俄应共同构建以冰上丝绸之路为理念的多边合作机制，并深入推进北极理事会职能和主体权利范围的变革，共同合作构建更高标准的双边协定。

**关键词：** 北极合作模式；《联合国海洋法公约》；国际法

北极地区由于其独特的地理位置和所拥有的自然资源，近年来成为各国利益争夺的主要交汇点。2020年以来，新冠疫情给全球经济带来较大的负面影响，更加剧了地区冲突和国家间的摩擦，通过俄乌冲突同北极事务的联系不难看出，在北极地区的利益冲突上，美国拉拢盟友试图孤立俄罗斯并对俄罗斯展开全面制裁。<sup>①</sup> 在此背景下，我国积极倡导参与北极事务，不仅是为谋求国家

---

\* 王亚男，女，黑龙江绥化人，国际法学博士，现为大连海事大学法学院副教授、硕士研究生导师，研究方向：国际投资法。张博洋，女，黑龙江黑河人，大连海事大学法学院硕士研究生。巩炜昊，男，河北邯郸人，大连海事大学法学院硕士研究生。

① 美国于2022年3月8日颁布《禁止与俄罗斯联邦有组织地持续破坏乌克兰主权和领土完整有关的进口和新投资》（第14066号行政令），2022年3月11日颁布《禁止与俄罗斯联邦持续侵略有关的进口、出口和新投资》（第14068号行政令），2022年4月6日颁布《禁止对俄罗斯联邦进行新投资及提供相关服务以应对俄罗斯的持续侵略》（第14071号行政令）。

间合作，扩大北极事务参与的话语权，也是为了稳定国际局势，平衡各方利益。中俄北极合作在推动北极地区域内外国家之间的共同合作上提供了坚实力量，在推动资源深度合作和促进两国友好关系上具有现实意义。《中国的北极政策》白皮书中明确表明中国作为地缘上的近北极国家，北极的自然状况及变化对中国的气候生态有着直接的影响，因而为参与北极治理提供了正当性理由。① 在双边关系方面，中俄在生态保护领域的双边合作持续已久，如 2000 年中俄《共同开发森林资源合作的协定》② 以及 2008 年《中华人民共和国政府和俄罗斯联邦政府关于合理利用和保护跨界水资源的协定》③ 等。可以看出，中国作为北极理事会的观察员国，在同俄罗斯的北极合作上具有足够的法理支撑。就目前而言，俄罗斯联邦同我国保持友好关系，作为北极域内国家和新时代中国全面战略协作伙伴，中俄两国北极合作主要集中于能源与航道两大方面，加之俄罗斯在整个北方海航道的沿岸和近半个北冰洋的地域范围内都享有一定的话语权，因此，无论是在资源利用、航道通行抑或是科研方面，我国与俄罗斯在北极地区的合作都对彼此十分有利。另外，我国与俄罗斯在能源工业领域的密切合作也需要北方海航道的支持，同俄方在北方海航道的合作也有利于我国在军事方面摆脱美国在太平洋地区对我国施行的岛链封锁，打通通往大西洋及其他地区的另一条航道。综合以上两个方面，中俄北极合作无论在经济还是军事方面，都有着重要的意义。

## 一、中俄北极合作的国际法基础与适用

北极地区因其地理位置、地缘政治的特殊性长期被人类社会所忽略，各国对北极地区的价值考量自西方进入殖民时代产生萌芽，在"二战"期间得以扩大，并在全球化的现代得到了充分的关注和重视。随着北极地区的战略、经济、科研、环保、航道等多方面价值近年来在国际社会关注度的不断提升，越

① 参见《〈中国的北极政策〉白皮书（全文）》，中华人民共和国国务院新闻办公室，http：//www. scio. gov. cn/zfbps/ 32832/Document/1618203/1618203. htm，访问日期：2018 年 1 月 26 日。

② 《中华人民共和国政府和俄罗斯联邦政府关于共同开发森林资源合作的协定》，北大法宝，https：//www. pkulaw. com/eagn/e8779ab1563b9e283b6b8598d02e32ffbdfb. html，访问日期：2000 年 11 月 3 日。

③ 《中华人民共和国政府和俄罗斯联邦政府关于合理利用和保护跨界水资源的协定》，北大法宝，https：//www. pkulaw. com/eagn/e9be5b6f8d260b6a5a4eb51c389a6b02bdfb. html，访问日期：2018 年 1 月 29 日。

来越多国家要求参与北极治理，加之北极地区海域范围隶属于《联合国海洋法公约》（以下简称《公约》）的管辖范畴，也印证了北极事务并不是环北极国家的"域内治理"事务，而是涉及全球人类利益的共同话题。北极治理关乎全球气候环境问题，关乎各国利益与国际社会整体利益，关乎人类发展和共同命运，中俄在北极上的合作不仅可以为北极区域治理提供新模式、新思路，更能够创立大国间和平、合作的国际治理典范，为推进多方参与北极治理的共治共赢开拓新的道路选择。其中，我国倡导构建人类命运共同体，是北极事务的积极参与者、建设者和贡献者，在北极事务的治理中更应当坚定和平合作的基本立场，与国际社会一道共同维护和促进北极的和平、稳定和可持续发展，为北极发展贡献中国智慧和中国力量。基于此，中俄北极合作不但有其正当性和积极性，同时也存在着深厚的现实基础与国际法支撑。

（一）中俄开展北极合作的契机与战略基础

随着气候变暖带来的北极永久冰层融化，北极地区的交通价值和经济价值进一步得到关注。特别是在新冠疫情的影响下，东西方意识形态的不断碰撞，政治关系的屡次摩擦，种种局面均提示我们在现在的格局中加强国际合作是应对单边主义与独裁主义的最优解。据此，中俄北极合作的契机不仅在于外在环境的迫切需要，更有着内在的现实意义和理念支撑。

1. 北极合作的外在因素——"域内治理"的弊端初现

北极地区作为地球两极之一，与《南极条约》所限定为全球"公域"的南极地区地位不同，北极的公域仅仅划定为北冰洋中部地区，而其他地区则分别属于北极八国的领土、大陆架及专属经济区①。基于其特殊的地理区位和复杂的政治环境，加之在北极的治理上，因北极理事会不同国家设定的权利差异，使其很难像南极一样达成一个统一的有关冻结领土主权的共识，因此北极的治理也只能在以北极八国为主的范围内进行片面的"共治"，即域内治理。"域内治理"一词是地缘政治的产物，体现出北极八国将北极地缘近距离优势与北极事务的融合。在对北极事务的处理与解决中，他们相对排斥域外国家与国际组织，并以"域内协商，域外排他"为原则、以"一致排他"为核心理念来共同治理北极事务。② 一致性与排外性是北极"域内治理"的显著特点，

①　北极圈内有八个国家，包括美国（阿拉斯加州）、俄罗斯、冰岛、格陵兰岛（内部自治，但其外交、财政与国防由丹麦代理）、加拿大、挪威、瑞典、芬兰。

②　参见肖洋《北极理事会"域内自理化"与中国参与北极事务路径探析》，《现代国际关系》2014 年第 1 期，第 51～55 页。

北极八国表明在参与北极事务处理中他们具有共同的认知，主张除气候环境、资源开发等具有全球意义的议题之外，其他内容归属于北极八国内部性事务，并以此理由确保北极八国在北极事务中的垄断性地位。同时，北极八国统一主张以《公约》作为处理北极事务的法律依据，以保障北极八国在北极事务中的绝对话语权。此外，自北极地区域内治理发展至今，北极合作治理模式仍以《渥太华宣言》下成立的北极理事会为主，这也就导致北极八国凭借其地理区位上与北极连接紧密的独特优势而对于其他国家和国际组织谋求参与北极治理的呼吁产生排斥的态度。①《公约》虽适用于全球所有的海洋领域，但也正是因为其普遍适用性，故而对于北极地区这一特殊地域就无法有针对性地进行规制，而这也为北极八国提出主导北极地区治理提供了某种可能性。虽然不难看出北极八国在北极地区拥有最强话语权，但这并不代表北极地区已然成了北极八国的主权范围，北极地区所凸显的全球性属性决定了北极事务的有效治理离不开非北极国家的实质性参与，因而有必要将非北极国家作为参与处理北极事务的一员，共同维护北极地区的安全与稳定。

而随着全球化时代的到来，任何一个国家都无法依靠自身力量实现自己的利益诉求。种种迹象表明，全球化合作正在不断加强，竞争与合作是顺应时代发展的必然结果。首先，随着北极地区事关众多北极域外国家的经济发展，积极参与北极事务的域外国家和利益相关方越来越多，世界各国基于对北极话题的重视，更希望建立一种较之于"域内治理"而言更加包容和开放的治理模式。在这样的背景下，北极理事会域内治理的现状显然不能满足国家参与多元化和北极治理多面化的要求。此外，对于北极而言，虽然现如今北极八国占据主导位置，但北极八国之间有关北极的冲突与竞争也同样存在，2007年俄罗斯科考队在北冰洋底的"插旗"事件②，2014年的克里米亚事件③和2019年蓬佩奥关于北极已进入"权力和竞争的新时代"的演讲④，很大程度上影响了北极地缘战略环境，而近期的俄乌冲突又加剧了这一趋势。众多迹象表明，以北极理事会为主的北极治理体系已无法适应当今的形势变化，北极八国间的对抗、竞争与博弈愈演愈烈，而这一多元化趋势的出现与如今北极治理体系的矛

---

① See J. A. Roach, *International Law and the Arctic: A Guide to Understanding the Issues*, 15 Southwestern Journal of International Law 301（2009）.

② 《俄罗斯北极点海下插国旗惹争议》，中国日报网，http：//www. chinadaily. com. cn/hqgj/2007-08/09/content_6019680. htm，访问日期：2022 年 12 月 12 日。

③ 《普京批准克里米亚加入俄罗斯》，《参考消息》2014 年 3 月 19 日，第 1 版。

④ 《中国日报：蓬佩奥演讲关于中国的六大谬论》，新浪新闻中心，https：//news. sina. com. cn/c/2020-02-29/doc-iimxyqvz6711694. shtml，访问日期：2022 年 12 月 12 日。

盾之处，恰恰是中俄合作的重大契机。

其次，北极理事会内部程序亟待改善。北极理事会目前仍在沿用"等级差序"的成员结构，将参与主体分为正式成员、永久参与者和观察员三个层级。其虽然进一步明确了各参与主体的权利义务等内容，但实质上理事会的核心仍被牢牢限定在北极八国的范围中，这意味着涉北极有关决议仍需要八国的一致协商或同意，而永久参与者和观察员国家（组织）仅仅有参会讨论权和建议权，无权享有对北极相关决议的表决权。[①]

而随着北极全球化属性的不断发展和北极治理内容的多元化倾向，北极域外国家的诉求也逐渐占据了北极话题的很大比重，同时，这些域外国家也积极通过各种形式希望加强与域内国之间的合作，通过加入北极理事会、发表联合宣言等方式逐渐参与到北极事务的处理中。如中国提出的冰上丝绸之路，是专门针对北极开发的国际合作问题；中日韩三国在 2015 年 11 月也发表了关于北极合作的宣言——《关于东北亚和平与合作的联合宣言》，宣言的内容就包括共同探讨北极合作项目，并将继续深化北极合作。中俄在北极治理上的合作，同时也代表着北极域内国家与域外国家之间的北极合作将更进一步，为其他域外国和与北极问题利益相关的国家提供了参与北极事务合作的经验参考，不仅有利于打破"域内治理"的传统思维，更能够推动国家间的合作共赢。

2. 北极合作的内在支撑——冰上丝绸之路理念的提出

冰上丝绸之路作为"一带一路"倡议与北极开发的对接，于 2017 年在"一带一路"国际合作高峰论坛上提出。其内容为：要开展北极航道合作，共同打造冰上丝绸之路。[②] 冰上丝绸之路是指穿越北极圈，连接北美、东亚和西欧三大经济中心的海运航道，从地理位置上看，它是东亚通向欧洲或北美大西洋沿岸的最短航程。尽管冰上丝绸之路的自然环境较为恶劣，但北极地区特殊的地理环境使得航道沿线非传统安全威胁较少，且大部分航道距离陆地很近，主要经过俄罗斯北部海域的临岸地区，这便有助于提升海上航运的安全度。[③]随着《俄罗斯北极开发战略规划》的实施和《中国的北极政策》白皮书的发布，中俄北极开发合作成为两国合作的热点领域。从发展角度上看，冰上丝绸之路的提出为中俄北极合作提供了政策基础，中国在《中国的北极政策》白

---

① 参见孙凯、李文君《角色理论视阈下的北极理事会及其作用研究》，《边界与海洋研究》2022 年第 4 期，第 46～62 页。

② 参见吴大辉《冰上丝绸之路："一带一路"的新延伸》，《人民论坛》2018 年第 9 期，第 48～49 页。

③ 参见《"一带一路"建设海上合作设想》，新华网，http：//www.xinhuanet.com//politics/2017-06/20/c_1121176798.htm，访问日期：2022 年 12 月 12 日。

皮书中表明"中国愿依托北极航道的开发利用，与各国共建'冰上丝绸之路'"；2019 年中俄签署《中华人民共和国和俄罗斯联邦关于发展新时代全面战略协作伙伴关系的联合声明》中提出"推动中俄北极可持续发展合作，在遵循沿岸国家权益基础上扩大北极航道开发利用以及北极地区基础设施、资源开发、旅游、生态环保等领域合作"。除了在北极的萨贝塔港正在进行的合作项目之外，中俄还签署了关于两国银行为北极地区多达 70 个合作项目提供资金的框架协议。① 这些均意味着中俄双方在北极合作领域的关系进一步密切，中国作为一个非北极域内国家，参与北极治理面临着先天不足的劣势，因此争取北极域内国家的支持就显得至关重要。我国在"一带一路"倡议中提出了合作共赢的基本原则，作为北极治理中的重要大国以及"一带一路"的重要合作伙伴，俄罗斯在共建北极蓝色经济带上的积极呼应是一个促进中俄北极合作的良好开端，以冰上丝绸之路的共建为基础，对中俄两国无疑是双赢战略。俄罗斯能够帮助中国进入北极地区，对中国在北极的经济利益持建设性立场，在为中国积极参与北极地区的投资与合作提供机会的同时，也可从更广泛的双边关系中获得更大的利益。中俄两国也可凭借通过"冰上丝绸之路"的建立打破域内治理的壁垒，建立一种崭新的平等包容开放的治理模式，吸引更多的北极国家以及近北极国家的参与。

## （二）中俄开展北极合作的国际法依据

从"冷战"结束至今，合作一直是北极地区发展的主题，中俄在不同领域通过合作共同参与北极事务。国际法律制度是中俄北极合作中我国抵御法律风险的强有力的武器，其中，《公约》能够作为中俄开展北极合作最主要的海洋法依据。

根据《公约》的相关规定，北极地区的公海区域属于全人类共有。② 中国有权分享北极资源，有权进入北冰洋公海区域，行使国际法赋予的权利。中国作为《公约》的首批缔约国成员，在北极海域享有相应的海洋活动权利。在目前的北极区域治理框架下，《公约》对于领海、专属经济区和大陆架的海洋科学研究制度所做出的相应规定是中俄参与北极科学考察和分享北极开发利益

---

① 参见《中俄元首签署〈中华人民共和国和俄罗斯联邦关于发展新时代全面战略协作伙伴关系的联合声明〉》，中国政府网，http://www.gov.cn/xinwen/2019-06/06/content_5397860.htm，访问日期：2019 年 6 月 6 日。

② 《联合国海洋法公约》第 86 条："本部分的规定适用于不包括在国家的专属经济区、领海或内水或群岛国的群岛水域内的全部海域。本条规定并不使各国按照第 58 条规定在专属经济区所享有的自由受到任何减损。"

的重要国际法依据。科学考察领域是我国如今参与北极事务的主要内容之一，根据《公约》第238条和第239条的规定，各国均有权参与并积极促进海洋科学研究。① 基于该规定可以看出，北极地区的海洋科学研究也应当适用于上述条款所表明的范围，此项内容可在中俄关于北极资源合作开发中提供法律支撑。北极地区自然资源十分丰富，除已知蕴藏着石油天然气等能源外，还具备充足的渔业资源，但由于北极地区的气候条件过于特殊，在对开发资源进行科考方面需要建设大量的基础设施，故需要多国合作，投入大量资金，此种情况便为中俄在科研方面的合作提供了契机。此外，《公约》第245条规定，在沿海国领海内从事海洋科学研究须经沿海国明示同意并在沿海国规定的条件下进行。② 第246条第2款和第3款要求各沿海国在正常情形下，应当同意他国因和平目的而进行的增进全人类利益的环境和科学研究。③ 这便表明，中国等域外国家可以根据《公约》赋予的权利在北极地区进行科学研究活动，在北极八国与北极域外国家协商同意后，以促进和平、增进全人类福祉为出发点参与到北极事务的处理中，这为中俄开展的各项合作提供了前提。

其次，在《公约》尚未签署之前，基于如何对位于北冰洋的斯瓦尔巴德群岛进行和平利用的问题，《斯瓦尔巴德条约》（*Svalbard Treaty*）的签署也可为处理北极问题提供一定的法律支撑。1925年，中国、俄罗斯、德国、芬兰、西班牙等33个国家参加了该条约。虽然主要内容是关于挪威在北极地区斯瓦尔巴德群岛的合法地位，但也同时明确了该地区永远不可因战争而被利用，并同时规定包括中俄在内的缔约国公民可自主进入该地区，进行一系列的科学考察和商贸活动。④ 有关北极地区渔业资源管理制度的海洋法依据如《北太平洋公海渔业资源保护和管理条约》《全球非法捕捞渔船名单制度》等，虽然这些国际条约的签署并非完全针对北极问题，但近年来随着北极地区国际治理化程

---

① 《联合国海洋法公约》第238条："所有国家，不论其地理位置如何，以及各主管国际组织，在本公约所规定的其他国家的权利和义务的限制下，均有权进行海洋科学研究。"

② 《联合国海洋法公约》第245条："沿海国在行使其主权时，有规定、准许和进行其领海内的海洋科学研究的专属权利。领海内的海洋科学研究，应经沿海国明示同意并在沿海国规定的条件下，才可进行。"

③ 《联合国海洋法公约》第246条第2款："在专属经济区内和大陆架上进行海洋科学研究，应经沿海国同意。"第3款："在正常情形下，沿海国应对其他国家或各主管国际组织按照本公约专为和平目的和为了增进关于海洋环境的科学知识以谋全人类利益，而在其专属经济区内或大陆架上进行的海洋科学研究计划，给予同意。为此目的，沿海国应制订规则和程序，确保不致不合理地推迟或拒绝给予同意。"

④ 《斯瓦尔巴德条约》第5条："还应缔结公约，规定在第一条所指的地域可以开展科学调查活动的条件。"

度的提升，以上制度也逐渐在北极地区中发挥作用，并成为中俄两国共同参与北极事务的国际法律依据。

## 二、《联合国海洋法公约》视域下中俄北极合作的模式选择及分析

北极问题自成为地缘政治热点问题后，学界对北极地区的治理模式看法不一。明确北极地区最适宜的治理模式，是解决北极问题的必经之路。任何一种有效的治理模式既要从以往相关实践中获取经验，也要注重顺应当前国际形势的发展。通过研究北极当前可选择的治理模式，从而探寻选择中俄北极合作模式，将对中俄在北极合作问题上提供一定的理论支撑。

### （一）当前北极治理的模式选择

#### 1. 自主治理模式

现阶段的北极治理模式以自主治理模式为主，其理念来源于区域治理，区域治理的理论基础来自区域主义，在国际政治研究中并非新兴产物。这一理论的核心要义是"区域决定论"，也就是强调个体需要借助某一区域框架，在谋求自身利益的导向下，行为体间进行的内部互动，"本地优先"（prioritize the local）思想是区域治理中的关键，也就是一切都以本地区为首。① 因此，该理论的产生一定程度上推动了北极地区域内治理的格局。区域治理的重点在于强调该区域内的身份认同和利益排他，这也就势必导致相关制度在该模式下以身份和地域特征为主，同时强调共同利益和对外立场的一致性。域内国因邻近北极的地缘优势，常常选择将国际组织和域外国家等主体排除在北极治理的范围外，其合作也大多主张域内国家间合作模式，倡导北极的"自主治理"和"一致排他"，并认为在北极治理中，排除气候生态等明确要求由各国共同参与的事务外，剩余事项应当由域内各国一致协商管理，并保有垄断地位。② 现阶段，北极事务以北极八国操控下的北极理事会为主导，也正说明如今的北极治理主要偏向于自主治理模式。

#### 2. 合作式治理模式

在全球化的趋势下，北极的环境、资源等很多事务都具有了全球特性，需

---

① 参见赵隆《北极区域治理范式的核心要素：制度设计与环境塑造》，《国际展望》2014 年第 3 期，第 107～125 页。

② 参见阮建平、王哲《北极治理体系：问题与改革探析——基于"利益攸关者"理念的视角》，《河北学刊》2018 年第 1 期，第 160～167 页。

要全球多元主体共同参与治理。因而近些年来，合作治理模式开始在北极治理中逐渐显现其优势。合作式治理模式强调多元主体共同参与，具体包括协同治理模式、多层治理模式和共生模式等模式。① 近年来，北极地区资源竞争冲突凸显，各方都希望通过共同规则的制定去获取在北极的利益分配，其中由美、俄、加、挪、丹五国签署的《伊卢利萨特宣言》也提到了北极域内国家在北冰洋事务上的合作，并且在领海、大陆架以及资源经济区的划分问题中，也主张在《公约》和北极理事会的约束下进行协商分配，不受其他国家和国际组织的干涉。② 协同治理模式在此基础上也促进了多元主体间共同参与国际规则的制定，相较于对于北极地区现如今的自主治理模式下的规则制定更显其公平性。

对于多层治理模式，在该模式的架构中，最重要的是建立一个具有广泛代表性和权威性的协调组织，这一模式是从欧盟的管理机制中获得灵感的。在该架构下，多种行为体共同参与决策，倡导共同的价值理念与追求，各行为体之间没有等级之分，由此形成一种新的决策模式。③ 具体要求上，目前提倡各国参与合作的做法仍以通过参加北极理事会来推进北极合作的多元性为主，即以北极理事会为主导的模式。④ 杨剑认为，北极治理应当在全球治理的框架中进行，以此确立北极国际治理的合法性，主张将北极治理和全球治理相联结，即"北极治理的目的是善治，而治理综合体是通往善治的必由之路"⑤。

对于共生模式，我国部分学者对此持支持态度。如基于共生单元和共生模式实现北极主体共生、挑战共生、责任共生，形成完整的共生环境的"共生治理模式"。⑥ 建立以"导向介入"和"互补性竞争"为主要特征的共生模式，以范式的阶段性递进为路径，实现以共生发展和进化为目标的共生治理。从综合合作式治理模式下的具体三种模式来看，合作式治理模式相较于现今北

---

① 参见李振福、韩春美、张琦琦《北极治理研究：主体对象，模式路径，评价与展望》，《学术探索》2021 年第 4 期，第 34～43 页。

② 《伊卢利萨特宣言》："建立新的国际机制来全面管理北冰洋，完全是多余的做法。" See James Kraska, *From Parish to Partner-Russian-American Security Cooperation in the Arctic Ocean*, 16 ILSA Journal of International and Comparative Law 27（2009）.

③ 参见孙凯《机制变迁、多层治理与北极治理的未来》，《外交评论（外交学院学报）》2017 年第 3 期，第 109～129 页。

④ Alf Hoel, *Do We Need a New Legal Regime for the Arctic Ocean*, 24 The International Journal of Marine and Coastal Law 443（2009）.

⑤ 杨剑：《北极治理新论》，时事出版社 2014 年版，第 59 页。

⑥ 参见赵隆《共生治理的范式初探：以北极为例》，《中国海洋大学学报》2015 年第 2 期，第 1～6 页。

极治理下主要运用的自主治理模式更能反映域外国家和与北极有着密切利益关联的国家的实际诉求，在兼顾各国合理关切的同时，有助于深化人类命运共同体理念在北极地区所受到的理解与尊重。

3. 条约模式

条约模式主要是指北极地区可仿照《南极条约》的形式，在兼顾北极地区的现实情况下推动相关国家制定专门解决北极地区相应事务的"北极条约"。但从当前发展看，不论是在学界还是在实务层面，这种模式都不具有实行的可行性。同样作为极地的南极早在1959年就通过了有关南极合作考察的《南极条约》，就地缘特点而言，南极周围不存在多个相邻国家关于大陆架归属的争议纠纷，而北极位于美、俄、加等八国的包围内，建立全球性质的公约将不可避免地与域内国家利益产生冲突，从而使公约的建立很难具有操作性。此外，由于人类对南极的探索略早于北极，经过各方磋商，现今已形成了以《南极条约》为基础的南极条约体系，并在南极治理问题上显现出一定成效。而北极基于其区位特殊性和政治复杂性，目前尚未形成制度化的合作平台和法律概念，北极理事会关于北极治理也仅仅停留于论坛的形式，缺乏必要的资金支持和制度规范，因而北极条约的制定虽然初衷上是一个基本完美的解决方案，但考虑到现实因素的影响，其模式也只能停留在设想层面。

（二）中俄北极合作模式的应然选择：冰上丝绸之路

首先，冰上丝绸之路以航道合作为基础，继而辐射至北极合作的能源、环保、科研等诸多领域，是我国提出的"一带一路"倡议下的主要组成部分，而"一带一路"倡议所包含的理念与思路使人类命运共同体理念在此基础上有了更多实现的可能。可以看出，以冰上丝绸之路作为中俄北极合作模式的选择，在理论上更加贴合合作式治理模式。在该模式下参与北极合作，由目前北极治理现状决定，由中俄战略伙伴关系决定，以及由《联合国宪章》等国际法规定下的国家权利义务决定。北极特殊的地缘政治和区位特点也要求冰上丝绸之路的治理模式并不采用由某一方主导的共治模式，而是倡导多边主义，为国家合作提供"中国方案"，它和"机制复合体"的治理理论有一定的相通性，但又更加强调海洋权益的公共属性。正如有学者坦言："北极治理的目的是善治，而治理综合体是通往善治的必由之路。"① 冰上丝绸之路合作模式的建设当源于中国、属于世界、利于世界，世界各国都应当对北极可持续发展的

---

① 阮建平、王哲：《善治视角下的北极治理困境及中国的参与探析》，《理论与改革》2018年第5期，第29～37页。

目标存有共识，在经济、政治、文化、生态等多方面存在相同的身份认同。

其次，对于传统的北极理事会的自主治理模式，在如今涉北极相关治理议题中，其内容和种类的广泛性随着科技和经济的发展越来越突出，最初以生态保护为目的设立的北极理事会在对日新月异的治理议题的授权上愈发显得力不从心。就目前而言，北极治理缺乏一个行之有效且具有针对性和约束力的国际法协定，尽管《联合国宪章》《联合国海洋法公约》《斯匹茨卑尔根群岛条约》等可在一定程度上适用于并规制北极问题的治理，但基于对北极地缘特殊性和复杂性的考虑，这些普遍性规章一般适用于具有共性的海洋治理事务，而在一些涉北极的新兴特殊事项的处理上则有些束手束脚。

最后，北极理事会作为论坛性质的国际组织，其"软法"属性的决议导致其在对于敏感性话题的协商治理上很难充分发挥话语权①，这也进而导致在目前以北极理事会为主体的自主治理模式下，北极合作治理易受地缘政治的影响，难以保证构建一个安全的合作机制。如 2016 年在芬兰拟计划加入北约时俄方在俄芬边境部署导弹、美俄在北极地区的军事部署等，均为未来的北极合作与治理埋下了不小的隐患。② 在此情形下，尽管有北极理事会、北极海岸警卫队等论坛性质的组织，但其职能仅仅局限在油污处理、海上搜救等领域，在军事摩擦、国家安全等领域很难起到有效的作用。

## 三、《联合国海洋法公约》下中俄北极合作中的现状与问题分析

### （一）中俄北极合作的现状

中俄在北极事务上的合作经历了从无到有、从反对到支持的发展历程。随着世界各国逐渐不再满足于北极事务的"域内治理"，以及以美国为首的西方国家在不限于北极事务方面的对俄罗斯的制裁，俄罗斯迫切地需要一个可以信任并参与北极"共治"的伙伴来寻求资金、技术和基础设施方面的帮助，这为中俄北极合作提供了现实上的基础。近些年来在"一带一路"倡议的背景

---

① George W. Bush, *Directive on Arctic Region Policy*, 45 Daily Compilation of Presidential Documents 47 （2009）.

② 2019 年 4 月和 6 月，美国海岸警卫队和美国国防部分别发布了《北极地区战略愿景》和《北极战略报告》。2013 年，普京批准了《2020 年前俄联邦北极地区发展和国家安全保障战略》；2019 年 12 月，发布了《2035 年前北方海航道基础设施发展规划》；2020 年 3 月，普京批准了《2035 年前俄联邦北极国家基本政策》；2020 年 10 月，出台了《2035 年前俄联邦北极地区发展和国家安全保障战略》。

下，中俄有关北极合作的议题逐渐进入"蜜月期"：在 2015 年《中俄总理定期会晤联合公报》中，双方均表示"加强北方海航道开发利用合作，开展北极航运研究"；2016 年 7 月，俄外长拉夫罗夫代表俄罗斯邀请中国参与多个北极合作项目；2017 年 5 月的"一带一路"国际合作高峰论坛中，俄总统普京也倡议将北极航道同"一带一路"相联系，打造欧亚地区新的交通格局。① 作为回应，国家发改委和海洋局在《"一带一路"建设海上合作设想》一文中也首次将北极航道纳入了"一带一路"主要海上通道中。中俄北极合作不仅有着广泛的现实基础，也有着一致的合作共识。目前，中俄在北极地区的合作主要可以分为能源和航道两大方面。

1. 能源合作现状

中俄北极能源开发合作的亚马尔液化天然气（Liquefied Natural Gas, LNG）项目作为北极地区涉及世界特大型天然气勘探开发、液化、运输、销售一体化的液化天然气开发工程，由中俄牵头、多方主体参与。其中，俄天然气生产商诺瓦泰克公司主导，占股 50.1%；中国石油天然气集团有限公司和中国丝路基金参股，分别占股 20% 和 9.9%②，共投资约 300 亿美金。据中俄长期供销协议，该项目在投产后每年将为我国供应 400 万吨液化天然气。亚马尔液化天然气项目的开发效益巨大，首先，除了其建成投产后对亚太地区能源输送和能源安全保障的价值体现，其在技术发展和国际投资领域也表现出了很大潜力，解决了施工难题，节约了建设成本；其次，该项目已获得约 190 亿美元的国际投资，这对于项目建设和资本流通都有着极大的推动作用。③ 我国在该项目上投资 120 亿美元，也大大促进了项目相关产业集群的发展④，项目中所用国产设备比例高，带动了我国基础设施建设、船舶制造业等产业的更新和转型，并提供了大量的就业岗位。同时在能源合作上，我国企业也积极参与了产业相关基础设施的建设，并在环境保护型工业、能源领域建设中做出了大量贡献。

随着中俄北极能源开发的深入，中俄能源合作开发的范围逐步从俄罗斯域

---

① 参见王志民、陈远航《中俄打造"冰上丝绸之路"的机遇与挑战》，《东北亚论坛》2018 年第 2 期，第 18～33 页。

② 参见中国一带一路网《亚马尔液化天然气项目："冰上丝绸之路"的重要支点》，https：//zhuanlan. zhihu. com/p/350923969，访问日期：2022 年 4 月 11 日。

③ РоссиЯ займет львинуо дол на мировот рынке СПГ. 28 марта 2019，https：//riafan. ru/1164891-rossiya-zaimet-lvinuyu-dolyu-na-mirovom-rynke-spg, 2022–04–11.

④ 参见孙凯、马艳红《"冰上丝绸之路"背景下的中俄北极能源合作——以亚马尔 LNG 项目为例》，《中国海洋大学学报（社会科学版）》2018 年第 6 期，第 17～33 页。

内向北极公域地区拓展，中俄签署了《中华人民共和国和俄罗斯联邦睦邻友好合作条约》《中俄关于全面战略协作伙伴关系新阶段的联合声明》等一系列友好合作双边协议，为中俄北极能源合作开发创建了良好开端，俄罗斯积极邀请中国参与北极能源开发合作，对中国来说既是机遇也是挑战。① 随着合作的逐渐深入，建立完善的双边能源合作法律机制以规避风险便显得尤为重要。

2. 航道合作现状

北极航道合作主要是北方海航道合作。中俄双方在航道合作上也做出了许多行动，像中远海运集团在北极航道的试航以及《中俄极地水域海事谅解备忘录》的商谈与促成等。② 其代表性合作主要是北极海运公司合作协议的签署：根据 2019 年 6 月 7 日由中远海运集团与俄罗斯诺瓦泰克股份公司、俄罗斯现代商船公共股份公司、丝路基金有限责任公司在俄罗斯圣彼得堡签署《关于北极海运有限责任公司的协议》的内容来看，各方将建立长期伙伴关系，为俄罗斯联邦北极区向亚太区运输提供联合开发、融资和实施的全年物流安排，并组织亚洲和西欧之间通过北极航道的货物运输。③ 作为跨国贸易、运输的"生命线"，俄罗斯科学院远东研究所专家弗拉季米尔·彼得罗夫斯基认为，有关北极航道对接"一带一路"的提议"前景广阔、意义重大，并且对双方都有利"，"中国对欧商品的运输时间将减少 1/3 以上"，④ 该提议的实施可以很大程度上提高货物运输速度，同时，俄罗斯对中国等远东、亚太国家运输能源等商品也将更加便捷高效。

## （二）中俄北极合作的现实问题

不论是采用北极理事会的合作模式还是冰上丝绸之路的合作模式，其实都必须在国际法的范围内进行，也就是必须严格受到《公约》的约束。就目前的北极事务合作问题而言，建立行之有效的合作模式必须解决如下三个方面的问题。

---

① 参见蔡高强、朱丹亚《论中俄北极能源合作开发的法律保障》，《中国海商法研究》2021 年第 2 期，第 12～19 页。

② 参见商务部《推进冰上丝绸之路 开展北极地区油气勘探开发》，央视网经济频道，ht-tp：//jingji. cctv.com/2017/11/09/ARTIfUE9G2n2bGQQAzOBBgJ1171109. shtml，访问日期：2022 年 4 月 11 日。

③ 参见新华社《中俄签署北极海运公司合作协议》，《中国远洋海运》2019 年第 7 期，第 12 页。

④ 参见张新、张巍《开发"一带一路一道（北极航道）"建设的战略内涵与构想》，《清华大学学报（哲学社会科学版）》2017 年第 3 期，第 15～22 页。

1. 《公约》在规制北极合作的力度上存在不足

《公约》作为全球海洋事务的"海洋宪章"，其覆盖领域广、成员多，对于海洋治理具有重要的意义，鉴于《公约》具有普遍适用性，因此其不仅对世界海洋秩序做出规制，而且也影响着北极地区秩序的建立与和平的维护。但基于北极地区地缘政治复杂和资源战略的考虑，《公约》虽然具有国际法层面的普遍约束性，对于北极事务的"特别"规定方面却并不完善，在针对北极合作议题的法律规制上存有范围瑕疵。①

首先，《公约》关于极地地区的规定即第八节"冰封区域"的规定只存在第234条一条专项规定，且着重强调于冰封地区的海洋环境保全方面，② 对于目前北极能源、航道的开发合作等热点话题则没有具体地进行说明。其次，北极合作主要是能源领域的合作，而面对北极各国专属经济区和大陆架资源的划分问题，《公约》的规定则显得较为"柔性"，即《公约》中仅表示为要求在国际法院规约的国际法基础上通过协议进行划定。③ 这种类似于"兜底条款"的规定由于没有明确的刚性划分要求，往往在实务上给争议国留有周旋空间。国家出于对自身利益的维护或争取的考虑，一般在对于此类区域划分的争议上会尽可能去获得协商上的优势地位。例如，通过在罗蒙诺索夫海岭归属争议下北极国家的勘探和申请一事中，不难看出各国在对于"200海里以外的大陆架"的划分和申请上，其争执的焦点区域多为油气资源丰富地区。④ 如此就会在很大程度上造成国家间协商的不明确，进而引发北极海域外大陆架的权利争夺。专属经济区和大陆架的划分是中俄北极能源合作的基础，北极合作也必须在法定的合作范围和地理范围上进行。因此，目前北极地缘政治冲突和《公约》在地域划分上的模糊性便成为影响中俄北极合作的制度性考验。

---

① See Alexander S. Skaridov, Northern Sea Route: Legal Issues and Current Transportation Practice, in Myron Nordquist, John Norton Moore and Tomas H. Heidar (eds.), *Changes in the Arctic Environment and the Law of the Sea*, 4 Center for Oceans Law and Policy 283 (2010).

② 《联合国海洋法公约》第234条："冰封区域，沿海国有权制定和执行非歧视性的法律和规章，以防止、减少和控制船只在专属经济区范围内冰封区域对海洋的污染，这种区域内的特别严寒气候和一年中大部分时候冰封的情形对航行造成障碍或特别危险，而且海洋环境污染可能对生态平衡造成重大的损害或无可挽救的扰乱。这种法律和规章应适当顾及航行和以现有最可靠的科学证据为基础对海洋环境的保护和保全。"

③ 《联合国海洋法公约》第74、83条规定海岸相向或相邻国家间专属经济区、大陆架界限的划定，海岸相向或相邻国家间专属经济区和大陆架的界限应在国际法院规约第38条所指国际法的基础上以协议划定，以便得到公平解决。

④ 参见章成《论北极地区法律治理的框架建构与中国参与》，《国际展望》2015年第6期，第80～97页。

2. 北极理事会内部存在主体权利限定问题

北极理事会是北极治理最重要的区域跨国合作平台，在北极地区事务的处理上发挥着较为重要的作用，近年来，北极理事会大多在环境方面为北极地区的和平合作做出重大贡献，同时，以论坛性质制定的许多关于北极环境与污染治理的评估报告书也成功带动了北极地区的合作发展。[①] 但北极理事会限制行为体的参与范围和数量这一规定曾遭受诟病，北极理事会对永久参与者和观察员国家（组织）在权力上的限定并不能满足大部分主体在北极利益上的需求。虽然同为北极理事会的一分子，可是在议程设置和表决权等方面，正式国和观察员国两者之间仍存在较大差异。观察员国只有北极理事会相关会议的参与权而没有对北极重要事务的表决权，同时，观察员国必须承认北极八国在北极理事会中的核心地位和处理北极地区事务的主要地位，因此对于域外国家而言，即便成为观察员国，在北极地区事务上也没有较大的话语权，并未因此获益更多，从而使北极理事会在北极议题上缺乏代表性，这极易引起域外国家在北极治理方面的不满。

3. 北极合作下双边与多边协定存在制度缺失

北极治理除受到《公约》等国际公约的规制外，还存在诸多双边与多边协定。但由于这些协定制定时间较为久远，对于现代北极事务缺乏明确的针对性，其制度上的盲区也难以对目前北极治理的热点议题产生实质性的帮助。

目前北极相关双边、多边协定主要有《斯匹次卑尔根群岛条约》《伊卢利萨特宣言》《北极海空搜救合作协议》等，其中，《斯匹次卑尔根群岛条约》的内容主要是"承认挪威对斯匹次卑尔根群岛和熊岛等拥有充分和完全的主权"，以及缔约国在该地区从事海洋、工业商业活动的完全平等权，其针对客体则相对狭窄，并不能满足目前北极整体治理与合作的需要；[②]《伊卢利萨特宣言》以讨论北冰洋、气候变化、海上环境、海上安全以及开辟新航道后的救援责任分工为议题，并希望阻止任何"管理北冰洋的新综合国际法律制度"，该宣言并没有针对目前北极能源的开采和航道合作等事务做出具体规定，且宣言与"北极共治"的观点也明显相悖；[③]《北极海空搜救合作协议》

---

① 参见张佩芷《知识建构、议题设置和框架效应：北极理事会与北极航运环境污染问题的治理》，《四川大学学报（哲学社会科学版）》2020 年第 1 期，第 189～196 页。

② 《斯匹次卑尔根群岛条约》第 1 条："缔约国保证根据本条约的规定承认挪威对斯匹次卑尔根群岛和熊岛等拥有充分和完全的主权，其中包括位于东经 10 度至 35 度之间、北纬 74 度至 81 度之间的所有岛屿，特别是西斯匹次卑尔根群岛、东北地岛、巴伦支岛、埃季岛、希望岛和查理王岛以及所有附属的大小岛屿和暗礁。"

③ 参见杨华《海洋法权论》，《中国社会科学》2017 年第 9 期，第 163～183 页。

则着重于对北极海域和空域的安全和搜救问题进行规范，其加强的是国际救援和航行安全保障方面。其他北极双多边协定则分别围绕科研合作、污染防治等话题进行制定①，而针对北极合作上的能源开发和航道合作，如今对北极区域影响较大的具有硬法性质的多边协议以及《公约》均没有一个具体明确的说明，且在这两大领域内以软法②性质的协定占较多数，法律强制性和约束力的缺失也使得这些协定在纠纷的发生和解决中很难有效地发挥其规制和调节的作用。

## 四、《联合国海洋法公约》下中俄北极合作的路径选择及我国的应对建议

在目前北极的地缘形势下，为积极争取北极地区利益，中俄国家间合作是不二的选择，而《公约》在应对国家间北极合作问题上存在力度上的不足，在制度上明显对中俄开展北极治理造成了一定程度的困扰。如今，北极合作的国际化已经是大势所趋，针对当前形势下的北极合作，在法律规范和国际关系方面我们应争取做到如下三点进步。

### （一）中俄共同构建以冰上丝绸之路为理念的多边合作机制

国际公约层面，《公约》在目前北极治理上暴露出来的短板呼吁各国应当在《公约》大框架的约束下，尽快建立行之有效并具有针对性的国际公约。但从发展的整体角度上看，制定出台一份具备公允性的北极条约道阻且长，且将经历重重考验。因此，在倡导《公约》在北极问题上应更加细化的同时，聚焦于搭建多边合作机制，推动形成具有法律强制力的多边协定，或许可以为国际公约"空白期"内的北极治理事务提供学理构建。

如今，中俄两国在北极合作方面存在利益交叠，习近平总书记提出的冰上丝绸之路倡议虽然主要是针对中俄之间的战略合作，但随着我国参与北极事务的活跃度不断提高，冰上丝绸之路也可以延展成与北极域内外国家等对北极地区存在利益攸关方合作的机制和平台③，如此便为中俄联合推进构建多边合作

---

① See Ulrik Pram Gad and Jeppe Strandsbjerg, *The Politics of Sustainability in the Arctic Reconfiguring Identity, Space, and Time Preface*, Routledge 23 (2019).

② 法国学者弗朗西斯·施耐德（Francis Snyder）对软法的定义是："原则上不具有法律约束力却会产生实际效果的行为规范。"

③ 参见戴瑜《"冰上丝绸之路"倡议下北极航道的中国话语权构建》，《理论界》2021年第8期，第81～87页。

机制提供了思想基础。因此，在中俄北极合作的路径下，应以构建冰上丝绸之路理念为引领，以中俄两国为倡导者和引领者，联合推进与北极域内外国家间相关合作机制的出台，各国共同协商制定出硬法化的多边协定，构建多边合作机制体系化。

在多边协定的制定中，可以当前中俄关于北极地区重点合作领域为着力点，同时各国以其各自优势共同发挥作用，促进多边合作机制的构建。中俄在冰上丝绸之路下推进的项目如中俄共建亚马尔液化天然气项目、中俄合作开发俄罗斯帕亚哈油气田项目等，表明中俄合作项目正在持续稳定地推行中，可在此基础上推动建立多边合作机制。以冰上丝绸之路为基础推动建立区域性北极事务合作组织，可借鉴北极理事会在北极经济事务处理中构建论坛的形式，先积极推动成立相关具有论坛性质的合作组织，而后逐步形成具有多领域高层次的区域性北极事务合作组织。另外还需要注意在多边协定的签订过程中，应更加注重对北极地区生态环境的保护，在协定制定目的上应当突出与《公约》间的呼应，并以保护海洋生态作为一切合作开发的基础。

## （二）推进北极理事会职能和主体权利范围的变革

北极理事会由其前身《北极环境保护战略》（AEPS）发展而来，从严格意义上讲，它并不是国际法意义上的国际组织，其性质更倾向于一个"促进多边合作的'政府间高层论坛'"[1]。论坛性质的北极理事会自成立以来，在北极事务处理上有着积极的促进作用，譬如发布具有强制性质的多边协定《北极海空搜救协议》，衍生子论坛北极经济理事会（AEC）等合作机制来扩大职权领域以及紧密组织结构、加强管理力度，等等。[2] 但随着各国对北极治理要求的不断提高，合作领域种类上的不断增加，现有以北极八国为核心的权力架构基础上的北极理事会机制无法完全满足目前北极合作共治的需要。但北极理事会现如今仍是解决北极问题的重要主体，我国应秉持尊重北极理事会的态度，鼓励更多利益攸关方通过加入北极理事会参与到北极事务的处理中，努力支持与北极关系密切的非北极国家的参与，营造北极国家与非北极国家和平共处且互相监督的多元化氛围。

在现有理事会的组织结构下，我国可倡导将近北极国家从观察员身份向正

---

① 王晨光：《路径依赖、关键节点与北极理事会的制度变迁——基于历史制度主义的分析》，《外交评论（外交学院学报）》2018年第4期，第54～64页。

② 参见郭培清、董利民《北极经济理事会：不确定的未来》，《国际问题研究》2015年第1期，第100～113页。

式成员身份过渡，并且在轮值主席国家中增设部分近北极国家的名额以增加多数国家在北极事务中的话语权，促使北极理事会不断向国际组织方向演变。[1] 我国可在以北极理事会为主导的框架下，积极推动域内国家与域外国家间就北极合作达成更多双边或多边协定，在我国参与北极治理问题的过程中，主动听取并适当借鉴各国对于北极治理的经验与看法，同时推动中俄北极合作治理进程，并以中俄两国合作治理为契机，促成域内外国家间的双赢局面。我国也可向北极理事会提出吸纳更多域外国成为观察员国的建议，以期促进北极共同治理目标的实现。此外，鉴于北极理事会关于北极经济开发事务多以论坛形式开展[2]，我国可借此机会倡导北极理事会搭建更多北极事务下除经济领域外的合作平台，通过密切交流，使各国展现合作姿态，加深非北极国家与北极国家间的更多合作机会。

（三）推进中俄合作构建更高标准的双边协定

目前而言，北极地区现行的合作模式还是以域内国家为主体，域外国家通过北极理事会进行有限参与的方式进行，这种方式给近北极国家以及其他非域内国参与北极共治带来了不小的阻碍。除却利用《公约》参与北极合作的方式，国家间合作的双边及多边协定也被广泛地作为北极治理的合作途径。中俄双边合作的历史悠久，且关系密切，除了北极液化天然气的亚马尔液化天然气项目以外，在俄罗斯格丹半岛的陆上天然气北极 LNG 2 项目以及什托克曼液化天然气项目也在有序地推进中。作为中俄政府间合作的文本依据和法律基础，双边协定可以便捷、直接地作为双方合作和争端解决的凭据。而在《公约》基本原则的限定下，北极相关开发合作都必须以生态环境的稳定为前提，因此对于合作开发中可能出现的关于因环境问题导致的责任分配、损害赔偿以及技术合作等问题，则需要中俄通过积极对话协商、制定出具有实质约束力和普遍适用性的双边协定来加以规制。

北极合作不论是能源建设、航道开发还是其他领域，都具有投资周期长、技术要求高的特点，北极地区生态环境的脆弱要求在进行北极开发时，应更加

---

[1] 参见汪毓雯《北极理事会规制变迁研究》，《现代商贸工业》2021 年第 9 期，第 19～20 页。

[2] 参见孙凯、张瑜《对北极治理几个关键问题的理性思考》，《中国海洋大学学报（社会科学版）》2016 年第 3 期，第 1～5 页。

注重对生态系统的保护。① 基于《公约》的遵照以及对可持续发展理念的坚持，中俄合作应在双边条约的规范中制定更加严格的环保标准，明确在开发建设中因过错导致环境污染的责任与赔偿分配机制，规定施工生产设备的技术要求和准入标准，通过对涉生态破坏的隐患因素的严格限制来保障北极合作在安全稳定的情形下有序进行。此外，为中俄合作长久稳定发展之需要，相应的双边协定也应当对损害责任赔偿和纠纷解决机制做明确的规定。目前，中俄北极合作在纠纷处理上尚无制度化的建设，仍以外交对话、政治协商为主，不具有法律上的强制力和约束力。对此，协定应明确在责任分配和赔偿方面的纠纷处理机制，兼采柔性的外交手段和刚性的国际仲裁两种模式，为纠纷解决提供多元化的方案。

## 五、结语

亚里士多德说："法治应包含两重含义：'已成立的法律获得普遍的服从，而大家所服从的法律又应该本身是制定得良好的法律。'"② 在北极治理的语境下，中俄合作应当基于人类命运共同体的基本认识，通过对现有国际公约以及双多边协定的更新、重塑来为国家间北极合作提供法律上的保障，并且这种规则也应当是符合发展规律的、利于全世界的国际性法律规则。北极地缘政治固然复杂、特殊，但一系列符合时代要求、满足全人类共同利益的国际法制度也更能在这样的背景下，为国家间合作起到模范表率作用，打造出和谐、文明、有序、绿色的北极共治新格局，即所谓"良法，方能善治"。

---

① See Tafsir Johansson and Patrick Donner, *The Shipping Industry*, *Ocean Governance and Environmental Law in the Paradigm Shift in Search of a Pragmatic Balance for the Arctic*, Berlin：Springer International Publishing, 2015, pp. 75 – 91.

② ［古希腊］亚里士多德：《政治学》，吴寿彭译，商务印书馆1965年版，第5页。

# The Mode and Path of China-Russia Arctic Cooperation under the UNCLOS

WANG Yanan    ZHANG Boyang    GONG Weihao

**Abstract**: The Arctic region has special and necessary value in terms of geographical location, transportation channels, environmental resources and even military strategy. At present, the Arctic cooperation between countries is still dominated by the *United Nations Convention on the Law of the Sea* (UNCLOS) and the Arctic Council. China is constrained by "intra-regional governance" in the process of participating in Arctic governance, and is still unable to make influential view of Arctic governance. In addition, the internal differences of the Council, the rejection of "extraterritorial governance", and the vagueness and absence of the content of the UNCLOS on Arctic issues are all important factors, which affect the development and cooperation of the Arctic region. In the era of global warming leading to the melting of the permanent Arctic ice, how to seize the opportunity and expand participation in Arctic development and cooperation, and how to enhance the right to speak in the governance of the Arctic are issues that China needs to consider in its current Arctic strategy. China and Russia should jointly build a multilateral cooperation mechanism based on the concept of the "Ice Silk Road", and further promote the transformation of the scope of the functions and main rights of the Arctic Council, and jointly build a higher standard bilateral agreement.

**Key words**: arcticcooperation mode; UNCLOS; international law

# 《联合国海洋法公约》视域下
# 《海警法》海洋维权机制研究

## 邢　政　李丽丽*

**摘要：**《中华人民共和国海警法》的颁布实施，为我国海警机构履行海洋维权职责奠定了法律基础，标志着我国的海洋维权执法进入法治化发展的新时期。但从《海警法》的颁布到实施，不少国家就其空间效力的确定性、武器使用的必要性、强制措施适用的规范性等方面的规定提出了质疑。从统筹国际、国内两个维度出发，我国既要尊重以《联合国海洋法公约》为核心的国际海洋法规则，也应坚定维护我国《海警法》所确立的海洋维权机制。以国际法为依据，理性分析国际舆论，正确回应外部质疑，坚持国际化发展道路，进一步完善相关海洋维权制度的构建与表达，为维护我国海洋权益提供更全面的法制保障。

**关键词：**《海警法》；海洋维权；管辖海域；国际化发展

为促使中国海警更好地履行职责，维护国家主权，2021年2月1日，《中华人民共和国海警法》（以下简称《海警法》）正式施行。《海警法》明确了我国海警在维护海洋安全、开展海上执法、实施犯罪调查、深化国际合作等方面的作用，进一步完善了海警机构维护国家海洋权益的制度建设，并对侵犯我国海洋权益的行为起到了有效的震慑作用。我国在一定范围内可被认定为半闭海国家，在南海、东海与周边国家存在海洋争端，正因如此，国际社会对我国《海警法》格外关注，并对其中有关武器使用、空间效力、对外执法活动等方面的规定提出了质疑。菲律宾外交部部长特奥多罗·L.洛钦（Teodoro L. Locsin Jr.）曾提出外交抗议，认为《海警法》允许开火的规则"非常值得警惕"，可能构成国家使用武器，特别是在管辖海域外使用武器将被视为违反

---

\* 邢政，法学博士，大连海洋大学海洋法律与人文学院讲师。李丽丽，大连海洋大学海洋法律与人文学院研究生。

《联合国宪章》，并成为各国共同面临的挑战。① 这些说法是他国政府首脑、官僚和其他有关人员对《海警法》的严重误解，其担忧是完全没有必要的。《海警法》的颁布实施，实质上是我国维护自身海洋权益的现实需要，完全符合《联合国海洋法公约》（以下简称《公约》）的规范精神，旨在建立更全面、更符合国际法层面的"海洋维权机制"。

## 一、《公约》与《海警法》之间的动态协调

中国是海洋大国，也是《联合国海洋法公约》的缔约国。作为一部凝聚着人类对海洋治理基本共识的国际公约，正如其序言中所彰显的："朝着妥为顾及所有国家主权的情形下，为海洋建立一种法律秩序，以便利国际交通和促进海洋的和平用途，海洋资源的公平而有效的利用，海洋生物资源的养护以及研究、保护和保全海洋环境，应对共同的海洋风险，各主体必须通过共商共建共治共享的思维进行全球海洋治理。"② 《海警法》以我国数十年来对《公约》的实践为基础，充分结合我国海洋维权特点与需求，是我国一部新的涉海立法成果。

（一）《海警法》遵循了《公约》中相应的规范要求

《公约》构成我国《海警法》有效实施的国际法规范前提。首先，《公约》为《海警法》的空间效力确定了范围。《海警法》第 3 条规定："海警机构在中华人民共和国管辖海域（简称我国管辖海域）及其上空开展海上维权执法活动，适用本法。"③ 结合我国《领海及毗连区法》《专属经济区及大陆架法》《中国政府关于在南海的领土主权和海洋权益的声明》的有关规定及实践，《海警法》完全符合《公约》中关于沿海国有关管辖海域范围的规定。其次，《海警法》所确立的立法目的和宗旨与《公约》相一致。《公约》主张各国通过和平的方式开发利用海洋，《海警法》明确了海警机构军事性、行政性的法律属性，符合全球范围内主权国家关于海警机构立法的国家实践，也遵循了

---

① 参见张琪悦《对我国〈海警法〉质疑观点的驳斥与对策》，《海峡法学》2022 年第 2 期，第 95 页。
② 胡波、张良福、吴士存等：《"中国海洋安全的现状与前景展望"笔谈》，《中国海洋大学学报（社会科学版）》2022 年第 1 期，第 13～14 页。
③ 《中华人民共和国海警法》第 3 条。

《公约》中全球海洋治理的一般规律。最后，《海警法》中海洋维权执法的方式与手段符合《公约》中的程序要求。《公约》赋予了沿海国管辖领海及毗连水域的权力，如登临权、紧追权等，《海警法》根据《公约》规定，将重点内容在程序和实体方面进行了更为详细的规定，以求最大限度地行使《公约》所赋予的权力。

### （二）《海警法》顺应《公约》中海洋维权的新要求

随着法律全球化的逐步加深，必将促成国际法和国内法发展的深入结合，我国《海警法》的制定与颁布是切实履行相关国际法规范的回应与表现。① 杨成铭教授所提出的"利益协调论"认为"法律是多重利益分化与协调的产物"②，而国内法与国际法所协调的利益也是一种相互影响、相互作用的状态。在国际法与国内法的二元体制之下，两者的沟通和协调部分地依赖于国际舆论所发挥的桥梁作用。国际舆论较多地反映和表达对于人权保护、主权争端等敏感性国际政治问题的观点与想法。主权国家通过立法的方式，就国际舆论中反映的现实问题予以回应解决。③ 通过制定和完善国内立法，能够有效回应国际舆论，从法律基础层面消除不利的国际舆论影响。由于《海警法》兼具国内法和国际法的双重属性，因此在起草过程中就备受国际社会的关注。

《公约》开启全球海洋治理的新篇章，确立了现代国际海洋秩序。《公约》不仅划分了国家管辖的海域，同时也赋予沿海国可以制定相关的法律规章对海域进行管辖的权利④，甚至在必要时允许沿海国采取相应措施以维护国家海洋安全⑤。伴随着全球海洋意识的觉醒，海洋权益争端日益增加。据专家统计，全世界沿海国间尚未划定的海上边界为 259 条，占总数的 61%。⑥ 为更好地开发与利用海洋，各国纷纷打造综合性、现代化的海上维权执法力量，来满足本国对于实施保卫海上安全、打击海上犯罪、开展海上行政执法的现实需要，形

---

① 参见郭雨城《法律全球化背景下的国际法与国内法关系》，《西北民族大学学报（哲学社会科学版）》2022 年第 5 期，第 90～97 页。

② 万鄂湘：《国际法与国内法关系研究》，北京大学出版社 2011 版，第 1 页。

③ 参见罗国强、张阳成《论国际舆论对国际法的影响——兼析对解决东海南海岛屿争端的启示》，《南洋问题研究》2013 年第 3 期，第 12 页。

④ 参见《联合国海洋法公约》第 21、42 条。

⑤ 参见《联合国海洋法公约》第 25 条。

⑥ See Victor Prescott and Clive Schofield, *The Maritime Political Boundaries of the World*, Dordrecht：Martinus Nijhoff Publishers, 2004, p. 1.

成了现代化的海上警卫模式，主要代表国家有美国、日本、韩国、菲律宾等。[①] 因此，我国在广泛借鉴世界范围内有关国家实践的基础上，建立了一支集海上安全保卫、海上行政执法以及海上犯罪侦查职能于一身的海洋警察队伍。

从《海警法》的酝酿、颁布到实施，外界始终存在质疑，认为《海警法》存在执法权力定位不明确、权力边界模糊、实施细则不明以及执法协作机制不全等问题，这在一定程度上对我国海上执法活动的监督管理造成了阻碍。[②] 尽管世界上各个国家的海警制度存在差异，对于海警在海上维权执法中的任务承担规定并不相同，但总体上仍然与《公约》所确立的原则和基本精神相切合。我国海警机构的主要职责是海上行政执法，《海警法》第 23、34、37、53、58、76 条规定了海上行政执法的措施、海上行政案件管辖争议事项和海上行政执法程序，以及海警机构与其他部门之间的信息共享和协作机制，这些内容充分体现了海警机构海上维权执法的行政属性。不可否认，中国海警机构属于武装力量，但需要注意的是：一方面，这种国家机构权力的授予属于国家主权范围内的事项，他国无权干涉；另一方面，因该机构需要同时履行海上维权（行政执法）和防卫作战（军事活动）两种任务，这种身份的双重性既无法避免，也符合其他国家的普遍做法和实践。[③] 因此，我国《海警法》不存在违反国际法的情况，相反，这是对全球海洋治理要求的回应，也是《公约》项下我国合法维护国家海洋安全的表达。

## 二、我国《海警法》中海洋维权执法面临的外部压力及法理回应

作为保障我国海上维权的法律，《海警法》是对中国海警制度创设和实施宗旨的高度凝练，只有对内形成有效的海警机构权力约束机制、优化海上维权执法资源的配置，才能更好地维护我国海洋权益，促进地区海上和平安全与稳定。国际社会针对我国颁布施行的《海警法》表示高度关注和严重关切，以美日为代表的域外国家对我国《海警法》的部分内容提出了质疑，旨在干扰

---

① 参见李培志《现代海岸警卫制度的形成、发展及其启示》，《江西社会科学》2016年第 6 期，第 179 页。

② 参见段雪、曲亚囡《中国海警海上行政执法权问题研究》，《沈阳农业大学学报（社会科学版）》2019 年第 6 期，第 671～672 页。

③ 参见金永明《论我国〈海警法〉的实施、影响与完善》，《人民论坛·学术前沿》2021 年第 22 期，第 126 页。

和遏制中国的海上维权执法活动，导致《海警法》的实施面临着新的挑战。

（一）我国海洋维权执法所面临的外部压力

《海警法》的出台引起了一些国家的注意，这些国家密切关注着中国《海警法》实施的动向。美国、日本、菲律宾借机疯狂"炒作"《海警法》，大肆渲染"中国威胁论"。美国和日本甚至宣称中国《海警法》是专门针对美日海警船在东部海域和南部海域的行动而设立的，中国将借《海警法》奠定海洋霸权；① 还对海警机构海上维权执法的性质、管辖海域的范围、海警机构执法船舶的性质及其防卫作战任务，以及海警机构使用武器的正当性等条款内容公开提出质疑。

第一，对"管辖海域范围条款"提出质疑。法律的空间效力决定其所适用的空间范围。《海警法》第 3 条是规定其空间效力的条款："海警机构在中华人民共和国管辖海域及其上空开展海上维权执法活动，适用本法。"② 日本共产党执行委员会委员长志位和夫就《海警法》将中国周边极为广阔的海域规定为"我国管辖海域"表示强烈不满，认为以"我国管辖海域"规定《海警法》适用范围的方式具有无限制性，因此，《海警法》的规定严重背离《公约》确立的沿岸国对领海、专属经济区、大陆架的管辖权，抗议中国政府制定《海警法》违反国际法，要求撤销。③ 日本海上保安厅长官奥岛高弘也明确表示，就应对钓鱼岛周边日本认为是领海水域的警备中，日方将"在国际法允许的范围内，遵循法律原则，不排除使用武器"。④ 日本政府对我国《海警法》的种种态度和行动，为我国在钓鱼岛周边水域开展海上维权执法活动增加了较大的阻碍，也势必进一步升级钓鱼岛的紧张局势。

第二，曲解海洋维权使用武器的真实含义。有关国家质疑中国海警是否会因为《海警法》的颁布而成为中国的"第二海军"，在海上执法时符合怎样的条件可以使用武力以及《海警法》中关于警械和武器的使用规定是否符合国

---

① 参见唐刚《〈中华人民共和国海警法〉的立法评析与实施展望》，《政法学刊》2021 年第 3 期，第 125～126 页。

② 《中华人民共和国海警法》第 3 条。

③ 日本共产党的志位和夫委员长 2021 年 2 月 12 日在国会内召开了记者招待会，发表《国際法に違反した中国海警法施行に抗議し、撤回を求める》，《东京民报社》2021 年 2 月号外，https：//www. jcp-tokyo. net/wordpress/wp-content/uploads/2021/02/210214kaikeiho unikougi. pdf。

④ 参见《中国海警法正式施行，日本为何"担忧"？》，中华网，https：//news. china. com/international/1000/20210202/39248399. html，访问日期：2021 年 2 月 2 日。

际法。更有国家指出我国《海警法》中关于武器使用的规定违反了国际法中"禁止使用武力"的规则。2021 年，日本防卫大臣岸信夫与加拿大国防部长萨詹举行会谈，双方对中国《海警法》中允许中国海警使用武器的情况表示严重关切，并呼吁向国际社会传达"以法治为基础的自由和开放的海洋秩序"的重要性。① 相较于传统的陆地执法，由于海上执法跨越不同海域，因此海上执法所依据的《海警法》更加受到国际社会的关注。

第三，指责强制措施适用的程序正当性。我国《海警法》明确规定，对于外国军用船舶和用于非商业目的的外国政府船舶在我国管辖海域违反我国法律、法规的行为，海警机构有权采取必要的警戒和管制措施予以制止，责令其立即离开相关海域；对拒不离开并造成严重危害或者威胁的，海警机构有权采取强制驱离、强制拖离等措施。② 有关国家对上述规定进行评论并指出，中国此举是利用国内立法强化对外国军用船舶和用于非商业目的的外国政府船舶进行制裁，违反了《公约》中有关上述船舶享有豁免权的规定。日本媒体报道认为，中国立法机关通过《中华人民共和国海上交通安全法》使得海上执法力量进一步强化，可能会导致中日钓鱼岛及南海水域的局势更加紧张。③

## （二）《海警法》海洋维权机制的国际法理分析

《公约》作为国际社会利用海洋和管理海洋的基本文件，构建了新的国际海洋秩序，因而被称为"海洋宪章"。中国参与《公约》的缔结，并签署和批准《公约》的做法将有助于中国涉海制度和法律的完善。因此，20 世纪 80 年代以来，中国加快了涉海立法进程，先后推出了有关港口管理、防止海洋污染、领海、专属经济区、海峡、船舶管理、大陆架和水产资源等方面的法律法规。《海警法》作为维护我国海洋权益的重要立法实践，在海洋维权执法方面的规定充分体现了对以《公约》为核心的国际海洋法律秩序的维护与遵循。

1. 《海警法》空间效力条款恪守《公约》之规定

《海警法》第 3 条规定："海警机构在中华人民共和国管辖海域及其上空开展海上维权执法活动，适用本法。"第三次联合国海洋法会议是中华人民共

---

① 参见《海警法に「深刻な懸念」日加防衛相》，雅虎日本，https://news.yahoo.co.jp/articles/4c6bcdfdd16f82f17f8b38bb2cdea7abc9b4ce04，访问日期：2022 年 11 月 26 日。

② 参见《中华人民共和国海警法》第 21 条。

③ 参见《中国全人代常務委、海上交通安全法可決　海警法に続き当局の権限強化へ》，雅虎日本，https://news.yahoo.co.jp/articles/061810d9262cc28d6f3c15aa5593ae070ebb84f0，访问日期：2021 年 5 月 26 日。

和国恢复在联合国合法席位后参加的最重要的多边国际造法活动,《公约》作为该会议所产出的结晶,开启了世界海洋秩序的新篇章,其最突出的贡献之一就是将海洋从广义上划分为国际海域和国家管辖海域。其中,国家管辖海域包括享有主权的内水、领海,享有主权权利的专属经济区、大陆架等。我国作为《公约》的缔约国,严格依据《公约》规定,分别在 1992 年和 1998 年颁布了《中华人民共和国领海及毗连区法》《中华人民共和国专属经济区及大陆架法》以确定我国所管辖的海域范围①,并明确了我国在管辖海域范围内可行使的、《公约》赋予的合法权力和权利。因此,我国《海警法》的空间效力范围是清晰的,中国海警机构在我国管辖海域内维权执法也完全符合《公约》的规定。

2. 海上维权使用武器进行防卫是《公约》赋予沿岸国的基本权力

国际法关于海上执法过程中使用武力的约束具有原则性,其具体内容应当由各主权国家依据国内法加以实施。禁止使用武力和禁止以武力相威胁作为《联合国宪章》所确立的重要国际法原则,已经为国际社会所普遍接受。② 然而,战争冲突状态下的使用武力与海上执法过程中使用武力存在本质上的差异。沿海国在海上执法过程中使用武力的目的在于自卫或消除执法的阻碍,并且不能超过必要的限度。《海警法》第 22 条规定:"国家主权、主权权利和管辖权在海上正在受到外国组织和个人的不法侵害或者面临不法侵害的紧迫危险时,海警机构有权依照本法和其他相关法律、法规,采取包括使用武器在内的一切必要措施制止侵害、排除危险。"第 50 条要求根据有关危险性质、程度和紧迫性,合理判断,以尽量避免或减少不必要的人员伤亡、财产损失。由此看来,我国《海警法》对于武力的使用有着严格的条件限制和评价机制。③ 也即中国海警机构只有在满足法律规定的启动条件时,才能在维权执法时使用武器,因此无须担忧武器使用的任意性。

3. 海洋维权过程中采取强制措施不违反《公约》的规范要求

沿岸国对违反本国法律的军用船舶适用强制措施符合国际法的规定。《公约》第 30 条规定,如果任何军舰不遵守沿海国关于通过领海的法律和规章,而且不顾沿海国向其提出遵守法律和规章的任何要求,沿海国可要求该军舰立即离开领海。④《海警法》第 20 条规定:"未经我国主管机关批准,外国组织

---

① 参见《中华人民共和国领海及毗连区法》第 2、3、4 条,《中华人民共和国专属经济区及大陆架法》第 2 条。

② 参见杨泽伟《国际法析论》,高等教育出版社 2012 年版,第 75～76 页。

③ 参见《中华人民共和国海警法》第 50 条。

④ 参见《联合国海洋法公约》第 30 条。

和个人在我国管辖海域和岛礁建造建筑物、构筑物，以及布设各类固定或者浮动装置的，海警机构有权责令其停止上述违法行为或者限期拆除；对拒不停止违法行为或者逾期不拆除的，海警机构有权予以制止或者强制拆除。"此条法律规定严格遵守《公约》条款。此外，外国船舶在我国专属经济区和大陆架行使航行自由权时，应当遵守《公约》规定的义务，遵守我国关于专属经济区及大陆架的法律规定，在其违反我国有关法律规定的情形下，适用《海警法》中相关的责令驱离和强制驱离措施是完全具有正当性的。

## 三、我国海警海上维权执法国际化发展道路的路径与主要方向

《海警法》在坚持国内法有关立法方面的原则的同时也完全符合《联合国海洋法公约》中规定的主权国家享有的海洋权利。由于全球海域划分的广泛性、复杂性和特殊性，国与国之间的利益关系存在诸多联系，因此海上维权执法活动需要国与国之间开展必要的合作以共同完成。基于此，我国海上维权国际化发展道路的路径与主要方向可基于以下三个方面。

### （一）以维护《公约》所确立的海洋秩序为起点

《海警法》立足于中国国情，以《公约》为共同遵守的国际海洋法进而开展海上维权合作。《海警法》在起草的过程中备受国际社会的关注。在当今世界百年未有之大变局的国际环境之下，《海警法》重点调整并规制包含海洋环境污染犯罪、海上恐怖主义犯罪、海上毒品犯罪和走私犯罪等具有跨国性特征的国际犯罪活动。为弥补之前相关立法的不足之处，在《海警法》第八章专门设置了国际合作的相关内容，主要内容包含海上执法合作机制构建，海上执法情报信息交流和共享，海上联合巡逻、检查、演练、训练，联合打击海上违法犯罪活动，海上人道主义救援，教育培训交流，互派联络人员，等等。这些规定为推动海上执法国际合作提供指引，有利于促进中国与其他国家共同处置海上突发事件，协调解决海上执法争端，管控海上危机，共同维护海洋的安全与秩序。同时，《公约》积极倡导缔约国之间按照共同的意愿开展各种形式的国际合作，从其序言到《关于执行1982年12月10日〈联合国海洋法公约〉第11部分的协定》，再到当下国际社会正在制订的"国家管辖范围以外海域生物多样性"国际协定，都成为其倡导国际合作精神的重要体现。

（二） 以《海警法》国际化发展道路为制度内因与动力

《海警法》的双重法律属性决定了其发展必须坚持走国际化发展路线。《海警法》对内具有维护海上安全、管理海洋事务的刑事和行政双重特征，同时兼具对外维护国家主权、安全和海洋权益的重大使命。当今世界是海洋的世界，向海则兴，背海则衰。一方面，就国内法层面而言，海洋维权执法涉及面广，横跨刑事和行政两大体系，涉及刑事侦查、治安管理、打击走私偷渡、渔业执法、港航安全、资源保护、海域使用、海岛保护等方面，其繁重的立法使命决定了《海警法》的相关规定是一种集立法目的和宗旨为内容的制度设计，通过法律的形式规定海洋维权执法的基本内容。另一方面，在国际法层面上，为维护海上安全和秩序，海警机构依据《海警法》授权，依法对在我国管辖海域航行、停泊、作业的外国船舶进行识别查证，判明船舶的基本信息及其航行、作业的基本情况；对有违法嫌疑的外国船舶，海警机构有权采取跟踪监视等措施；对非法进入我国领海及其以内海域的外国船舶，海警机构有权责令其立即离开，或者采取扣留、强制驱离、强制拖离等措施。这都是《海警法》对外执行国家权力的重要体现。

（三） 以统筹国际海洋秩序发展所面临的新形势为归宿

我国海洋维权执法法律体系的现代化和制度化发展离不开《海警法》对海上行政执法、海上维权执法两者关系的平衡与协调。习近平总书记在党的二十大报告中指出："发展海洋经济，保护海洋生态环境，加快建设海洋强国。同时，增强维护国家安全能力，维护海洋权益。"[①] 中国作为一个海洋大国，参与国际海洋事务，发展国际交流与合作，处理涉海争端，都应在以《公约》为主要内容的国际海洋法律制度框架之内。从海警局的成立到《海警法》的颁布，都是我国遵守《公约》规定、依法开展海上维权执法的国家实践。在我国的海警机构执行海上安全保卫活动的过程中，不仅要遵守国内法的规定，更要严格履行《公约》中对缔约国相关义务的规定，当国家的主权或主权权利在海上受到外国组织和个人的不法侵害或者面临不法侵害的紧迫危险时，海警机构有权依照《海警法》和其他相关法律、法规，采取包括使用武器在内

---

① 习近平：《高举中国特色社会主义伟大旗帜 为全面建设社会主义现代化国家而团结奋斗——在中国共产党第二十次全国代表大会上的报告》，中华人民共和国中央人民政府网，http://www.gov.cn/xinwen/2022-10/25/content_5721685.htm，访问日期：2022 年 10月 25 日。

的一切必要措施制止侵害、排除危险。海洋维权法律体系建设作为我国依法治国政策的重要组成部分，对规范与健全我国海权管理体系有重要的引导和保障作用。因海洋权益引发的冲突和纠纷时有发生，如黄岩岛对峙事件、钓鱼岛争端、中韩渔业争端等。建立健全成熟的海洋执法法律体系，是实现国家高效管控海洋、顺应国际海洋形势发展的客观需要。世界主要发达国家为维护海洋权益，建设了强大的海上执法力量，如美国的海岸警卫队、日本的海上保安厅等。而我国国家海洋局也在海洋事业不断受到重视的国际、国内背景下得以重组，成立了中国海警局。① 对于正在由海洋大国向海洋强国迈进的中国来说，海洋权利需要维护，海上利益更需要捍卫，改革现行的海洋执法体系，建立强大的海上执法机构，通过海洋维权执法立法赋予执法主体权力，并规范执法行为，是维护国家海洋权益的必由之路。

## 四、新时期我国海上维权执法的完善路径与制度建议

当前，我国海上维权斗争面临严峻复杂局面，必须全面建设强大的海上维权执法力量，继续完善海上维权执法法律体系。制定《海警法》是贯彻党中央、中央军委和习近平总书记重大战略部署，加强海上维权执法力量建设，有效维护国家海洋权益，加快建设海洋强国的重要举措。为此，在新时期下我国海上维权执法还可以从以下三个方面予以完善。

### （一）完善空间效力条款的规定

法律适用的空间范围，是指法律在哪些地域范围内发生效力的问题。② 《海警法》中空间效力条款的表述方式符合我国《立法法》及相关立法表述的技术性规范，在《中华人民共和国海上交通安全法》中也有相同之处。中国作为一个半闭海国家，与周边海上邻国的海洋划界尚未完成，《海警法》对空间效力条款进行此种处理，目的在于为我国日后的海洋划界行为预留立法空间，防止因日后的海洋划界情况的变动而频繁修改相关规范性文件。同时，《海警法》中使用"我国管辖海域"进行表述具有合理性。一方面，为防止争端升级，考虑到我国与周边海上国家划界问题尚未完全解决，可利用"我国

---

① 参见戴瑛《掣肘与突围：海洋维权执法的立法缺失与重塑》，《广西社会科学》2016 年第 6 期，第 100～103 页。

② 参见马金星《〈海上交通安全法〉修订中的空间效力条款评析》，《中国远洋海运》2021 年第 4 期，第 79 页。

管辖海域"进行过渡；另一方面，选择相对模糊的表述能够达到引导国际舆论的目的，可减少相关国家对《海警法》的猜忌，避免海洋争端升级。尽管如此，《海警法》空间效力条款可通过我国相关的国内法进行进一步的明确，根据《中华人民共和国领海及毗连区法》《中华人民共和国专属经济区和大陆架法》规定的管辖海域范围，该范围包括钓鱼岛在内的附属各岛、澎湖列岛、东沙群岛、西沙群岛、中沙群岛、南沙群岛在内的周边海域及专属经济区和大陆架以及我国管辖的其他海域为我国《海警法》的空间效力范围。上述法律则是我国依据《公约》内容所确立的国内法，符合国际法规定。《公约》第27、28、73、105、110 条提到了沿海国在特定情况下相应的管辖权，并且授权沿海国行使登临、检查、逮捕和扣押等权利。考虑到我国与周边海上邻国的划界问题还没有得到充分解决，以此种方式进行临时性安排具有重要意义，它有助于确立以我国管辖海域为核心的空间效力规范模式，实现了国内法与国际法的统一，但还应当进一步明确在国家管辖海域外，通过行使属人管辖，对中国籍船员等主体、悬挂中国旗帜的船舶行使管辖权，增强法的域外适用效力。①

（二）明确行使自卫权的话语表达

中国《海警法》关于使用武器的规定符合国际法规定。中国《海警法》在武器使用方面进行了严格细致的规定，不存在所谓中国《海警法》"对武力使用的限制条件较为宽松"等说法。主权国家进行海上维权执法过程中配备及使用武器存在广泛的国家实践。② 纵观各国海警立法，海警机构执法过程中关于武器的规定，《韩国海洋警察厅法》规定，海警厅厅长负责海警执行任务过程中所需武器、警械的引进及管理计划；《马来西亚海事执法局法》规定，海事执法局官员在执行任务时可携带武器；《澳大利亚海岸警卫队法》规定其海岸警卫队的舰船、飞机与人员配有武器，但武器和装备的使用情形由议会具体规定。美国明确海警可以使用武器的情形，如《美国海岸警卫队法》规定，海岸警卫队成员和调查局特工在执行公务时，可以携带武器；在鸣枪示警后，如可疑船只仍不停船，执法船只可向其射击。中国《海警法》对国际合作、执法监督做出专门规定，体现了中国希望与有关国家共同维护海上安全、携手

---

① 参见马金星《〈海上交通安全法〉修订中的空间效力条款评析》，《中国远洋海运》2021 年第 4 期，第 79 页。

② See Zhao Weidong, *A Discourse on the Use of Force by China Coast Guard in Maritime Law Enforcement*, 2014 China Oceans Law Review 59, 93 (2014).

开展海洋治理的善意。[1]

我国《海警法》需进一步明确。自卫权是国际法赋予每一个国家的重要权利。国际法"禁止使用武力"是指根据《联合国宪章》规定，国家合法使用武力的情形只有两种，即获得安理会授权或行使自卫权。[2] 但上述规则仅限于国际关系，并不适用于一国对内行使执法权，否则这一"禁止"就与不干涉内政的国际法基本原则相冲突。[3] 一方面，沿海国在行使管辖权时存在遭遇武装反抗的可能性，对此采取必要的防卫措施是非常有必要的；另一方面，面对外国军用船舶未经批准擅入我国领海的情况，基于国际法赋予主权国家的自卫权，海警机关可以对其采取警告并强制驱离相关船舶等措施，为保护国家领土安全，有权逐步升级武力措施，防御侵略者。

行使自卫权构成海上维权执法的基础性权力。有学者指出，通过国际司法实践和国家立法实践，可以归纳出国际法对海上执法中使用武力分三个层次：其一，除非行使自卫权，不然禁止使用武力。对于包括轻微污染等违反行为，国际法原则上禁止使用武力。其二，必要时可以使用武力。亦即武力的行使必须是最后手段，在穷尽所有温和手段都无效时才可以使用，但无论如何不得蓄意击沉船舶。其三，武力的使用应该满足利益均衡原则。在实施武力措施可能造成的损失与所维护的法益之间进行衡量，武力手段必须与船舶所触犯的法律相当，不可明显不合比例。[4] 因此，在《海警法》当中有必要明确自卫权的制度规定。

### （三）加强对域内外关于海警法律制度的研究

《公约》确立了全新的海洋秩序，世界各国以此为基础，确立了本国的管辖海域范围。《公约》是为各国建立和完善海岸警卫法律制度的共同国际法依据。[5] 秉承《公约》和平开发利用海洋的宗旨，世界各国在"二战"后整合海

---

① 参见裴兆斌《新时代海警制度的移植与本土化》，《社会科学辑刊》2020年第5期，第118页。

② See Mat Tromme, *Waging War Against Corruption in Developing Countries: How Asset Recovery Can be Compliant with the Rule of Law*, 29 Duke Journal of Comparative & International Law 165, 229 (2019).

③ 参见曹海宁、张彩凤《我国海上执法武力使用的法律问题研究》，《中国人民公安大学学报（社会科学版）》2018年第1期，第73页。

④ 参见张晏玲《争议海域执法的法律问题研究》，《比较法研究》2018年第1期，第146页。

⑤ 参见李培志《现代海岸警卫制度的形成、发展及其启示》，《江西社会科学》2016年第36期，第184页。

洋管理和海洋保卫功能，建立海岸警卫制度。"海岸警卫队"一词也比较准确地表达了《公约》所体现的代表沿海国政府对管辖海域实施管理队伍的相关内涵，为多数沿海国所接纳。随着海岸警卫制度在世界范围内的广泛确立，日本、韩国、中国、印度等国先后建立了本国的海警组织，开展海上维权、综合行政执法、打击海上犯罪、进行人道主义救援等活动。《海警法》的颁布实行，是继组建海警部队后的又一重大举措，开启了海警机构法治化发展的进程。

借鉴理念方面，运用国际化的借鉴理念，实现国内法与国际法的有效衔接。《海警法》的国际化并非对本土化的否认，我国《海警法》在维护海洋权益方面并未全面照搬其中关于国土安全的相关规定，而是结合了我国海上维权面临的现实问题，并充分尊重《公约》的法律规则与制度设计，深刻地反映了《海警法》本土化过程中的国际性特征。

在借鉴对象方面，我国海警法律制度既要充分吸取国外先进制度的养分，更要立足于本国国情。事实上，我国海警法律制度的建设还处于起步阶段，面临着立法基础薄弱、法律国际化程度不高、制度移植困难等问题。对此，我国应当拓宽思路，深入分析各国海警法律制度中的相关规定，借鉴海上维权执法相关国家的立法成果，如构建军警融合、军民融合的发展模式，建立有效的"党、政、军、警、民"五位一体的海上联防机制，为中国海警开展海上执法行动提供保障。①

## 五、结论

面对纷繁复杂的国际舆论形势，提升《海警法》的国际化水平，是回应国际舆论不实指责的有效途径。《海警法》的实施标志着我国的海上维权执法法律体系建设进入了新时期，由于海上维权执法在执法空间、执法对象、执法内容三个层面具有涉外性的特点，因此，国际化是《海警法》进一步发展的必然趋势。对此，推进我国《海警法》的国际化进程，应当着重把握空间效力条款的完善，构建以我国管辖海域范围内属地原则为基础，我国管辖海域外的属人管辖权与普遍管辖权为补充的空间效力原则；明确国际法赋予主权国家行使自卫权的话语表达，确保《海警法》在海洋维权执法方面的国际性与合法性；转变和拓展海警法律制度移植的国际化思路与视野，将国外优秀的海洋维权执法规则与我国实践相结合，实现我国海洋维权法律体系建设质的飞跃。

---

① 参见吴凡、杨波《中国海警与美国海岸警卫队海上执法行动原则比较研究》，《武警学院学报》2020 年第 11 期，第 53 页。

# Study on the Legal System for the Defence of Maritime Rights under the Perspective of the *United Nations Convention on the Law of the Sea*

## XING Zheng    LI Lili

**Abstract**: The promulgation and implementation of the *People's Republic of China Coast Guard Law* has established a legal foundation for China's coast guard agencies to fulfill their responsibilities in safeguarding maritime rights and interests, marking a new era of rule of law in China's maritime law enforcement. However, from the promulgation to the implementation of the *Coast Guard Law*, certain countries have raised questions regarding its spatial applicability, the necessity of weapon use, and the normativity of enforcement measures. Taking into account both international and domestic perspectives, China should respect the international maritime law rules with the *United Nations Convention on the Law of the Sea* as the core, while firmly upholding the maritime rights protection mechanisms established by the *Coast Guard Law*. Based on international law, rational analysis of international public opinion, and a proper response to external doubts, China should adhere to an internationalized development path, further improve the construction and expression of relevant maritime rights protection systems, and provide a more comprehensive legal guarantee for safeguarding China's maritime rights and interests.

**Key words**: *Coast Guard Law*; maritime rights protection; jurisdictional waters; internationalized development

# 海商法理论与实务问题

# 船舶融资租赁担保交易化问题研究

李志文　周宇涵[*]

**摘要：**两大法系担保观念的差异源于其财产观念的不同。《民法典》在坚持大陆法系传统形式主义的基础上继受英美法系实质担保观，一元动产担保体系建成；船舶融资租赁合同与买卖合同具备联立合同效力，相关制度设计围绕担保功能展开，应当被定性为担保交易。理论上，对于船舶融资租赁的分歧围绕交易主体、所有权性质与承租人破产场合出租人的救济权源展开，船舶融资租赁呈现单一合同下的双方主体结构，出卖人不是船舶融资租赁当事人，出租人保留的所有权在《民法典》构建的一元动产担保体系下蜕变为担保物权；完善船舶融资租赁法律制度应当从立法层面完善关于出租人解除合同行使取回权的具体规定，针对承租人拖欠租金达到根本违约的标准制定更为科学的标准，扩大当事人在出租人取回权行使事项上的意思自治范围；在船舶融资租赁承租人破产的场合，其破产管理人选择权应采取以继续履行合同为原则的基本处理方式，在法律上增设引导当事人在承租人破产情形下的协商程序。

**关键词：**船舶融资租赁；实质担保观；担保交易；动产担保

为了给进一步优化营商环境提供法治保障和制度供给，《中华人民共和国民法典》（以下简称《民法典》）第388条规定："担保合同包括抵押合同、质押合同和其他具有担保功能的合同。"在坚持物权法定主义的基础上，《民法典》吸收英美法系的实质担保观，借鉴功能主义物权担保立法模式，明确了担保合同的开放式范围，肯定了非典型担保合同的效力。由此，担保合同的范围不再仅限于抵押合同、质押合同等典型担保合同，债权人就特定标的物享有具备担保物权功能之权利，经依法登记即可发生对抗第三人效力，非典型担保

---

　* 李志文，女，博士，大连海事大学法学院教授，博士研究生导师。周宇涵，男，大连海事大学法学院硕士研究生。

合同的效力在立法层面得以正式确立。① 至此，对于船舶融资租赁的学理探究应当将其置于实质担保观下加以探讨，以期对船舶融资租赁担保交易化问题进行阐释。所谓船舶融资租赁担保交易化，是指对船舶融资租赁合同进行功能化的技术处理，使船舶融资租赁在民法规范上向担保制度转型，体现出法律规制在法律形式与经济实质上向后者的倾斜。

## 一、船舶融资租赁担保交易化的理论基础

船舶融资租赁担保交易化在立法上体现为《民法典》在形式主义立法模式前提下对实质担保观的继受。探讨融资租赁担保交易化问题，当溯源两大法系财产观念下的形式担保观与实质担保观。

### （一）两大法系财产观念下的担保观

大陆法系的财产观念源自罗马法中的绝对权观念，因遵循形式主义而在物债二分的基础上坚持物权的优越地位，作为权能圆满的所有权具有完整的占有、使用、收益和处分四大权能。② 英美法系下的财产观念在历史上并未形成罗马法中"所有权绝对"的逻辑起点，其财产观念在历史发展中逐渐演化为"权利束"甚至"一捆权利"（bundle of sticks）的工具价值。③ 英美法上财产权体现为人与人之间的法律关系，财产关系是各种法律关系的综合体，得为当事人所自由分配。从权利束理论出发，法律规则的作用在于分配当事人之间的权利义务，如在担保交易中，债权人享有对标的物的变价权和优先受偿权，债务人对标的物享有设定担保的权利。

不同的财产观念在担保法制上体现为形式担保观与实质担保观的二分。④担保制度在比较法上存在以美国《统一商法典》为代表的实质担保观与以《德国民法典》为代表的形式主义担保观分野：实质担保观注重担保制度的功能，相应的动产担保体系要义在于，一切在事实上能够发挥担保功能的交易类

---

① 参见刘保玉《民法典担保物权制度新规释评》，《法商研究》2020 年第 5 期，第 4～7 页。

② 参见赵文君《中古西欧日耳曼人财产观初探》，《历史教学》2011 年第 4 期，第 66～67 页。

③ 参见董石桃《西方民主视域中的财产权》，《湖北社会科学》2016 年第 7 期，第 28～30 页。

④ 参见谢鸿飞《〈民法典〉担保制度内在体系的变迁》，《东南学术》2021 年第 5 期，第 46～47 页。

型，在满足合意与标的的特定交易条件下，皆被纳入一元动产担保体系而适用统一的顺位规则；[1] 形式主义担保观强调动产担保中的概念逻辑与权利位阶，担保物权为保障债的实现作为从权利而设立，在传统民法"一体二翼"的物法体系中展开，遵循严格的物权法定原则。形式担保观下，所有权担保与担保物权因被置于权利位阶中的不同位置而适用不同的规范进行调整，相互之间没有转化的可能。问题在于，担保物权的制度机理在于通过对所有权设定权利负担而发挥担保功能，因遵循严格的物权原则使得所有权担保难以自洽，由此产生非典型担保无法被纳入担保物权体系的弊端。[2]

实质担保观以美国《统一商法典》为集大成者。[3] 其中蕴含的实质担保观的要义体现在以下三个方面：第一，淡化绝对所有权观念。实质担保观创造统一动产担保权益概念，避免将所有权作为权利义务分配及风险承担的一般依据。在动产担保交易下回避债权人与债务人之间的归属问题而统一认定为担保权益，在当事人与第三人的权利义务关系上适用第九编的规定。第二，区分担保交易中当事人的"法效意思"与"交易功能"，完全消解担保类型区分以及典型担保与非典型担保的间隔，无论当事人如何命名其交易类型，皆不影响担保权益的设立及其司法认定。第三，将担保物的范围扩大至未来财产，清除担保人在担保设定上的范围障碍，并将动产担保交易中债权人对标的物的权益认定为担保物权而与其他担保债权人之间按照公示先后确定权利顺位。有学者称之为另一种刚性的物权法定主义，体现了贴近实践的契约实质正义观念。[4]

### （二）《民法典》构建的一元动产担保体系

《民法典》顺应世界范围内担保制度的一元化趋势，构建一元动产担保体系，使担保制度发生根本性变革。《民法典》担保制度在构建动产担保体系上采用形式主义同功能主义相结合的模式，顺应了世界范围内动产担保制度由占有移转型担保向非占有移转型担保转化、由定限型担保向权利移转型担保转

---

[1] 参见《美国统一商法典（中英双语）》，潘琪译，法律出版社 2018 年版，第 534～579 页。

[2] 参见《德国民法典（第五版）》，陈卫佐译，法律出版社 2017 年版，第 456～489 页。

[3] 参见蔡红、吴兴光《美国〈统一商法典〉：创新、成就及对中国的启示》，《国际经贸探索》2014 年第 2 期，第 85～87 页。

[4] 参加谢鸿飞《〈民法典〉实质担保观的规则适用与冲突化解》，《法学》2020 年第 9 期，第 10 页。

化、由典型担保向非典型担保转化的发展趋势。[1]

首先，形式上保持原《物权法》确立抵押权、质权、留置权等定限性担保物权体系，其权利种类、设立方式与权利内容遵循物权法定原则。其次，在《民法典》第 388 条引入实质担保观，承认担保物权分编的调整对象包括"其他具有担保功能的合同"，将所有权保留、融资租赁、保理等权利移转型担保纳入动产担保交易体系，立法选择在坚持物权法定的形式基础上吸收实质担保观下的部分规则，使得以往严格的物权法定主义变得较为松动。[2] 最后，确立非典型担保参照和类推使用动产担保法律规范的逻辑，确立新型担保设权、公示与优先顺位的规则。

同一思想可以用不同的形式来表达，尽管不同法系对同一问题借助不同的概念和方法加以调整和规制，但其最终的结果往往相似。两大法系担保观的差异源于两大法系财产观念的差异，但此种差异并非不可协调。其一，世界范围内的担保法改革体现共同的内在价值理念，透明、自由、效率、公平是世界各国担保法制改革的共同目标与价值追求。其二，联合国贸易法委员会《担保交易立法指南》提炼出十项担保立法的价值目标[3]，体现出对于担保法治的基本内核在世界范围内达成了共识[4]。《民法典》在形式主义基础上吸收实质担保观的立法思想，实现功能主义在担保制度领域的立法创新，是我国担保法法制进步的重要体现。探讨船舶融资租赁担保交易化下的相关问题，应当在坚持形式主义框架下关注实质担保观对于我国动产担保制度的深远影响。

## 二、船舶融资租赁担保交易化的前提：功能定位与体系嵌入

船舶融资租赁交易化的前提是船舶融资租赁的制度设计符合担保交易的范畴。船舶融资租赁交易模式下的制度设计体现其担保功能，其联立合同效力同样体现其交易结构下的担保目的，在《民法典》时代应当被定性为担保交易。

---

[1] 参见高圣平《动产担保交易制度研究》，中国政法大学 2002 年博士学位论文，第 36～40 页。

[2] 参见高圣平《动产担保交易的功能主义与形式主义——中国〈民法典〉的处理模式及其影响》，《国外社会科学》2020 年第 4 期，第 17 页。

[3] See United Nations Commission on International Trade Law, *UNCITRAL Legislative Guide on Secured Transactions*, 2010, p. 18.

[4] 参见谢鸿飞《〈民法典〉担保制度内在体系的变迁》，《东南学术》2021 年第 5 期，第 43～44 页。

（一）船舶融资租赁担保功能构造下的合同联立效力

作为一种非典型性的担保交易方式，自融资租赁诞生以来，我国法律规范对于其定义就存在不统一的现象，这是因为学界对于融资租赁始终未形成统一的认识。对于融资租赁的认识包括分期付款买卖、租赁合同、借款合同、动产担保与无名合同，学者们随着商业社会的发展不断对融资租赁提出新的认识，究其根源在于融资租赁本身所具有的融资、物的用益、担保与所有权转移等复合属性。概括而言，判断交易是否属于融资租赁存在"形式"与"实质"的权重考量。在"交易本质大于法律形式"思想下判断融资租赁，要求融资租赁交易必须至少满足融资、融物与担保三种功能，方可判断为融资租赁交易。

船舶融资租赁中，合同所承载的复合功能在各方当事人的法律关系上体现为合同的联立现象。《民法典》第754条第1项赋予出租人和承租人在买卖合同效力瑕疵情形下的融资租赁合同解除权，在规范类型上属于现行法中少有的联立合同效力规范，而经济之上的一体性是联立合同之间存在效力关联的基础。[①] 在船舶融资租赁交易的整个环节中，出租人购买船舶的特定目的在于通过出租船舶获得租金债权，租赁行为既是出租人购买船舶的动机，同时也作为目的和手段贯穿融资租赁合同履行的整个环节，该特定的经济目的贯穿于船舶买卖合同与船舶融资租赁合同内外，将三者从经济层面紧密捆绑起来。在此经济一体性的交易构造下，《民法典》突破合同相对性原则，将船舶买卖合同的效力与融资租赁合同在效力上进行联结，经济一体性是此规范的正当性基础。

立法中的融资租赁合同联立现象可以解释交易双方的合同目的：一是船舶买卖合同是区别于船舶融资租赁合同的独立法律关系，其与船舶融资租赁合同事实上的关联体现为为融资租赁提供船舶。买卖合同的效力瑕疵会在根本上阻碍融资租赁合同目的的实现，法律赋予该情形下融资租赁双方以合同解除权。二是买卖合同效力是船舶融资租赁合同的前提，前者的效力瑕疵当然影响后者，但融资租赁合同的解除并不影响买卖合同的效力。在此基础上可以窥探船舶融资租赁独立的功能与价值。

（二）船舶融资租赁交易模式下的制度设计

分析船舶融资租赁在《民法典》中的体系定位，需要对船舶融资租赁功能进行分析。融资租赁并非完全意义上创新的交易构造，而是在原有民商事交

---

① 参见潘重阳《论联立合同的效力关联——以商品房买卖与借款合同联立为例》，《政治与法律》2021年第11期，第151～153页。

易基础上进行的适应性改革。① 根据《民法典》第 735 条，融资租赁的典型形式为：出租人根据承租人对船舶的选择，购买船舶供承租人使用，承租人按照双方约定支付租金。在船舶融资租赁中，租船关系在船舶融资租赁交易构造中应为媒介而非本质。当事人假借租赁的外衣，将物的用益让渡与资金融通有机结合，租赁行为贯穿融资租赁合同履行的始终，有效连接物与资金两端利益，其交易构造由此实现。② 在此构造下，出租人对标的并无取得标的船舶所有权的意图，其对船舶的支配仅限于交换价值层面，以担保租金债权。能够体现船舶融资租赁交易功能的制度构造包括：

第一，船舶融资租赁中途解约之禁止。由于出租人所有权在融资租赁合同订立时便有所有权转移的意图，融资租赁合同中的租赁法律关系不允许双方免除。《民法典》赋予普通租赁关系中承租人特定情形下解除合同的权利，但在融资租赁关系中，承租人支付租金的义务具有不可免除性③，这一特性也在船舶融资租赁合同中的"绝对责任条款"上有所体现。绝对责任条款将标的灭失的风险拓展至承租人占有船舶的整个期间，体现出船舶融资租赁合同中出租人所有权在风险承担上的突破。

第二，租金加速到期制度。租金加速到期制度在融资租赁中属于被法律承认的惩罚性救济措施，但普通租赁法律关系则不允许施加此种惩罚措施。《民法典》第 752 条规定在承租人迟延支付租金情形下，经出租人催告可使租金加速到期，实证法从功能主义角度将融资租赁关系当作金融交易对待，以确保作为出资方的出租人的利益，该立法精神与《〈民法典〉担保解释》第 65 条相同。在立法将融资租赁界定为担保交易的情形下，出租人贷出资金的义务具有唯一性，而承租人给付租金义务的履行是出租人实现权利的必要条件，承租人违约导致出租人有利益落空之虞，法律需赋予相应的救济方式。

第三，强制清算制度与承租人利益返还请求权。融资租赁业务处于民商事法律关系与经济法律关系的交叉领域，于私法关系层面应当遵循私法自治理念回应当事人个别化的权利诉求，于经济法、金融法层面应当兼顾整体产业利益诉求，不同层面的法律关系相互交融，决定融资租赁法律规制应当不止于个案的定分止争，而应当追求创造金融市场与交易市场所必需的公平、秩序、效率

---

① 参见高圣平、王思源《论融资租赁交易的法律构造》，《法律科学（西北政法大学学报）》2013 年第 1 期，第 168 页。

② 参见关正义《论船舶融资租赁法律制度中的几个基本关系》，《中国海商法研究》2016 年第 2 期，第 85～86 页。

③ 参见谭学文《船融资租赁纠纷的案件审理与风险治理》，《中国海商法研究》2016 年第 4 期，第 47 页。

等整体价值。① 《民法典》对于融资租赁金融特征所做的立法回应集中体现为特殊场合下的司法介入。强制清算程序是在融资租赁合同归于失败的情形下，为避免当事人利益分配不公而设置的程序规则。在合同归于失败的场合，唯有司法程序介入，对船舶融资租赁合同整体权利义务与当事人已履行部分进行对比并做出整体评价，该程序具有鲜明的公法介入市场主体经济交往的家长主义色彩。强制清算程序符合现代民法体现的合同利益衡平原则，是承租人返还请求权的前提和基础；承租人利益返还请求权非由船舶融资租赁交易双方意定而生，而是法律对于承租人已支付大部分租金却无力继续履行的困境的特别规定。在此种情形下，承租人处于不利境地，出租人与承租人的权利义务比重明显失衡，法律介入是为实现当事人之间的利益平衡，因此承租人利益返还请求权具有衍生性和矫正性。

（三）船舶融资租赁合同担保交易定性

"私法的基础之一不是仅将合同视为包含要约和承诺的订立事实，而是将合同在法律生活和经济生活中的整个现象作为研究的对象。"② 分析船舶融资租赁的交易实质，应当将其归入市场经济行为以考察当事人之间的特定交易目的。

第一，船舶融资租赁合同蕴含融资与融物的双重意义。其一，在出租人与承租人的关系上，出租人基于船舶融资租赁合同转让标的船舶的使用权，在合同履行期间实际由承租人完全享有标的船舶的使用价值。其二，出租人购买船舶并让渡船舶使用权，实质上是出租人为承租人使用租赁物提供融资而非租赁，租赁关系的表象承载了融资的真实诉求。对出租人而言，出租人一般为金融企业，掌握大量资金，并且具有通过投资获益的需求；对承租人而言，承租人具有经营相应船舶业务的专业能力，但缺乏足够的资金成本购买船舶进行经营。二者所掌握的经济资源通过船舶融资租赁的方式结合，达到资源利用最大化，融资租赁中的金融属性明显超过了一般租赁。

第二，船舶融资租赁中，出租人保留其所有权的目的是担保其租金债权的实现。船舶融资租赁合同履行过程中，出租人登记为船舶所有权人，而承租人自始保持船舶占有。在形式主义视角下，出租人所有权权能已被高度虚化，不再具有传统大陆法系民法上所有权的占有、使用、收益、处分等权能；在功能

---

① 参见冯辉《法视野下融资租赁中的承租人利益返还请求权》，《法商研究》2022 年第 2 期，第 120 页。

② ［德］卡尔·拉伦茨：《德国民法通论》，法律出版社 2002 年版，第 4 页。

主义视角下，出租人以保留所有权的手段担保租金债务的履行，并无所有船舶的意图，其所有权被赋予传统大陆法系下所有权所未囊括的担保功能，船舶融资租赁中的出租人更类似于融资人的地位。

《民法典》一方面将融资租赁合同视为独立的交易类型，在合同编进行专章规定，而非在形式主义层面直接将出租人所有权界定为担保物权；另一方面将融资租赁合同视为"具有担保功能的合同"，使融资租赁合同纳入非典型担保的范畴。由此，融资租赁从功能主义的角度应当被认定为统一动产一元担保体系中的一环，船舶融资租赁作为融资租赁的种概念，当从此规则。此外，《民法典》第388条为当事人根据船舶融资租赁设担保物权提供了解释空间，加诸第745条明确融资租赁交易中任意公示的物权变动模式，船舶融资租赁中出租人所有权已在实质意义上属于价值权的范畴。

## 三、船舶融资租赁担保交易化下出租人救济规范缺失

《民法典》第752条是关于融资租赁出租人权利实现的两种情形：其一，经催告后合理期限届满租金全部加速到期；其二，出租人解除融资租赁合同，取回租赁物。《最高人民法院关于适用〈中华人民共和国民法典〉有关担保制度的解释》第65条对其进行了细化规定：在租金加速到期的场合，当事人得请求人民法院参照"实现担保物权案件"规定拍卖、变卖租赁物并就价款优先受偿。由此可知，在船舶融资租赁承租人违约的情形下，出租人的救济路径有二：一是租金加速到期后参照担保物权实现方式变现标的物并优先受偿，二是解除合同行使取回权。《民法典》第752条规定了承租人违约情形下出租人租金加速到期与取回权两种救济路径。民商法领域的租金加速到期制度旨在对特殊主体加以保护，船舶融资租赁中，承租人根本违约是该制度的触发前提。租金加速到期因承租人根本违约而启动，实质上是债法上主张继续履行合同的债的救济，其权利属性是合同产生的救济权。出租人解除合同取回租赁物实质上是在合同解除后发生返还原物的法律效果，出租人在融资租赁合同解除的场合行使取回权的权源应是所有权，取回权的性质应当是物权请求权。

（一）船舶融资租赁出租人法定解除权行使中的问题

第一，就规范而言，我国对于出租人解除融资租赁合同的认定标准模糊，仅以"根本违约"代之，由此产生了在不同种类的融资租赁合同下根本违约认定标准不统一的问题。船舶融资租赁关系中，承租人除足额支付每一期租金外，还应当遵守与出租人之间的其他约定，如合理使用船舶、在合同规定的范

围内航行、对船舶的养护与投保等相关义务，此类约定因关系船舶航运安全而触及船舶融资租赁合同根本，在承租人违反该类约定的场合，出租人是否可以根据承租人根本违约进而解除合同尚不明晰。

第二，立法对于租金违约的认定标准僵化。最高人民法院《关于审理融资租赁合同纠纷案件适用法律问题的解释》（以下简称《融资租赁司法解释》）从租金比例与拖欠期限的角度对于"承租人拖欠租金造成根本违约"进行了细致规定，即在船舶融资租赁中，承租人超过两期未支付租金或拖欠租金达全部款项的15%以上时，承租人构成根本违约，出租人可以解除船舶融资租赁合同。但融资租赁合同在实践中对于租金和支付期限的约定因标的金额不同而存在巨大差异：如标的金额在百万以下的融资租赁合同支付期限一般以"月"为单位，而标的金额在千万以上的融资租赁合同支付期限一般以"年"为单位。因此，该规范中的规定与实践中不同融资租赁合同条款的使用实践存在标准上的不一致，以统一标准笼统地对经济交往中的复杂现实进行调整，实在不妥。

第三，法定解除的规定限制当事人意定解除的合同自由。对《融资租赁司法解释》第5条进行文义解释与体系解释，第3款"导致合同目的无法实现的其他承租人违约情形"为兜底条款，亦即前两款条文应同第3款一般同样"导致合同目的不能实现"，而排除"当事人自由约定解除融资租赁合同的条件，但该条件并不当然导致合同目的无法实现"[1] 的情形，与合同自由原则不符。

（二）船舶融资租赁出租人与破产管理人的权利冲突

我国《破产法》赋予破产管理人在对于双方均未履行完毕时的合同选择权，破产人可单方决定继续履行合同或解除合同。融资租赁实践中存在着司法对于"融资租赁合同履行过程中是否属于双方均未履行完毕的合同"认定不统一的问题，而该问题因直接决定破产管理人是否享有选择权，进而关系到出租人利益。学界存在一种观点，认为融资租赁合同因具备"融物属性"，出租人负担"保障承租人对租赁物持续占有"的义务，所以在承租人破产的场合下，融资租赁合同属于"双方均未履行完毕的合同"。[2] 该观点值得商榷的地

---

① 李芷君：《论融资租赁中出租人救济制度的优化》，《汉江论坛》2021年第6期，第135～136页。

② 参见余延满、年亚《破产法上待履行合同的选择规则》，《广东社会科学》2021年第6期，第236页。

方在于：

第一，混淆了融资租赁合同中双方合同订立后的客观效果与合同中当事双方的权利义务关系。融资租赁兼具"融资"与"融物"的特点只是就合同履行顺利后的客观效果而言的，在融资租赁合同顺利履行的情形下，承租人在资金尚不充沛的情况下得以通过取得船舶使用权从而进行运营，事实上实现了融资与融物的双重目的，但该经济目的并不具备双方权利义务分配的法律属性。

第二，出租人"应保证承租人对租赁物的持续占有"义务的规范内涵不够明确。保证承租人对租赁物的持续占有应从规范意旨角度进行目的解释，该规范为确保融资租赁顺利履行而设，融资租赁期间，承租人占有标的物是融资租赁合同目的得以实现的当然结果。实践中，出租人的义务在事实上仅为"提供资金"，在融资租赁合同履行的过程中并无其他的作为义务，因此出租人"保证承租人对标的物的持续占有"应当解释为消极的不作为义务而非积极的作为义务。在承租人破产的场合因该义务而将船舶融资租赁合同解释为"双方均未履行完毕的合同"不甚妥当，破产管理人在此种情形下享有选择权与法理不符。

### （三）船舶融资租赁出租人所有权在承租人破产时的权源不明

在承租人破产的场合，出租人享有何种权源，关系到租赁物是否应纳入承租人责任财产的问题。原《合同法》第242条规定"承租人破产的，租赁物不属于破产财产"，《民法典》第745条删除了这一用语。因此，船舶融资租赁期间承租人破产，租赁船舶是否应被纳入破产财产范围，存在疑问。

第一，出租人无所有权的权源。船舶融资租赁中出租人所有权蜕变为担保物权，出租人已不再享有实质意义上的所有权，出租人在承租人破产的场合不能主张破产取回权。船舶融资登记旨在确立权利竞存时的顺位规则而无确权效力，不能认定此种情形下出租人享有"所有权人"地位。

第二，应从规范角度承认承租人对租赁船舶的期待利益。《最高人民法院关于适用〈中华人民共和国企业破产法〉若干问题的规定（二）》第1条将"财产权益"纳入破产财产范围，承租人对融资租赁船舶所有权的期待权应当纳入责任财产的范围。船舶融资租赁关系中，租金构成包括购买船舶的价金，船舶价值分摊于每一期租金之中，承租人以其责任财产支付每一期租金，若无权益移转作为对价，会导致债务人责任财产不当减少，进而于全体破产债权人不利。①

第三，《民法典》中"物尽其用"的立法精神应当得到尊重。从经济效益的角度而言，出租人因担保解释的规定负强制清算义务，有急于将船舶变价而忽略实现最大经济效益之虞。在此意义上，破产管理人因其职责而在变价船舶时更能关注整体资产完整性，以求利益最大化。

## 四、船舶融资租赁担保交易化下的法律进路

船舶融资租赁交易中，出租人保留的所有权在《民法典》构建的一元动产担保体系下蜕变为担保物权，完善相关立法应当关注出租人取回权、违约认定以及承租人破产情形下管理人选择权规制等问题。

### （一）完善船舶融资租赁中出租人取回权的规定

第一，从立法层面完善出租人得解除合同、行使取回权的具体情形。比较法上，大多数国家皆具体规定了融资租赁中出租人得解除合同、行使取回权的具体情形。如《俄罗斯融资租赁法》确定在承租人不当适用、擅自转租、未履行维护标的价值、拖欠租金达两期等情形下，出租人可以解除合同取回租赁物；②《美国统一商法典》同样对于出租人解除合同的情形做出了细致规定。我国对于船舶融资租赁出租人有权解除合同的具体情形的规定应当关注船舶作为融资租赁标的的特殊性而做出细致规定：有两种方式：一是双方关于承租人合理使用船舶的约定应当被纳入考察；二是"在合同约定的区域外航行"应当作为"承租人不当使用船舶"的重要因素；三是船舶的养护与投保等相关义务因关系到船舶风险转移等重要事项，因而应当与出租人有权解除船舶融资租赁合同的权利相关联。

第二，对于承租人拖欠租金达到根本违约的标准做出更为科学的规定。为解决现行规范对于融资租赁欠付租金达到根本违约标准过于僵化的问题，有两种方式：一是采取更为弹性宽松的法定标准，如《移动设备国际利益公约》（*The Convention on International Interests in Mobile Equipment*）对于担保交易中出租人取回权行使问题仅规定"严重剥夺债权人根据约定享有的期望的不履行

---

① 参见云晋升《民商二元视角下"售后回租"的分析》，《社会科学》2020年第8期，第115页。

② 参见路晶文《融资租赁出租人取回权制度研究》，广西师范大学2020年硕士学位论文，第26页。

时出租人可以取回租赁物"，其规制方法是将具体裁量的标准移交司法机关斟酌，体现出宜粗不宜细的立法技术选择，符合实践中不同融资租赁合同的特殊性；二是从立法层面鼓励当事人对于欠付租金时当事双方的权利义务关系在融资租赁合同中做出约定，在个案中，法官只需判断该项约定是否明显偏离正常的尺度、当事双方的利益分配状态是否平等等因素，从而最大可能地实现实体公正。

第三，扩大当事人在出租人取回权行使事项上的意思自治范围。我国《民法典》虽然没有明文规定当事双方可以就出租人行使取回权的情形自由约定，但私法领域遵循"法无明文禁止即可行"原则，只要该事项法律不禁止当事人约定且当事人之间的约定不违反法律的强制性规范，当事人就拥有该事项之上的约定自由。立法层面应当允许船舶融资租赁双方约定取回权行使的条件。同时，应当关注解除权的行使与《民法典》第562条意定解除规则的制度衔接，在当事人约定船舶融资租赁意定解除事项的情形下，承认出租人与承租人之间关于行使取回权事项的约定。

## （二）规制破产管理人的选择权

在船舶融资租赁合同履行过程中承租人破产的场合下，法律规制应当明确破产人责任，促使破产人在行使破产管理人职权时兼顾破产财产最大化与利益平衡。破产管理人在考虑破产财产价值最大化之余，应当兼顾非破产方的利益。虽然在破产视角下破产财产管理人有权决定是否解除双方均未履行完毕的合同，但该种权利的行使应当在船舶融资租赁合同履行过程中加以规制。

第一，明确以继续履行合同为原则的基本处理方式。根据《民法典》第157条，合同解除发生恢复原状的法律效果，此种情形下，船舶的返还对于出租人而言是不利的。其一，船舶融资租赁的形成前提是承租人对于租赁物的选择，且承租人一般为金融机构性质的企业，不具备使用船舶的专业资质。出租人订立合同的目的不是投资租赁物，若合同解除恢复原状出租人取回船舶，则无法实现其交易目的。其二，从融资租赁市场角度，破产人合同解除权影响船舶融租赁交易市场的稳定，与融资租赁可持续发展的制度目标背道而驰，不利于我国融资租赁业务的建立与完善。

第二，增设引导当事人在承租人破产情形下的协商程序。在承租人破产的场合，确保财产的完整关系到出租人、破产债权人的整体利益。其一，于出租人而言，基于船舶融资租赁中标的船舶的特殊性、专属性、定制性，出租人行使取回权既不能完全符合"寻求全体债权人利益"的破产原则，也难以实现出租人一方的最大经济利益。其二，于承租人而言，船舶融资租赁合同的解除导致其从事运输事业的工具丧失，加重其经济困难程度。其三，在继续履行合同的情形下，考虑到当事双方的利益诉求，船舶融资租赁合同项下的权利义务应予以调整，如租金数额、租金期限、抵扣等事项。此种情形下，法律应当增设协商程序，引导破产管理人与出租人从公平合理、诚信履约的角度积极协商，实现各方当事人的利益最大化。

## 五、结语

融资租赁业务产生于美国，美国法上融资租赁主要受其商法典规制而非以不动产为核心的财产法规制范畴，由此产生大陆法系国家法律移植时之障碍。船舶融资租赁在《民法典》下担保交易化，对于相关问题的探讨和研究应该关注我国大陆法系下的传统形式框架与英美法系功能主义下实质担保观的继受。"融资租赁法"目前在我国尚未出台，学界对于相关问题的探讨应当剥离其表象以探求其实质，为我国融资租赁法律制度建设指引正确的进路。

# Research on the Issue of Ship Financial Leasing Guaranteed Transaction

## LI Zhiwen　ZHOU Yuhan

**Abstract**：The difference in the concept of guarantee between the two legal systems stems from their different concepts of property. The *Civil Code*, based on adhering to the traditional formalism of the continental law system and following the substantive guarantee concept of the Anglo-American law system, has established a unitary movable property guarantee system; The ship financing lease contract and the sales contract have the effect of joint contract. The relevant system design is carried out around the guarantee function and should be characterized as a guarantee transaction; theoretically, the divergence of ship financial leasing centers on the transaction subject, the nature of ownership and the source of the lessor's relief right in the event of the charterer's bankruptcy. The ship financial leasing presents the structure of both parties under a single contract. The seller is not a party to the ship financial leasing, and the ownership retained by the shipowner degenerates into a security interest under the unitary chattel security system established by the *Civil Code*; In order to improve the legal system of ship financing lease, we should improve the specific provisions on the lessor's rescission of the contract and the exercise of the right of repossession from the legislative level, formulate a more scientific standard for the standard of the lessee's default in rent to reach the fundamental breach of contract, and expand the scope of party autonomy in the exercise of the lessor's right of repossession; In the case of the bankruptcy of the ship financing charterer, the bankruptcy administrator's option should be based on the principle of continuing to perform the contract, and the law should add the negotiation procedure to guide the parties in the case of the bankruptcy of the charterer.

**Key words**：ship financing lease; the view of substantial guarantee; secured transactions; chattel security

# 船舶优先权的法律性质和理论基础辨析[*]

宋淑华　赵劲松[**]

**摘要**：船舶优先权是海商法的基础性核心法律制度，但是对其法律性质却众说纷纭，直接影响在司法实践中正确应用这一法律制度。本研究通过对船舶优先权过去3000年的历史沿革及支撑这一法律制度的原理演进进行研究，逐一分析船舶拟人化理论、程序理论、债权论和担保物权论，全面梳理英美法相关海事判例。本研究认为，船舶优先权的法律性质在英美法下是债权，债务人是当事船舶；在中国法下是《民法典》中没有规定的一种特殊担保物权。本研究旨在为进一步认识船舶优先权的本质特征、正确适用和修改《海商法》的相关规定奠定基础。

**关键词**：船舶优先权；法律性质；船舶拟人化；担保物权

海商法中一项独一无二且最具特点的[①]，同时也是最具支配地位的法律制度是海事[②]优先权，这一制度奠定了英美法中的对物诉讼制度，催生了英国早期的海事法院，并成为海事管辖权的制度依据。[③] 在中国海商法中，船舶优先

---

* 本文系国家社会科学基金重大项目"完善我国海洋法律体系研究"（项目编号15ZDB178）的阶段性成果。

** 宋淑华，法学博士，青岛市市北区航运贸易金融研究院研究员。赵劲松，哲学博士，哈尔滨工业大学（深圳）智能海洋工程研究院法学教授。

① See Marsdenr G, *Two Points in Admiralty Law*, 2 Law Quarterly Review 357, 363 (1886).

② 这里的"海事"（maritime）的含义是"与船舶相关"（connected with a vessel），参见 The Harvard Law Review Association, *Admiralty Jurisdiction over Torts*, 25 Harvard Law Review 381, 381 – 383 (1912)。

③ See Mayerse C, *Admiralty Law and Practice in Canada*, London：Sweet & Maxwell, 1916, p.1；Wiswallf L Jr., *Development of Admiralty Jurisdiction and Practice Since* 1800, Cambridge：Cambridge University Press, 1970, p.155.

权制度源于英美法中的海事优先权①，也是一项特殊的法律制度。② 然而，对于这一法律制度的性质及其基础理论，国内外海商法学界却众说纷纭，对这一问题的不同认识直接影响这一法律制度在审判实践中的应用，值得加以深入研究。现行国际海商法以英美海商法为基础，其起源可以追溯至大约 3000 年前的古希腊海商法。③ 船舶优先权源于英美法的海事优先权，而海事优先权则源于④古希腊海商法中的押船借款制度（bottomry）⑤。为了更好地运用船舶优先权法律制度，认清其本质，就必须分析船舶优先权的法律性质及其基本理论。

由于船舶优先权源于海事优先权，因此首先必须研究支撑海事优先权的理论；进而比较引入中国法之后的船舶优先权与英美法中的海事优先权的异同，从而确定船舶优先权的法律性质和基础理论。

## 一、英美法海事优先权的理论基础：拟人化理论

英美法对海事优先权的理论基础众说纷纭，首先提出的是拟人化理论，即

---

① 《中华人民共和国海商法》（以下简称《海商法》）中"船舶优先权"一词的英译词是 maritime lien，但是英美法中"海事优先权"（maritime lien）所保护的海事请求范围比我国《海商法》规定的范围更加宽泛，因此应避免混为一谈。也有学者认为 maritime lien 引入我国之后，不应该翻译成"船舶优先权"，而应该翻译成"海事优先权"。参见吴庚《月旦六法全书》，（台北）元照出版有限公司 2001 年版，第 1906 页；刘根星《船舶优先权法律属性研究》，大连海事大学 2011 年硕士学位论文，第 22 页。为加以区别，本文在涉及英美海事法和判例时，使用"海事优先权"这一术语。

② 参见霍炬《论船舶优先权》，大连海事大学 2003 年硕士学位论文，第 1 页。

③ 参见 Cumming C S, *The English High Court of Admiralty*, 17 Tulane Maritime Law Journal 128（1992）；Schoenbaumt J, *Admiralty and Maritime Law*, 3rd ed., St. Paul：West Publishing Corporation, 2001, p. 3。也有学者认为汉穆拉比法典起源于公元前 2250 年，参见 Kohnm, Risk Instruments in the Medieval and Early Modern Economy, http：// www. Dartmouth. edu/ ~ mkohn/99 – 07. pdf。在汉穆拉比法典之后的 1000 多年间，地中海地区的海上贸易帝国不断兴起，也不断衰落，海商法也应该随之不断发展。但是，迄今为止所发现的古代海商法中，对这 1000 多年间海商法的发展状况却没有发现任何的史料记载。参见杨召南、毛树菁《海商法的历史渊源》，载《当代海商法的理论与实践》，人民交通出版社 1997 年版，第 367 页。

④ 事实上，英国法的海事优先权引自法国法，而非直接引自古希腊海商法，参见宋宗宇《优先权制度研究》，西南政法大学 2006 年博士学位论文，第 27 页。英国法中的 maritime lien 和法国法中的 privilege maritime 是相对应的，欧洲大陆法中的 privilege 与英国法中的 lien 是同义词，参见 The Tolten,（1946）2 C. A. 372, 2 All E. R. 372, 79 Ll. L. Rep. 349。

⑤ 参见贾林青《海商法》，中国人民大学出版社 2000 年版，第 56 页；The Tobago,（1804）5 Rob 218, 165 ER 754。

船舶自身是海事请求的责任者①，也就是将当事船舶作为法律意义上的"人"来对待，使之可以在法律上独自承担过失或疏忽责任②，以法律的形式赋予船舶"人"格法律地位，称之为"拟人化理论"（personality theory，亦称 personification theory）。正因为船舶可以被视为法律上的责任主体，因此享有海事优先权的债权人可以直接向这一主体，即船舶本身，而非其所有人，提出海事请求。

## （一）船舶拟人化理论的源起

这一理论最早来源于生活常识。早在19世纪，罗斯科（Roscoe）先生③对海事法院所享有的管辖权背后的逻辑解释为：如果两船发生碰撞，作为常识，人们也会认为加害船应当对无辜船的船东所遭受的损害予以赔偿；如果以船舶或者货物作为担保物向人借钱，那么就应该在该物上设立质权。④ 正因为这些源于西方常识性的对船舶法律地位的早期认识，使得船舶本身成为责任主体。事实上，在缺乏信息、缺少船舶登记制度的古代，要确定谁是船东实属不易，因此，由船舶来作为责任主体也就顺理成章了。船舶成为责任主体，也就成为被告，所以就产生了对物诉讼制度。

对此，霍姆斯（Holmes）法官⑤认为：恰恰是这些常识赋予对物诉讼制度以生命力；也因此，如果船员实施海盗行为，尽管船东并不知情，抓获该船之后也会因该船的海盗行为而没收该船。

在罗马法中，之所以将加害物没收并用其本身作为赔偿，是源于早期罗马法中的复仇原理⑥，而这一原理又源于圣经，即将造成他人死亡的东西作为赎罪牺牲，予以没收或奉献给上帝。⑦

随着时代的发展，用加害物本身作为赔偿的制度逐步发展为可以选择用赔偿金作为代位物来代替加害物，后来就进一步发展为支付赔偿以避免加害物遭

---

① 在 Morgan v. Castlegate Steamship Co. [The Castlegate,（1893）A. C. 38] 一案中，法官认为：海事优先权不依存于船舶所有人的任何个人责任，而独立地附着于船舶之上。

② See Price G, *Maritime Liens*, 57 Law Quarterly Review 409（1941）.

③ See Roscoe E S, *A Treatise on the Admiralty Jurisdiction and Practice of the High Court of Justice*, London：Stevens & Sons, Sweet & Maxwell, 1903, p. 258.

④ See Harmer v. Bell, The Bold Buccleugh, （1852）7 Moore PC 267, 13 ER 884,（1843 – 60）Eng. Rep. 125.

⑤ See Holmes O W Jr., *The Common Law*, 3d ed., Boston：Little, Brown & Co., 1881, p. 28.

⑥ See Holmes O W Jr., *The Common Law*, 3d ed., Boston：Little, Brown & Co., 1881, pp. 2 – 3.

⑦ See The Longford,（1889）14 P. D. 34, pp. 44 – 45.

到报复。①

## （二）英国法下的拟人化理论

这一宗教思想上升为一项法律原则，并被引入英国法，自然而然地成为人们所接受的同样源自罗马法并经法国传入英国的海事优先权制度及其对应的对物诉讼制度的逻辑基础，为由船舶承担责任这一思想提供法律土壤，②明显迎合了公众的常识，特别是当涉及外国船舶时更是如此③。因而，海事法院运用一种法律虚拟人格的形式，即"一艘船舶获得自身的人格，成为适格的合同缔约方，并能承担责任"④，用以证明法院没收船舶的合理性⑤。

前述英美两个权威判例⑥把拟人化理论具体化，将加害船舶人格化，成为法律上虚拟的人，⑦使得海事法院对其获得管辖权。这种从圣经中引出的思想对对物诉讼的解释要比为方便本国原告在本国申请扣押外国船舶的理由来得更加充分。⑧

在 1799 年英国 The Vrouw Judith 一案中，涉案船舶的船长私自载运他自己的货进入封锁区，船舶因此被定罪。法院认为，尽管船东对此不知情，但船长的行为构成船舶的行为，从而对船东具有约束力。⑨ 从 1804 年英国 The Adonis 一案中可以更加明显地看出这一原则，该案也是因一艘船舶往封锁区航行而被捕获，从而被没收的案例。法官认为：如果船东将船舶等财产交予船长，那么就要承担后果，船舶因此就要承担责任。⑩

拟人化理论就此确立之后，短短 40 年后在英国就遭到法院的挑战。1873

---

① See Holmes O W Jr., *The Common Law*, 3d ed., Boston: Little, Brown & Co., 1881, p. 5.

② See The Longford, (1889) 14 P. D. 34.

③ See Tucker v. Alexandroff, (1902) 183 U. S. 424.

④ Gilmoer G and Black C L Jr., *The Law of Admiralty*, 2d ed., Perry: Foundation Press, 1975, pp. 589 – 594.

⑤ See Wiswallf L Jr., *Development of Admiralty Jurisdiction and Practice Since* 1800, Cambridge: Cambridge University Press, 1970, p. 155.

⑥ See Harmer v. Bell, The Bold Buccleugh, (1852) 7 Moore PC 267, 13 ER 884, (1843 – 60) Eng. Rep. 125; The Nestor, (1831) 1 Sumn. 73, 1831 U. S. App. Lexis 165, 18 Fed. Cas. 9, p. 25.

⑦ See The John G. Stevens, (1898) 18 S. Ct. 544, 42 L. Ed. 969, 170 U. S. 113.

⑧ See The Volant, (1842) EngR 451, (1842) 1 W Rob 383, at 387, 166 E. R. 616.

⑨ See The Vrouw Judith, (1799) EngR 580, (1799) 1 C Rob 150, 165 E. R. 130.

⑩ See The Adonis, (1804) EngR 339, (1804) 5 C Rob 256, 165 E. R. 767.

年《司法法》和 1874 年《司法法》简化了英国法院的程序，从而允许对物诉讼的原告可以同时提起对人诉讼。事实上，英国法原本就有这样的制度存在，只是没有以成文法的形式加以确立：在 19 世纪的英国法中，海事法院的管辖权与民事管辖权相似，既可以对人诉讼，也可以扣押被告所属位于法院辖区内的财产。这就使得当时的对人诉讼和对物诉讼之间几乎没有差别，因此拟人化理论的应用价值也就不大了。①

到 1892 年 The Dictator 一案时，法官支持另一种理论——程序理论②。在 1938 年 The Cristina 一案中，英国最高法院再次偏离拟人化理论。③ 因此，在英国法的演进过程中，基本上遵从拟人化理论，但也有采用程序理论的判例，存在摇摆不定的情况。

### （三）美国法下的拟人化理论

对比之下，与英国法院不同，美国法院一直坚持拟人化理论。在 1818 年 The Little Charles 一案④中，法院认为：船舶在下水时就意味着该船像人一样出生了；在下水之前，建造中的船舶仅仅是铁和木头的堆积，只能算作普通财产，不能算作船舶；就像婴儿出生后按照教义要进行洗礼一样，船在下水洗礼时要进行命名；从它的龙骨碰到水的那一刻起，就变成海事管辖权的客体。此时，它得到了自己的人格，具有适格的主体地位，可以履行义务并承担责任，也因此可以以自己的名义起诉或者被诉。⑤

霍姆斯法官⑥认为：不仅要看到拟人化理论的表象，还要进一步深究其背后的原理。法律并非仅仅是因为要船舶独自承担责任才将其视为"人"，而是原本就应当在法律上赋予船舶承担责任的人格法律地位。

有观点认为，让船舶独立承担责任有两种情况：第一，船东（包括光船承租人）存在过失或者疏忽；第二，船舶被用于非法目的，即使船东对此并不知情。⑦

---

① See The Heinrich Bjorn, (1885) 10 P. D. 44, pp. 43 – 44.

② See The Dictator, (1892) P. 304 (C. A.).

③ See Compania Naviera Vascongada v. S. S. Cristina, The Cristina, (1938) AC 485, 1 All E. R. 719 (H. L.).

④ See The Little Charles, (1819) 26 Fed. Cas. 979, 1 Brock. 347.

⑤ See Tucker v. Alexandroff, (1902) 183 U. S. 424.

⑥ See Holmes O W Jr., *The Common Law*, 3d ed., Boston: Little, Brown & Co., 1881, pp. 29 – 30.

⑦ See Noel v. Isbrandtsen Co., (1961) 287 F. 2d 783, 1961 AMC 611.

在侵权案件中，同样可能适用到这一"船东无责、船舶有责"原则。① 在1868 年 The China 一案中，涉案船舶因引航员的失误导致碰撞，按照法律规定不能判引航员承担责任，从而必须判船舶承担责任，否则就违反海商法的规定，使得海商法中的各项法律制度之间难以自洽。②

这一对物诉讼责任原则在 1901 年 The Barnstable 一案中得到更进一步的体现。美国联邦最高法院判决一艘因租船人的疏忽而非船东的疏忽造成碰撞的船舶承担责任。③ 类似地，如前所述，尽管船东并没有让船员去干海盗的勾当，甚至对船员的这种行径也不知情④，但船舶依然会被没收并被起诉，而不是去起诉船东。⑤

在上述 The China、The Barnstable、The Palmyra 和 United States v. Brig Malek Adhel 四个美国案例中，第一个案例由于完全是引航员的疏忽，而引航员不是船东的雇员，因此难以对船东课以侵权责任；⑥ 海商法又规定引航员对其过失不承担民事责任，如果没有对物诉讼制度，受害方的损失将难以得到赔偿；⑦ 第二个案例同样是由于租船人的疏忽造成碰撞，而租船人是船东租船合同下的相对人，更难以对船东课以碰撞损害赔偿的侵权责任；船舶不是租船人所有的，难以对租船人课以船舶碰撞侵权民事责任，如果没有对物诉讼制度，

---

① 海事优先权附着于当事船上，并不以船东个人对债务承担责任为条件；即使船东个人对请求人提出的海事请求没有责任，也不影响海事优先权的随附性。参见 Morgan v. Castlegate Steamship Co. ［The Castlegate，(1893) A. C. 38］。

② See The China, (1868) 74 U. S. 53, 19 L. Ed. 67.

③ See The Barnstable, (1901) 181 U. S. 464, 21 S. Ct. 684, 45 L. Ed. 954.

④ 在 United States v. Brig Malek Adhel ［(1844) 43 U. S. 210, 2 How. 210］一案中，Brig Malek Adhel 轮的船长和船员并没有真的像海盗船那样以抢劫他船财务为目的进行海盗活动，只是船长本人心血来潮地向路过的船开炮，并向中弹的船索要了 20 美元、一条狗和一罐糖果。船长和船员没把这当回事儿，但法院依然认定这些行为构成了海盗行为。

⑤ See United States v. Brig Malek Adhel, (1844) 43 U. S. 210, 2 How. 210.

⑥ 同样的情况如果适用中国《海商法》在中国审理，中国人民法院往往以引航员仅仅是协助船长驾驶和指挥船舶，因此引航员的过失导致的碰撞等同于船长的过失导致的碰撞为由，认定船东对船舶碰撞承担相应的责任。

⑦ 参见 Grillea v. United States, (1956) 232 F. 2d 919；在 Latus v. United States ［(1960) 277 F. 2d 264］一案中，Hand 法官明确说明 Grillea v. United States 一案的原则只适用于违反适航义务的情况。

受害方的损失亦将难以得到赔偿。① 第三和第四个案例中，船员的海盗行为不是职务行为，既没有船东的授权，也不在受雇行为的范围之内，船东对此也不知情，依法难以对船东课以责任。② 因此，法律规定海事优先权附着于加害船舶之上，就是要船舶承担责任，而非让船舶所有人承担责任。③

（四）拟人化理论下船舶法律地位的非独立性

尽管上述分析可以很好地确立拟人化理论的合理性，并用以说明将海事优先权附着于加害船上的原因，恰恰是因为加害船本身也是责任主体，而不仅仅是当船东作为责任主体时加害船是船东的财产而已。这看似是将加害船与其船东在承担责任上相互独立且平等对待，实则不然：两个责任主体之间还是存在内在联系的，并非相互完全独立、完全平等的，其中，船东的地位会略高于加害船的地位，船东如果放弃加害船所享有的法定权利，会直接影响加害船在对物诉讼中的法律地位。

在 1922 年 The Western Maid 一案④中，涉案船舶的船东于 1919 年 1 月 10 日将该轮光租给了美国政府，美国政府将其分配给战争部使用，在船上配备美国海军船员。同日，该轮在纽约港发生碰撞。同年 3 月 20 日，美国政府将该轮还给船东，之后船东将其用于普通商业运营。11 月 8 日，碰撞受害方向美国地区法院申请扣押该轮。法院判该轮当时正在用于军事目的，其拟人化人格地位相当于政府官员，享受主权豁免；同样，美国也享有主权豁免而不能成为被告。但是，如果美国放弃其主权豁免权，那么，不仅美国可以成为被告，该船舶也同样可以成为被告，尽管对美国提起的对人诉讼和对该轮提起的对物诉讼是两个独立的法律程序。

## 二、英美法海事优先权的理论基础：程序理论

与拟人化理论不同的另一个理论认为，海事优先权制度是为了支撑对物诉

---

① 该案中的租船合同类似于中国《海商法》中规定的光船租船合同，因此，尽管船长和船员是承租人的雇员，而非船东的雇员，由于船长和船员的过失导致船舶碰撞，按照中国《海事诉讼法》在我国人民法院审理的话，同样可以以光船承租人作为被告提起诉讼，并申请扣押当事船舶，以执行法院的判决。

② 如果类似的案件在中国审理，人民法院会以犯有走私罪大的船员为被告，按照《海关法》的规定罚没走私船舶。

③ See The Little Charles, (1819) 26 Fed. Cas. 979, 1 Brock. 347.

④ See The Western Maid, (1922) 257 U. S. 419.

讼，而对物诉讼的目的又是为了通过扣押船舶使得原本没有管辖权的法院得以获得管辖权①，同时通过扣押船舶逼迫船东现身，从而实现程序目的②，故而称之为程序理论③。

英国法院尽管一直坚持拟人化理论，但毕竟引入对物诉讼和海事优先权制度的初衷是为了使海事法院获得管辖权。因此，与美国法院一直坚持拟人化理论不同，英国法院对支撑对物诉讼和海事优先权制度的理论有些摇摆不定。④

海事请求人提起对物诉讼之后，如果船东现身，并承认对船舶的送达有效，那么这一诉讼就转变为对物诉讼与对人诉讼并行⑤；如果法院判决的金额超过所扣押船舶的价值，差额部分还可以对船东的其他财产执行⑥。相反，如果船东不现身⑦，对物诉讼程序的被告就只能是被扣押的船舶⑧，同时也只能对该船舶做出判决⑨，这一判决只能对被扣船舶执行⑩，而不能执行船东的其他财产⑪。

事实上，从前述英国海事法、对物诉讼和海事优先权的演进过程⑫可以看出，早在 16 世纪，英国就通过逮捕被告的船舶（往往是敌国的船舶）或扣押其货物的方式提起诉讼，这就说明扣押仅仅是一种程序，而且扣押程序的唯一目的就是为执行法院判决获得担保。所以，英国从欧洲民法中引入海事优先权这一制度的初衷，的确是为解决程序问题。

---

① See Roscoe E S, *A Treatise on the Admiralty Jurisdiction and Practice of the High Court of Justice*, London: Stevens & Sons, Sweet & Maxwell, 1903.

② See Harmer v. Bell, The Bold Buccleugh, (1852) 7 Moore PC 267, 13 ER 884, (1843–60) Eng. Rep. 125.

③ See Marsdenr G, *Select Pleas in the Court of Admiralty*, Vol. 6, London: B. Quaritch, 1894, p. lxxi.

④ See Price G, *Maritime Liens*, 57 Law Quarterly Review 409 (1941).

⑤ See Abou-NigmV R., *The Arrest of Ships in Private International Law*, Oxford: Oxford University Press, 2012, p. 71.

⑥ See The Kusu Island, (1989) 3 MLJ 257, (1989) SLR 119.

⑦ See Compania Naviera Vascongada v. S. S. Cristina, The Cristina, (1938) AC 485, 1 All E. R. 719 (H. L.).

⑧ See The Parlement Belge, (1880) 5 P. D. 197.

⑨ See The Fierbinti, (1994) 3 SLR 864.

⑩ 这一思想至少可以追溯到 17 世纪早期，参见 Greenway and Barker's Case, (1653) EngR 862, (1653) Godb 260, 78 E. R. 151。

⑪ See The Burns, (1907) P. 137.

⑫ See Marsdenr G, *Select Pleas in the Court of Admiralty*, Vol. 6, London: B. Quaritch, 1894, pp. 71–72.

最早确立程序理论的判例是 1892 年 The Dictator 一案。① 该案中，简（Jeune）法官尽管承认 1852 年 The Bold Buccleugh 一案②明确对物诉讼与对人诉讼是完全两个不同的诉讼，但他依然认为对物诉讼同样会对对人诉讼（即对船东提起的诉讼）产生影响，从而认为海事优先权的目的就是通过对物诉讼来逼出责任船东，实现程序目的。③

因此，程序理论认为，海事优先权产生于扣押船舶的过程中，扣押船舶的目的是逼迫船东出现，同时确保法院的判决得以执行。④ 在 1980 年 The Halcyon Isle 一案⑤中，英国枢密院五位法官以 3∶2 的微弱多数判决船舶优先权是一种程序救济。⑥ 这一理论直到 1988 年 The Nordglimt 一案，依然对判决产生影响。⑦ 英国法院将船舶优先权定性为程序救济，也即一种程序权利，与其他许多国家将船舶优先权定性为一种实体权利形成了强烈的反差。⑧

## 三、中国法船舶优先权的理论基础：债权论与物权论辨析

由于中国仅在《海商法》中引入英美法中的海事优先权制度，建立船舶优先权实体法律制度，但是在《中华人民共和国海事诉讼特别程序法》中仅仅建立了船舶扣押这一海事保全程序制度，没有引入英美法中与海事优先权制度相配套的，以对物为基础、以对物诉讼与对人诉讼两种诉讼程序并行不悖为支撑的对物诉讼制度，因此，英美法以对物诉讼为基础的船舶拟人化理论，以

---

① See The Dictator, （1892）P. 304（C. A.）.

② See Harmer v. Bell, The Bold Buccleugh, （1852）7 Moore PC 267, 13 ER 884, （1843 – 60）Eng. Rep. 125.

③ See Meesonn and Kimbellj, *Admiralty Jurisdiction and Practice*, 4th ed., London: Informa, 2011, p. 71.

④ See The Burns, （1907）P. 137.

⑤ See The Halcyon Isle, （1981）A. C. 221, （1980）2 Lloyd's Rep. 325, 1980 AMC 1221.

⑥ 参见宋宗宇《优先权制度研究》，西南政法大学 2006 年博士学位论文，第 63 页。

⑦ See The Nordglimt, （1988）Q. B. 183.

⑧ See Thomas D R, *Maritime Liens*, London: Stevens & Sons, 1980, p. 23.

及为了逼迫船东现身的程序理论，也就都不适用于中国《海商法》。① 而《海商法》对于船舶优先权的性质又没有做出规定②，"既没有提到它的属性是担保物权，也没有提到它属于优先债权"③。

正是由于这一原因，使得中国学者另辟蹊径，在对船舶优先权性质进行研究时，提出债权说（包括债权物权化说）和物权说（包括担保物权说和特殊担保物权说）等不同的学说④，来解释船舶优先权的法律性质。

### （一）船舶优先权债权论

对于船舶优先权的性质，以我国台湾地区⑤学者为主的一些中国学者中，有一种观点认为船舶优先权是一种债权⑥，尽管可能存在一定的物权特征⑦。

中国大陆的一些学者认为，船舶优先权的债权性是其附随性的必然结果。其主要依据是，船舶被转让给新的买受人之后，船舶优先权依然附着在转让之后的船舶之上，认为"这属于债务转让。船舶优先权的义务主体变更为新的船舶所有人，债权人对新的船舶所有人提出船舶优先权的请求，船舶优先权的义务主体的特定身份仍未改变"⑧。

令人遗憾的是，这是对船舶优先权附随性的误读：船舶被转让给新的买受

① 我国也有学者认为船舶优先权是一种程序权利。参见刘根星《船舶优先权法律属性研究》，大连海事大学 2011 年硕士学位论文，第 16～22 页。持不同意见的，参见李强、周后春《论船舶优先权的法律性质》，《河北法学》，2003 年第 6 期，第 85～91 页；张磊《浅析我国船舶优先权的法律性质》，《法制与社会》2009 年中期，第 380 页；陈思《论船舶优先权的法律性质》，《法制与社会》2016 年中期，第 104～105 页。

② 参见司玉琢、李志文《中国海商法基本理论研究》，北京大学出版社 2009 年版，第 91 页；刘根星《船舶优先权法律属性研究》，大连海事大学 2011 年硕士学位论文，第 3 页。

③ 交通部政策法规司主编：《〈海商法〉学习必读》，人民交通出版社 1993 年版，第 54 页。

④ 也有人认为船舶优先权是一种程序上优先受偿的权利，参见罗忆松《海商法》，中国法制出版社 2003 年版，第 56 页。

⑤ 我国台湾地区所谓"海商法"第 24 条规定："下列各款为海事优先权担保之债权，有优先受偿之权。"

⑥ 参见傅廷中《也谈海事优先权的法律性质》，载《中国海商法年刊》，大连海事大学出版 1990 年版，第 183～189 页；傅廷中《海商法律与实务丛谈》，大连海事大学出版社 2001 年版，第 19 页。

⑦ 参见李洪《从船舶优先权性质谈船舶优先权的行使》，《世界海运》1999 年第 5 期，第 8～9 页。

⑧ 刘宇：《船舶优先权视角下的船员权益问题研究》，华东政法大学 2015 年硕士学位论文，第 10 页。

人，船舶优先权人行使船舶优先权同样必须申请扣押船舶。在中国法下，申请扣押船舶时，其被申请人可以是船舶，也可以是原船东，但不能是新船东；提起诉讼时，被告只能是原船东，不能是船舶，更不能是新船东，因为船舶优先权人与新船东之间不存在产生海事请求的法律关系。[①] 新的买受人因其买受的船舶被扣押、被拍卖而遭受损失之后，可以依据船舶买卖合同向原船东追偿。如果按照中国学者的前述观点——构成债务转让，那么新船东就无法再就其损失向原船东追偿。因此，尽管船舶被转让给新船东之后，船舶优先权依然附着在该船之上，但是不仅其对物的客体没有变，其责任人也没有变，依然是原船东，所以不存在债务转移或者转让问题，也就不能据此认为船舶优先权的法律性质是债权。

## （二）船舶优先权债权物权化论

杨仁寿认为船舶优先权从本质上说是债权的一种，但为了事实上的需要，海商法赋予船舶优先权具有物权的作用。他认为：由于在我国台湾地区"物权说"大行其道，其结果反将优先权的本质属于"债权"遗忘了，因此在适用上常发生不必要的错误。他同时认为：船舶优先权物权化主要表现在权利的位次性、对世性、追及性以及时效上除斥期间[②]的特征上。[③] 梁宇贤认为："优先权其性质为债权物权化，期间为除斥期间。"[④] 李洪认为："船舶优先权是债

---

[①] 类似的，在英美法下，申请扣押船舶或者提起对物诉讼，其被申请人和被告都是船舶，而非船东。

[②] 胡绪雨认为，诉讼时效的目的在于维护新的事实状态，否定原有事实状态，而除斥期间的目的在于维护原有事实状态。各国立法和国际公约之所以规定优先权行使期间，是为了督促优先权人尽快行使权利，以恢复优先权标的之上的原有事实状态。因此，船舶优先权的行使期间绝非消灭时效或诉讼时效，而是除斥期间。参见胡绪雨《船舶优先权消灭效力研究》，《法学评论》2012 年第 3 期，第 48～56 页。对此，傅廷中教授认为："诉讼时效说固然不当，除斥期间说亦非妥适。因为，除斥期间适用于形成权。所谓形成权，是指以权利人一方的意思表示而是法律关系发生、变更或消灭的权利，包括追认权、撤销权、解除权等。而船舶优先权乃担保物权，系支配权的一种。因而，将此 1 年期间认作除斥期间，不免混淆。其实，此 1 年期间是不同于诉讼时效和除斥期间的一种独立期间。"参见傅廷中、王文军《论船舶优先权的物上代位性》，载《中国海商法年刊》第 17 辑，大连海事大学出版社 2007 年版，第 85～100 页。

[③] 参见陈安《国际海事法学》，北京大学出版社 1999 年版，第 130 页。

[④] 梁宇贤：《海商法精义》，（台北）台湾三民书局有限公司 1996 年版，第 71 页。

权，但它具有物权性质，是债权物权化。"① 国内也有学者持此观点。②

杨仁寿提出的船舶优先权本质属债权的观点，是接受英美海事法中海事优先权拟人化理论使然。从海事优先权的起源来看，其源于押船借款，而押船借款虽然可以解释为具有担保的性质，但毕竟与担保还有许多本质上的不同，特别是：如果船舶不灭失，安全抵达目的港，权利人所享有的权利以船舶到港时的价值为限；但是，如果船舶灭失，未能抵达目的港，权利人所享有的权利消灭，船东不负偿还借款和利息的责任。③ 前者表面上看，似乎表现的是其物上担保的性质，但是，由于借款加利息超出船舶价值的部分，船东不必再向出借人承担责任，押船借款的本质还是债权：不是出借人与船东之间的债，而是出借人与船舶之间的债；后者则更加明显地表明，船东不是还款责任人，借款是船舶与出借人之间的法律关系，而非船东与出借人之间的法律关系。

上述两点，清楚地表明押船借款是一种以船舶为债务人所产生的债权④，而非以船东为债务人、船舶为担保物所产生的债权。因此，海事优先权债权论是有其理论基础的。但是，债权论的债务人是船舶，而非船东。所以，在不承认对物诉讼的中国法下，这一理论难以成立。

船舶优先权债权论在中国法下行不通，因此，国内学者通说认为船舶优先权的性质是一种物权⑤，即担保物权⑥。

### （三）船舶优先权物权论

认为船舶优先权是物权而非债权的学者，主要是从物权和债权的区别来做

---

① 李洪：《从船舶优先权性质谈船舶优先权的行使》，《世界海运》1999 年第 5 期，第 8～9 页。

② 参见徐新铭《船舶优先权》，大连海事大学出版社 1999 年版，第 22 页。

③ See Bouvier J, *A Law Dictionary*, *Adapted to the Constitution and Laws of the United States*, 6th ed. , Washington：Bird of Prey Publishing, 1856.

④ See Emerigon B, *An Essay on Maritime Loans*, Baltimore：Philip H. Nicklin & Co. , 1811, p. 250.

⑤ 参见肖思礼《论 Maritime Lien 的性质》，载《中国海商法年刊》第 3 辑，大连海事大学出版社 1992 年版，第 72～86 页；李海《船舶物权之研究》，法律出版社 2002 年版，第 149 页；司玉琢《海商法》，法律出版社 2003 年版，第 57 页；张念宏《海商法理论与实务》，中国法制出版社 2013 年版，第 13 页。

⑥ 参见司玉琢、李志文《中国海商法基本理论研究》，北京大学出版社 2009 年版，第 93～98 页；司玉琢《海商法》，法律出版社 2003 年版，第 56～57 页；张念宏《海商法理论与实务》，中国法制出版社 2013 年版，第 13 页；司玉琢《海商法（第二版）》，法律出版社 2007 年版，第 368 页。

出这一判断的①，他们认为②：从主体特征上看，船舶优先权的权利主体是特定的，而义务主体③是不特定的；④ 从内容上看，因船舶优先权具有追及性，所以船舶优先权是一种不需借助他人的行为就可以实现的支配权；从客体上看，船舶优先权的客体是船舶，即独立的特定有体物，而非行为；从设定上看，船舶优先权是经海商法特别规定而创设的，其项目、内容和效力均为法定，任何人不得随意创设、变更；从效力上看，船舶优先权具有很高位次的优先受偿的效力。从而得出结论认为船舶优先权是一种以船舶为客体的物权。⑤

有学者进而认为船舶优先权不是一般意义上的物权，而是一种担保物权。担保物权被认为可以分为四种（见表1）⑥，我国《物权法》（现已废止）中仅有留置权、抵押权和质权担保物权三种，没有法定非占有型担保物权⑦，《中华人民共和国民法典》（以下简称《民法典》）也没有对法定非占有型担保物权做出规定。因此，有人认为其中缺失的法定非占有型担保物权，即为《海商法》中规定的船舶优先权⑧，即船舶优先权是为享有船舶优先权的海事请求得以实现，而在船舶优先权客体上，由法律设定的担保物权；其中，海事请求权是主债权，船舶优先权其担保物权。从而完善了物权法中的四种担保物权。

---

① 参见刘根星《船舶优先权法律属性研究》，大连海事大学2011年硕士学位论文，第8页。

② 参见李海《船舶物权之研究》，法律出版社2002年版，第148页。

③ 有学者认为，船舶优先权的义务主体只能是船舶所有人、光船承租人、船舶经营人。这是对《海商法》第21条的误读：将船舶优先权的义务主体与海事请求权的义务主体相混淆。根据《海商法》第21条的规定，享有船舶优先权的海事请求人，只能是向当事船舶的船舶所有人、光船承租人、船舶经营人提出第22条规定的海事请求的人；如果海事请求权所指向的不是船舶所有人、光船承租人、船舶经营人，而是其他人，其权利人就不享有船舶优先权。参见刘根星《船舶优先权法律属性研究》，大连海事大学2011年硕士学位论文，第8页。

④ 有学者认为，船舶优先权的权利主体和义务主体在任何情况下都是特定的。参见刘根星《船舶优先权法律属性研究》，大连海事大学2011年硕士学位论文，第11页。

⑤ 参见司玉琢《海商法（第二版）》，法律出版社2007年版，第53页。

⑥ 参见孙新强《破除债权平等原则的两种立法例之辨析——兼论优先权的性质》，《现代法学》2009年第6期，第178～187页。

⑦ 我国民法中并没有优先权这一制度。参见司玉琢、李志文《中国海商法基本理论研究》，北京大学出版社2009年版，第98页。

⑧ 参见刘宇《船舶优先权视角下的船员权益问题研究》，华东政法大学2015年硕士学位论文，第10页。

表 1  四种担保物权

| 类 别 | 占 有 | 非 占 有 |
|---|---|---|
| 法定 | 法定占有型担保，如留置权 | 法定非占有型担保，如船舶优先权 |
| 约定 | 约定占有型担保，如质权 | 约定非占有型担保，如抵押权 |

中国学者认为："经过多年的讨论，应该说船舶优先权是一种担保物权之说已成为我国海商法学界的通说。这种学说认为，船舶优先权是一种以船舶为主要标的的担保物权。"①

中国学者的担保物权论并非没有英美法的制度渊源。如前所述，古希腊海商法的押船借款制度中，除具有上述债权性之外，还包含为债权人提供物上担保的功能；在英国海事法学者中，也有人认为海事优先权是一种他物权②。在1897 年英国 The Ripon City 一案中，康奈尔·巴恩斯（Gorell Barnes）法官认为：海事优先权是……一项在他人之物上获得的权利——即他物权，是对他人在其物上享有的绝对所有权的限制。③ 在 1964 年英国 The Tolten 一案中，法官暗指海事优先权的性质还是一种民事优先权④，并做出了更加全面的论述，认为：这一"优先权"在欧洲大陆法和英国法中都是无需先决条件就自动产生的，并且在采取诉讼行动的同时就生效，在船舶及其随附运费上设立物上负担以便为权利人提供优先受偿的权利。⑤

这一理念和制度设计，在英美法海事优先权制度的后续发展中，尽管并非主流，但是在英国法中的确有人认为：传统上的海事优先权根植于海商自体法，和民法的在他人的"物"上设立的担保相类似。⑥ 虽然并没有发展出担保

---

① 参见罗忆松《海商法》，中国法制出版社 2003 年版，第 57 页；黄展健、徐刚《论船舶优先权的法律性质》，《现代商业》2007 年第 6 期，第 160 ～ 161 页。

② See Tetley W, *Maritime Liens in the Conflict Laws*, Law and Justice in a Multistate World: Essays in Honor of Arthur T. von Mehren, by J. A. R. Nafziger and Symeon C. Symeonides, Ardsley: Transnational Publishers Inc. , 2002, pp. 439 – 457.

③ See The Ripon City, （1897）P. 226.

④ See Tetley W, *Maritime Liens in the Conflict Laws*, Law and Justice in a Multistate World: Essays in Honor of Arthur T. von Mehren, by J. A. R. Nafziger and Symeon C. Symeonides, Ardsley: Transnational Publishers Inc. , 2002, pp. 439 – 457.

⑤ See The Tolten, （1946）2 C. A. 372, 2 All E. R. 372, 79 Ll. L. Rep. 349.

⑥ See Tetley W, *Maritime Liens in the Conflict Laws*, Law and Justice in a Multistate World: Essays in Honor of Arthur T. von Mehren, by J. A. R. Nafziger and Symeon C. Symeonides, Ardsley: Transnational Publishers Inc. , 2002, pp. 439 – 457.

物权理论①，但是在英美法院处理海事优先权与破产程序冲突问题时，却比较普遍地将海事优先权客体归入破产财产范畴，同时将享有海事优先权的海事请求视为具有担保的债权，优先参与破产财产的分配。因此，结合我国法律没有对物诉讼制度，这些海事优先权的渊源和观点，为我国的船舶优先权担保物权论提供了土壤。

持有担保物权论观点的学者，主要认为船舶优先权在特征上符合担保物权他物权、价值权、附随性以及物上代位性的特征；船舶优先权以扣押当事船舶为行使权利的要件，船舶优先权人对当事船舶享有的这一处分权不需要任何第三人的协助，可以直接向法院提出申请，两者之间存在物权法律关系。② 司玉琢教授在对船舶优先权下定义时，采用担保物权的主张，认为：船舶优先权"是某些法定的特殊海事债权人所享有的一种以船舶为主要标的，具有很高位次的担保物权"③。张丽英教授认为：担保物权是物权的一种，是以确保债务清偿为目的，在债务人或第三人的特定之物或权利上设定的一种物权性质的权利。设置船舶优先权的目的也是为确保受其担保的债权得以清偿。船舶优先权基本符合担保物权的特征。④ 1967 年公约⑤和 1993 年公约⑥均将海事请求权与其享有的船舶优先权之间的法律关系规定为"担保"法律关系。⑦ 而《布莱克法律辞典》对 lien 的解释是担保债务清偿的一种财产上的负担，因此 lien 是一切担保物权的通称。⑧ 所以，认为"无论在国际公约还是国内立法中，事实上船舶优先权都被公认是一项担保物权"⑨，"一般而言，从法律归类上看……船舶优先权……无疑当属特别优先权虽然在理论上就船舶优先权……是否具有物权性质仍有分歧，但是从有关国际公约看，这两类优先权的物权性质已毋庸置疑"⑩。

我国学者尽管对船舶优先权的债权性、物权性存在分歧，但却往往认为国

①　这一理论也与英美法的对物诉讼制度相矛盾。

②　参见邢海宝《船舶优先权研究》，载《法学家》1996 年第 4 期，第 73～78 页。

③　参见司玉琢《新编海商法学》，人民交通出版社 1991 年版，第 87 页。

④　参见张丽英《船舶优先权法律性质若干学说析》，载《比较法研究》2004 年第 4 期，第 127～133 页。

⑤　参见《1967 年统一船舶优先权和抵押权某些规定的国际公约》第 4 条。

⑥　参见《1993 年船舶优先权和抵押权国际公约》第 4 条。

⑦　参见司玉琢《海商法专论》，中国人民大学出版社 2007 年版，第 30 页。

⑧　参见徐慧芳《船舶优先权研究》，上海海事大学 2006 年硕士学位论文，第 12 页。

⑨　宋宗宇：《优先权制度研究》，西南政法大学 2006 年博士学位论文，第 142 页。

⑩　宋宗宇：《优先权制度研究》，西南政法大学 2006 年博士学位论文，第 164、176 页。

际社会已经"达成共识：第一，船舶优先权的标的物范围、担保的债权项目和受偿顺序等方面均由法律规定，当事人不得自行约定；第二，船舶优先权是担保权利，具有从属性，随各项被担保的债权的存在而存在，同时，也以担保标的物船舶的存在为前提；第三，船舶优先权是优先受偿的权利。在有多个债权同时存在时，只有船舶优先权担保的债权才能优先受偿；第四，船舶优先权是一项秘密的权利且随船舶转移而转移；第五，船舶优先权的实现不能通过索赔人自行扣押和拍卖船舶实现，而必须申请法院对船舶进行扣押、拍卖，按顺序分配价款，即必须通过司法程序来实现"①。

笔者认为，在上述五点当中，第二点难说国际社会已经"达成共识"，英美法判例在海事优先权产生的时机这一问题上，与我国学者的观点就完全不一致。

除上述比较主要学说之外，还有法定非独立特权说②或特殊制度说③。

### （四）船舶优先权特殊担保物权论

尽管船舶优先权的法律属性是担保物权已经成为国内通说，本研究在对英美判例法进行研究的基础上，认为船舶优先权不是物权法或者《民法典》意义上的担保物权④，从前述表 1 中也可以看出其具有特殊性。因此，本研究认为船舶优先权是一种特殊担保物权。现分述为以下三个方面。

1. 船舶优先权客体的特殊性

我国学者认为，担保物权的客体即为标的物的交换价值，交换价值在本质上不因物的形态或者性质的变化而变化。因此，船舶沉没成为残骸，只要残骸还具有交换价值，就应该构成船舶优先权的客体。⑤

然而，船舶优先权并非物权法严格意义上的担保物权，而是具有特殊担保

---

① 刘安宁：《船舶抵押权立法的比较研究——兼论我国船舶抵押制度的完善》，大连海事大学 2011 年博士学位论文，第 86～87 页。英美法学者往往将这一点解释成海事优先权具有准所有权性的依据，我国学者往往认为这一点恰恰说明船舶的特性为物权性。

② 参见汪杰《论优先请求权的法律性质与法律适用》，《海商法论文集》，学术书刊出版社 1989 年版，第 139 页。

③ 参见李东《船舶优先权制度的法理解析——概念法学与现实主义法学进路的整合》，大连海事大学 2012 年博士学位论文，第 21 页。

④ 参见黄永申《船舶优先权理论与实践若干法律问题研究》，大连海事大学 2003 年硕士学位论文，第 10 页；谌瑜《船舶优先权法律性质探析——兼谈民法典制定中的船舶优先权问题》，《财贸研究》2003 年第 6 期，第 105 页。

⑤ 参见霍炬《论船舶优先权》，大连海事大学 2003 年硕士学位论文，第 23 页。

物权性质的一种权利，其同时具有准所有权①的性质；同时，由于船舶灭失变成残骸后就会丧失其船舶法律地位，船舶优先权归于消灭②。因此，尽管残骸依然具有交换价值，也不再是船舶优先权的客体，所以船舶优先权不符合担保物权的这一特性，从而说明船舶优先权是一种特殊的担保物权。

2. 船舶优先权产生时间的特殊性

如果按照通说观点，认为船舶优先权是为担保船舶优先权人所享有的海事请求这一主债权得以实现所设立的法定担保物权③，那么，船舶优先权就应该在海事请求这一主债权产生时产生④，在海事请求这一主债权消灭时消灭。⑤这是将船舶优先权的法律性质理解为担保海事请求权⑥得以实现的必然结果。这种观点对船舶优先权何时产生⑦这一法律问题构成直接影响。

1831 年美国 The Nestor 一案是第一个关于海事优先权何时产生的重要判例。该案中，法官举了一个船员工资产生海事优先权的例子：如果船员工资依约在航次结束时才给付的话，海事优先权便不是在航次结束时未付船员工资的情况下才产生，而是在船员开始履行雇佣合同的航次伊始就已经产生并附着在船上；即使该船在航行过程中被出售给第三人，也不改变海事优先权的这一属

---

① See Emerigon B, *An Essay on Maritime Loans*, Baltimore：Philip H. Nicklin & Co., 1811, p. 250.

② 参见司玉琢《海商法专论》，中国人民大学出版社 2007 年版，第 59 页。

③ 参见邢海宝《船舶优先权研究》，载《法学家》1996 年第 4 期，第 73～78 页。

④ 参见司玉琢、李志文《中国海商法基本理论研究》，北京大学出版社 2009 年版，第 95～96 页；汤能忠《海事司法理论与实践》，法律出版社 2002 年版，第 111～114 页。

⑤ 我国《海商法》为了保护船东的利益，鼓励船舶优先权人尽速行使船舶优先权，在第 29 条规定其除斥期间是 1 年。见赵鹿军《船舶优先权一年时效与行使关系探讨》，载《中国海商法年刊》第 15 辑，大连海事大学出版社 2005 年版，第 52～59 页。对于《海商法》规定的 1 年时效的性质是消灭时效还是除斥期间，我国学者有不同的观点，李海认为是消灭时效（《船舶物权之研究》，法律出版社 2002 年版，第 184 页），张志清认为是除斥期间（《我国海商法对海事优先权规定之研究》，载《航运季刊》2001 年第 2 期，第 65～78 页）。霍炬（《论船舶优先权》，大连海事大学 2003 年硕士学位论文，第 28 页）认为：时效（这里指债权时效）消灭的仅是债权的法律强制性，而不是债权本身，超过时效的债权实体上依旧存在，只是由法定之债变为自然之债；但是，除斥期间却是使实体权利彻底消灭，且不可中止与中断。比照我国《海商法》的规定，船舶优先权在 1 年内不行使即彻底消灭，且 1 年期间不得中止或者中断，可以看出这 1 年期间应理解为除斥期间。柯泽东认为：海事优先权为隐密特权，不公开，宜限制期限，以免长久留于船舶标的上［《海商法——新世纪观海商法学》，（台北）台湾元照出版社 2006 年版，第 112 页]。

⑥ 参见冯辉《论船舶优先权》，对外经济贸易大学 2006 年博士学位论文，第 7 页。

⑦ 参见霍炬《论船舶优先权》，大连海事大学 2003 年硕士学位论文，第 114 页。

性。① 这一原则得到后来英国 The Bold Buccleugh 一案的确认。②

在 1884 年英国 The Rio Tinto 一案中，涉案船舶欠付供应商提供的燃煤款项，当地的海事法院判供应商提供的燃煤构成必需品，享有海事优先权，自提供给涉案船舶时起就附着在该船上，③ 而不是在船东欠付该燃煤款项时才产生海事优先权。

在 1920 年英国 The James W. Elwell 一案④中，法院认为船长的工资自其担任船长伊始就受海事优先权保护。因此，海事优先权并非发生在欠付船长工资之时，而是其担任船长之时。

在 1983 年美国 The Jagat Vijeta 一案⑤中，法院认为：海事优先权不是在装卸公司完成装卸作业之后才产生的，也不是在付款责任人欠付其装卸费时才产生的，而是在装卸作业合同成立时就产生了。

从上述判例中可以看出，海事优先权发生的时间不是产生主债权的时间，而是产生相关海事请求的合同生效之时，或者侵权法律关系成立之时。鉴于在将海事优先权制度引入中国法时，并没有在两者的发生时间这一问题上做任何区别对待，同时上述发生时间的判决是基于该制度的保护目的使然的，因此，同样应适用于船舶优先权制度，否则，船舶优先权制度在这些情况下就难以实现其制度目的了。这一产生时间点的确立对计算船舶优先权除斥期间⑥非常重要。

应该注意的是，船舶优先权与担保物权还有其他些许不同之处。例如，担保物权的受偿顺位是先产生的担保物权先受偿，而船舶优先权却是后产生的先受偿。⑦ 这一制度设计的原因之一是为鼓励船舶优先权人尽速行使其优先权，

---

① See The Nestor, (1831) 1 Sumn. 73, 1831 U. S. App. Lexis 165, 18 Fed. Cas. 9.

② See Harmer v. Bell, The Bold Buccleugh, (1852) 7 Moore PC 267, 13 ER 884, (1843 –60) Eng. Rep. 125.

③ See The Rio Tinto, (1884) 9 P. D. 356, 9 App. Cas. 356.

④ See The James W. Elwell, (1921) 8 Ll. L. Rep. 115.

⑤ See TTT Stevedores of Texas, Inc. v. M/V Jagat Vijeta, (1983) 696 F. 2d 1135.

⑥ 参见《海商法》第 29 条第 1 款第 (1) 项规定：具有船舶优先权的海事请求，自优先权产生之日起满一年不行使的，船舶优先权消灭。

⑦ 《海商法》第 23 条。在英美法下，如果海事优先权人愿意保留船舶，而非拍卖船舶，那么不适用这一原则，参见 Hebert P M, *The Origin and Nature of Maritime Liens*, 4 Tulane Law Review 381 (1930)。

使得法律在对船舶优先权人提供保护的同时，也对船东提供一定的保护①；优先权人怠于行使其权利，意味着要承担随后的风险，因此所享有的优先权就不应该优先受偿②。

3. 船舶优先权担保标的的特殊性

船舶优先权担保的不是对应的海事请求权，而是担保责任人履约合同义务或者侵权赔偿责任。

现代船舶管理和船员雇佣关系中十分常见的一种模式是：船东将包干船舶管理费支付给船舶管理人，其中包含船员工资。船舶管理人以自己的名义雇佣船员，并派遣船员到船东委托船舶管理人管理的船上工作。船舶管理人是用人单位，船东是用工单位；船员与船舶管理人之间存在劳动或者雇佣合同关系，与船东之间没有劳动或者雇佣合同关系，而是劳务关系。如果船舶管理人欠付船员工资，船员不能以船东违反雇佣合同为由起诉船东，只能起诉船舶管理人，并申请扣押船舶，主张船舶优先权。③

由此可见，船舶所担保的不是船东支付船员工资，而是担保船员雇佣合同

---

① 事实上，船舶优先权制度看似为保护船员等特殊群体的利益所设立，实则是为了保护船东的利益，方便船长在航行途中进行融资以完成航行、壮大船队规模所设立的。参见王茂深《〈1993 年船舶优先权和抵押权国际公约〉简介》，《法律适用》1993 年第 7 期，第 42～44 页。

② See Hebert P M, *The Origin and Nature of Maritime Liens*, 4 Tulane Law Review 381（1930）.

③ 船舶管理人能否作为义务主体，《海商法》没有明确的规定，有明确规定的是第 21 条规定的"船舶所有人、光船承租人、船舶经营人"，这三类人是否包含船舶管理人，没有明确的规定。就船舶经营人而言，广义的船舶经营人包含船舶管理人，狭义的船舶经营人不包含船舶管理人。参见司玉琢、李志文《中国海商法基本理论研究》，北京大学出版社 2009 年版，第 101～102 页；唐福金《银行对挂靠船舶是否享有优先受偿权》，载厦门海事法院研究室编《海事法官文萃》（1999），第 271～275 页；李海《船舶优先权与其所担保的海事请求的被请求人》，载《中国海商法年刊》第 11 辑，大连海事大学出版 2000 年版，第 108～116 页；蒋正雄《中国海商法研究》，上海社会科学院出版社 2004 年版，第 12 页。

笔者认为，过分限制船舶优先权的责任主体，不仅没有必要，而且还会导致背离船舶优先权的制度设置目的，即通过鼓励为船舶提供服务来促进航运发展。以船员上船工作为例，船员上船工作，为船舶提供了服务，就应该获得劳动报酬和相关应当给付的款项，为了保证船员能获得这些报酬和款项，才设立了船舶优先权这一保障制度。同在一艘船上工作，同样欠付船员工资，仅仅因为有的船员是船东或者光租人雇佣的，有的是船舶经营人雇佣的，有的是船舶管理人雇佣的，甚至是船长临时招募的，前两种情况下船员的请求享有船舶优先权，后两种就不享有船舶优先权，做这一区分的意义何在？

下船舶管理人所负有的支付船员工资①的义务得以履行。② 正因为如此，这一担保责任不是从欠付工资时才产生的，而是从合同生效伊始就产生了。这从一个侧面说明船舶优先权不是担保欠付工资这一主债权的担保物权，而是担保义务人履行义务的一种特殊担保物权。

## 四、结语

《海商法》修改是当前海事海商学术界和实务界的热点议题。对《海商法》中存在的问题进行研究和讨论，无疑对于完善海事海商立法、推动航运事业发展、提升我国国际海事立法影响力，都具有重要意义。

《海商法（修改送审稿）》将现行《海商法》第 21 条修改为："船舶优先权，是指海事请求人依照本法第二十五条的规定，向船舶所有人、光船承租人或其他实际使用、控制船舶的人提出海事请求，对产生该海事请求的船舶具有优先受偿的权利。"其主要理由是：对海事请求承担责任的人还应当包括船舶管理人、融资租赁承租人、实际使用和控制船舶的人等，因此应将船舶优先权担保的责任主体范围加以扩大。

从本研究中可以看出，船舶优先权制度的立法本意是以船舶为资产对责任人履行责任的行为向权利人提供法定担保。由于海事请求范围纷繁复杂，特别是未来在国际社会更加重视生态环境保护的大背景下，海事请求的范围、权利人的范围和责任人的范围都可能进一步扩大，因此，不宜在该条定义中对责任人的范围加以限定。

关于船舶优先权的标的，《海商法》修改时注意到了历次国际公约中标的物范围缩小这一所谓的趋势③，却忽略了这些国际公约未能生效、未能为国际社会所普遍接受这一事实。从本研究中可以看出，尽管标的物范围不宜包含运费，但将附属权利也一并剔除，则缺乏理论依据。

此外，《海商法（修改送审稿）》对第 21 条的修改，缺乏对担保财产的充分认识，没能解决 20 世纪 90 年代初《海商法》立法时遗留的船舶优先权性质

---

① 或者即使在没有雇佣合同时船员因其为船舶提供的服务所应得的报酬。

② 因为船员上船工作所依赖的是船舶自身价值所产生的信用，而非船东的信用。参见 The Sara，（1889）14 App. Cas. 209。

③ 参见胡正良、孙思琪《我国〈海商法〉修改的基本问题与要点建议》，《国际法研究》2017 年第 4 期，第 53～71 页；胡正良、韩立新《〈海商法〉修改基本理论与主要制度研究》，法律出版社 2021 年版，第 99 页。

问题。① 本研究弥补了这一不足，有助于学术界从历史纵深的视角，对这一条的修改加以重新审视。

本研究通过前述对英美海事法和中国海商法所做的比较分析，得出如下结论：在英国法下支撑海事优先权的基础理论主要是程序理论，在美国法下是船舶拟人化理论，在中国法下船舶优先权是一种特殊担保物权。中国法下船舶优先权所担保的不是主债权得以实现，而是义务人对义务的履行。据此，建议将《海商法》第 21 条修改为："船舶优先权，是指权利人对产生海事请求的船舶和附属权益享有优先受偿的权利，以担保责任人对其责任的履行。" 这一修改主要体现了以下四个方面的创新：

第一，由于船舶优先权源于古希腊法中的押船借款制度，而后者所指向的客体不仅仅包含船舶，同时也包含船舶在该航次的附属权利和应取得的利益。在其后的演进过程中，始终没有司法实践将这些附属权益排除在外，同时也没有法理依据将其排除在外，因此，应将附属权益回归到船舶优先权的客体范畴之中。

第二，这一修改建议明确船舶优先权的担保物权性，是设置在船舶（及其附属权益）之上的权利。

第三，其所担保的不是权利人享有的主债权得以实现，而是担保义务人对义务的履行。

第四，在合同之债的主债权还没有产生时，船舶优先权业已产生。因此，船舶优先权是一种特殊的担保物权，而非主债权的附属权利。

---

① 关于船舶优先权的性质，《海商法》起草时有人认为是担保物权，有人认为是优先受偿的权利，有人认为是法律规定的优先权利（参见傅旭梅《中华人民共和国海商法诠释》，人民交通出版社 1995 年版，第 35 页），因此《海商法》第 21 条搁置了这个问题，既没有提到它的属性是担保物权，也没有提到是优先债权，即"不介入上述争议"，留待此后人们对这一问题认识得更加清楚、更加成熟时再加以解决（参见交通部政策法规司主编《〈海商法〉学习必读》，人民交通出版社 1993 年版，第 54 页）。这个遗留问题，在 30 年后的今天修改《海商法》时，应该加以解决。参见何丽新《论新民商立法视野下〈中华人民共和国海商法〉的修订》，载《中国海商法年刊》第 22 辑，大连海事大学出版社 2011 年版，第 51～57 页。

# An Analysis on the Legal Nature and Theories of Maritime Lien

## SONG Shuhua  ZHAO Jinsong

**Abstract**: The maritime lien is a fundamental core principle of maritime law, whilst there are different opinions between Chinese and foreign scholars on its legal nature, effecting its application in trials correctly. Having Studied the historical development in the last some three thousand years as well as various principles in supporting this legal regime, such as personality theory, procedure theory, credit theory and guarantee theory, being examined one by one, and reviewed most of the relevant leading precedents under English and American case laws, it is concluded that the legal nature of maritime lien under English and American laws is different from that under Chinese law: the former is a credit against the ship, whilst the latter is a regime of special guarantee outside of the Chinese *Civil Code*, laying down a legal base for understanding its legal nature deeper, enforcing it correctly and modifying the *Chinese Maritime Code*.

**Key words**: maritime lien; legal nature; personality theory; guarantee

# 海事法理论与实务问题

# 突发公共卫生事件下国际海运货物
# 应急征用的补偿问题研究[*]

方　涧　李婉婷[**]

**摘要：** 海运是国际货物运输最重要的渠道之一，但随着突发公共卫生事件等非常规事件的爆发，海运货物的财产权与主权国家的应急征用权之间形成了一种较为紧张的关系。这一紧急征用的法理基础来源于国家的"紧急自卫说"，是"自然权利"理论中"个人自卫权"在国家领域的派生，而其宪法基础则导源于宪法中对"紧急状态"的规范。从国际、国内两个维度考察，尽管已经初步形成了突发公共卫生事件应急征用的法律体系，但在征用体系内部依旧存在补偿主体不明确、补偿原则和标准模糊、程序缺位、补偿资金来源不稳定等问题。在制度建构中，应当确立"谁征用、谁补偿"的责任主体原则，以公正补偿和市价补偿为标准，建构应急征用和补偿的正当程序，保障补偿资金的来源，以此平衡海运货物的财产权与主权国家的应急征用权之间的协调性。

**关键词：** 突发公共卫生事件；应急征用；海运货物

## 引言

世界卫生组织（WHO）于 2020 年 1 月 30 日晚宣布，将新型冠状病毒肺炎疫情列为国际关注的突发公共卫生事件（Public Health Emergency of International Concern，PHEIC），全球范围内多个国家针对可能存在的传播风险采取了不同程度的直接或间接的管控措施，主要包括暂时性入境限制或隔离、加强人流和货物入境检疫、暂停或削减航班和航线、加强入港船舶检疫及管制等

---

　＊ 本文系国家社会科学基金青年项目"公共卫生立法比较研究"（项目批准号：20CFX016）的阶段性成果。

　＊＊ 方涧，浙江工商大学法学院特聘副教授，硕士研究生导师，法学博士，研究方向：行政征收。李婉婷，宁波海事法院法官助理，法学硕士，研究方向：国际法。

等。而在国际海运领域则出现了非法限制货物运输的情况，部分措施几近于征用。

应急征用是指在发生或将要发生自然灾害、公共卫生事件等突发紧急情况时，出于对公共安全、社会秩序等公共利益的需要，政府依法强制取得行政相对人财产、劳务或生产能力等的占有或使用权，并在事后返还或由政府对损失进行补偿的具体行政行为。① 而对于国际突发公共卫生事件下海运货物的应急征用而言，其法律本质是为了应对国内的紧急情况，强行限制或者剥夺海运货物的使用权，实践中通常存在征用或者征用转征收（实际上达到了与征收一致的效果）两种情形。然而目前学界对这一问题的关注存在一定程度的空缺：一方面，我国学界对"行政应急"②或者"风险行政"③的研究起步较晚，"行政应急原则"的内涵和适用相对较为粗糙，尽管我国于2007年8月颁布了《中华人民共和国突发事件应对法》，从框架上确立了应对突发公共事件的法律结构，但总体上还远远没有深入每个具体领域；另一方面，现有研究缺乏从国际法视角来分析海运货物应急征用的相关问题，尽管部分研究关涉相关财产的征用④，但并未在突发公共卫生事件的背景下进行探讨。本文试图回答在突发公共卫生事件这一非常态秩序下，一国对国际海运货物进行应急征用的国际法和国内法呈现出何种样态，在理论上如何对其证成，在制度建构上又当如何完善。

---

① 参见刘浪、李俭《非常规突发事件应急征用补偿机制》，《北京理工大学学报（社会科学版）》2012年第4期，第94～99页。

② 事实上，早在20世纪80年代末，龚祥瑞、罗豪才等学者就提出"行政应急性原则"是现代行政法治原则的重要组成部分，但是直至2003年"非典"之后，由于疫情期间政府采取了大量"于法无据"或者"形式违法"的行为，才驱使学者们逐渐意识到问题的严重性，对行政应急性原则的长期忽略，直接影响到我国行政应急法制的建设工作，导致了我国应急法制建设的落后局面。参见龚祥瑞、陈国尧《行政应变性原则》，《法学杂志》1986年第6期，第36～37页；刘莘《行政应急性原则的基础理念》，《法学杂志》2012年第9期，第7页。

③ 代表性论文如赵鹏《知识与合法性：风险社会的行政法治原理》，《行政法学研究》2011年第4期，第46～53页；王贵松《风险行政的组织法构造》，《法商研究》2016年第6期，第13～23页；金自宁《风险社会中的给付行政与法治》，《国家行政学院学报》2008年第2期，第52～56页。

④ 如江清云《国际财产征收中的若干法律问题》，《同济大学学报（社会科学版）》2008年第6期，第93～100页。

# 一、突发公共卫生事件中应急征用的基本法律体系

## （一）突发公共卫生事件中应急征用的国际法律体系

从征收征用权的一般关系和传统理论来看，尽管征收与征用并非完全相同的概念，但两者同根同源，征收乃"征用权走得更远"的结果，且对于突发公共卫生事件中的应急征用，通常也包含着征用转征收的意涵，对两者的规范通常出现在同一个条文中。为研究用词的统一性，本文将统一使用"征用"一词。

从国际法规范征用的方式而言，在国家征用权的确立过程中，与之相伴而生的是对征用范围和条件的限制，并主要存在以下三种方式。第一种方式是通过在国际法中界定或者列举"受保护的投资""不受征用的财产""需要补偿的财产"三者的范围，尤其是通过扩大"不受征用的财产""需要补偿的财产"的范围，来达到保护财产的目的。第二种方式聚焦于"征用"这一概念本身，通过对征用条款进行内容释义明确其行为的内涵，并由此判断法律性质与行为后果。第三种方式则是对征用的启动条件进行限制，通过明确征用的基本要件判断实施这一行为的合法性，从而达到限制的目的。

因为征用权直接指向财产权这一重要权利，所以业已存在众多国际文本对此问题做出规定。联合国《自然资源永久主权宣言》（*The UN Declaration on Permanent Sovereignty over Natural Resources*）是全球第一个宣布主权国家在特定条件下有权对外国投资实施征用的国际文件，在实践中具有较高的引用率和认可度，甚至被视为征用领域的国际习惯法。该法第 4 条规定："国有化、征收或者征用应当以公认的、相比单纯的本国或外国个人或私人利益更为重要的公共事业、社会安全或者国家利益等理由为依据。"在这种情况下，采取该项措施以行使其主权的国家应当根据本国现行的法规以及国际法，对财产所有人给予适当的补偿（appropriate compensation）。联合国《建立国际经济新秩序的行动纲领》（*The New International Economic Order*）第 4 条第 5 款则着重强调一个主权国家对本国自然资源的控制管理权，这是完整主权的体现，不容限制或者

剥夺。① 而联合国《各国经济权利与义务宪章》（*The Charter of Economic Rights and Duties of States*）则延续了《自然资源永久主权宣言》的基本理念和精神，强调了征用的条件及其纠纷解决机制。②

随着人员和资金全球流动的日益频繁，国际社会普遍意识到管理国际贸易的重要性，但基于商事贸易的灵活性，世界银行、经济合作与发展组织以及联合国在征收标准的制定上均无法形成一个具有普遍性与平衡性的规则，因此，在国际实践中，关于征用的法律问题通常以国际习惯法、双边投资协定（BITs）和区域贸易协定（RTAs）来解决。其中具有典型代表的是 1991 年 1 月 1 日正式生效的《北美自由贸易协定》（*North American Free Trade Agreement*，NAFTA），该协议第 1110 条对"征收与补偿"的规范成为区域贸易协定中关于征用（或征收）规定的基准和典范。该条明确了缔约国之间不得以任何形式征收另一国的财产，同时又提出了几项具体的例外情形及其应当遵循的程序和补偿，较为充分地展示了"公共利益""正当程序""公平补偿"在征收领域的要求。③ 事实上，早在 1959 年，德国与巴基斯坦签订的世界上第一个现代意义上的双边投资协定中，也已经对征收问题做出了一定规范，核心意旨也同样在于保护财产权，要求征用（或征收）权的发动必须存在公共利益和补偿，且"补偿应与投资受到的影响相当"。该条约在随后的双边投资协定中不断完善革新，呈现出征收内涵与外延不断扩张的趋势。

除了国际条约之外，国际司法实践亦是国际征用规则原则确立的重要组成部分。最早关于征用的国际司法实践来源于国际常设法院（PCIJ），而晚近关

---

① 联合国《建立国际经济新秩序的行动纲领》第 4 条第 5 款规定："每一个国家对本国的自然资源以及一切经济活动拥有完整的、永久的主权。为了保护这些资源，各国都有权采取适合本国情况的各种措施，对本国的资源及其开发事宜加以有效的控制管理，包括有权实行国有化或把所有权转移给本国国民。这种权力是国家享有完整主权的一种体现。任何国家都不应遭受经济、政治或其他任何形式的胁迫，阻挠它自由地、充分地行使这一不容剥夺的权利。"

② 联合国《各国经济权利与义务宪章》第 2 条第 2 款 c 项规定："将外国财产的所有权国有化、征收或者转移时，应由采取此种措施的国家给予适当的补偿，要考虑到它的有关法律和法规以及该国认为有关的一切情况。因补偿问题引起的任何争议均应由实施国有化的国家的法院依照其国内法加以解决，除非有关各国自由地并相互同意根据各国主权平等并依照自由选择方法的原则寻求其他的和平解决方法。"

③ 《北美自由贸易协定》第 1110 条第 1 款规定："任何缔约国不得直接或间接国有化或征收在其境内另一缔约国投资者之投资，或者对该投资采取相当于国有化或征收之措施。除非（a）出于公共目的；（b）在非歧视的基础上进行；（c）遵守法律和第 1105 款（公平与公正待遇）规定的正当程序要求；以及（d）按照本条第 2–6 款的规定进行补偿。"

于征用的仲裁实践则主要来源于根据 BITs 的争端解决条款而提起的仲裁裁决以及国内法院判决。① 这些征用案例的争议焦点或是侧重于投资者的投资利益而忽略了东道国的公共利益，或是以量化方式通过东道国公共利益与投资者利益"比例"判定是否构成征用。但核心都在于对征用要素中的公共利益这一目的要件与补偿标准及计算方法这一补偿要件的探讨。②

梳理国际条约及相关司法实践，可见征用四要件已为大部分国际条约所确认，但理论上仍缺乏对征用要件的系统性阐述。因此，目前在国际法领域，针对征用的认识主要呈现出如下特点：首先，公共利益是任何征用的前提，也是必备的目的要件，但其内涵和外延具有较大的弹性和解释空间；其次，正当法律程序是征用的程序要件，但由于缺乏统一的国际法规定，实践中所谓的正当程序主要以实行征用的国家的国内法为准；再次，非歧视原则是征用的实施要件，目前已经成为判断公共利益要件的辅助标准，且因为内容相对确定已经成为投资者和仲裁庭在提起和认定征用时首选的"突破口"；最后，"赫尔原则"③ 已经逐渐成为国际条约中泛化的征用补偿标准，但如何理解"充分""及时""有效"，尤其是如何运用"公平市场价值"来计算征用补偿的数额却存在一定的实践障碍。

## （二）突发公共卫生事件应急征用的国内法律体系

面对国际突发公共卫生事件，海运货物的应急征用涉及一体两面，一面是国际法问题，另一面也涉及复杂的国内法问题。就国内法而言，国际突发公共卫生事件下海运货物的应急征用属于"应急法律体系"的范畴，对于这一立法命题，我国的起步相对较晚，直到 2003 年"非典"疫情之后，我国应急法

---

① 主要包括伊朗—美国求偿仲裁庭、国际投资争端解决中心（ICSID）、NAFTA、欧洲人权法院的征收仲裁实践。

② See Joesph J. Lazzarotti, *Public Use or Public Abuse*, 68 UMKC Law Review 149 (1999).

③ 赫尔原则，即全部赔偿原则。由美国国务卿科德尔·赫尔（Cordel Hull）于 1938 年提出，认为实行国有化的国家有义务以"充分（adequate）、有效（effective）、及时（prompt）"的方式对财产被国有化的外国投资者支付全部赔偿。这一原则以私有财产不可侵犯为基础，以保护既得权益和反对不当得利为法律依据。

律体系建设才不断完善。① 经过 10 余年的立法建设，我国突发公共卫生事件的法律体系初步形成，而应急征用的规范也在宪法、法律、行政法规、地方性法规等中有所体现。

首先，从宪法层面而言，《中华人民共和国宪法》（以下简称《宪法》）作为我国的根本大法，规定了公民最基本的权利义务，明确保障"公民的合法的私有财产不受侵犯"，但同时也在第 13 条中为应急征用提供了宪法依据，规定当"国家为了公共利益的需要，可以依照法律规定对公民的私有财产实行征收或者征用并给予补偿"。

其次，在狭义的法律层面，主要由《中华人民共和国民法典》《中华人民共和国突发事件应对法》《中华人民共和国传染病防治法》（以下分别简称《民法典》《突发事件应对法》《传染病防治法》）等三部法律对突发公共卫生事件中的应急征用做出规定。其中，《民法典》第 245 条②、《突发事件应对法》第 12 条③针对抢险、救灾等突发事件的紧急需要，赋予了行政机关"征用单位、个人的不动产或者动产"的权力，同时规定了"返还"或者"补偿"的义务。《传染病防治法》是专门"预防、控制和消除传染病的发生与流行，保障人体健康和公共卫生"的法律，早在 1989 年就已经颁布实施，2003 年"非典"期间采取的应急征用手段主要源于该法的规定。然而当时该法仅在第 25 条规定了政府可以"临时征用房屋、交通工具"，并未对补偿做出任何规定。直到 2004 年第十届全国人民代表大会常务委员会第十一次会议审议通过

---

① 关于社会预警和应急管理的立法于"非典"疫情后逐步完善地分布在各个层级法律文件中。例如，2004 年宪法修正案通过后，第 67、80、89 条分别规定了全国人大常委会决定进入战争状态和紧急状态的权限，由国家主席宣布进入战争状态和紧急状态，国务院依照法律规定决定省、自治区、直辖区范围内部分区进入紧急状态。2003 年 5 月 9 日中华人民共和国国务院通过《突发公共卫生事件应急条例》，2004 年 8 月 28 日通过修订的《中华人民共和国传染病防治法》，2007 年 8 月 30 日通过《中华人民共和国突发事件应对法》。

② 《民法典》第 245 条："因抢险救灾、疫情防控等紧急需要，依照法律规定的权限和程序可以征用组织、个人的不动产或者动产。被征用的不动产或者动产使用后，应当返还被征用人。组织、个人的不动产或者动产被征用或者征用后毁损、灭失的，应当给予补偿。"

③ 《突发事件应对法》第 12 条："有关人民政府及其部门为应对突发事件，可以征用单位和个人的财产。被征用的财产在使用完毕或者突发事件应急处置工作结束后，应当及时返还。财产被征用或者征用后毁损、灭失的，应当给予补偿。"

了新的《传染病防治法》，才在第 45 条对此做出规定。[①] 2013 年，该法进行了进一步的修订，但关于应急征用的规定一直沿用至今。

最后，在行政法规层面，最主要的规范来自《突发公共卫生事件应急条例》，但是该条例并未对应急征用做出规定。国务院各部委也就突发公共卫生事件的应对制定了《结核病防治管理办法》《医院感染管理办法》等规定，但是对于应急征用的规定也较少。相较而言，地方人大和地方政府根据上位法制定了大量的地方性法规和地方政府规章。如上海市、云南省、江西省、河北省、安徽省、甘肃省等地方人大制定了相应的"办法"或者"条例"，四川省、江苏省、南京市、太原市等地方政府也制定了各类"规定""办法"等规范突发公共卫生事件中的应急征用行为。可以说，我国已经初步形成了一个数量繁多、体系相对完备的公共卫生应急法律体系，但是对于应急征用的规定显然还存在精细化地完善空间。

### （三）国际海运货物应急征用的基本法律关系

在国际海运货物应急征用法律关系的讨论中，仍可以沿用传统的法学理论，将其划分为法律关系主体、法律关系客体、法律关系内容等基本要素，进而一般性地概括出基本条件。需要注意的是，国际海运货物应急征用具有复杂性和特殊性，较之于一般应急征用，在基本法律关系三要素中均有一定程度的不同。

第一，法律关系的主体。突发公共卫生事件中应急征用的法律关系主体包括征用者和被征用者。海运货物并非本国公民、组织的财产，因此在征用的主体方面需要格外慎重。《突发事件应对法》笼统地规定了"有关人民政府及其部门"可以在符合规定的情况下成为应急征用的主体，但是并没有对行政机关的具体行政级别和具体部门做出规定；《传染病防治法》作为突发事件应对领域的专门法，将征用的主体限定于国务院和县级以上地方人民政府，两者的区别在于后者仅限于本辖区内，而前者可在全国范围内跨省行使征用权。被征用者主要是被征用海运货物的所有者或者从属权利者，可以是个人、集体或者单位。但因海运货物具有涉外因素及所有权转移的特殊性，如何确定被征用者

---

① 《传染病防治法》第 45 条："传染病暴发、流行时，根据传染病疫情控制的需要，国务院有权在全国范围或者跨省、自治区、直辖市范围内，县级以上地方人民政府有权在本行政区域内紧急调集人员或者调用储备物资，临时征用房屋、交通工具以及相关设施、设备。紧急调集人员的，应当按照规定给予合理报酬。临时征用房屋、交通工具以及相关设施、设备的，应当依法给予补偿；能返还的，应当及时返还。"

拥有正当诉的利益，还要同时从国际法、国内法予以确定，如 CIF（Cost Insurance and Freight）合同项下的海运货物若已约定适用《华沙—牛津规则》，则在认定被征用者时还需适用相应的国际法规范。

第二，法律关系的客体。突发公共卫生事件中应急征用法律关系的客体指的是法律主体之间权利义务所指向的对象。传统法学理论认为行政征用的客体限于财产，也即动产和不动产两大类，但是随着对财产和财产权理解的扩张，服务和劳务也成了被征用的对象。就本文的研究范畴而言，法律关系客体具有一定的特殊性，并主要体现在涉外性方面。一般意义上的应急征用发生在本国领域内，征用以本国财产或服务为客体，无须以国际条约作为合法性渊源。而作为国际海运货物应急征用法律关系客体的国际海运货物仅限于非本国财产，使得该法律关系的涉外色彩更显浓厚。

第三，法律关系的内容。突发公共卫生事件中应急征用法律关系的内容是指法律主体享有的权利和应当履行的义务。就征用主体而言，行政征用权是其根本职权，包括行政命令、制裁、监督、强制执行等，但同时又必须履行补偿的义务，在征用过程中必须严格遵守法定程序、接受监督。对于被征用人而言，主要权利为补偿请求权、知情权，而主要义务为服从、配合、协助。与一般应急征用相同，国际海运货物应急征用法律关系的内容也包括上述基本模块。但在此基础上，由于国际海运商事活动的复杂性，相关征用行为应当附有更为严格的启动条件与补偿规定，以实现对相关主体利益的最大限度保护。首先，征用命令的做出应基于对海运货物征用必要性的仔细研判，包括对征用紧迫性、征用成本及是否存在可替代物等进行分析。其次，国际海运货物的征用多发生在国际海运行为的过程中，必然会使运输行为无法继续进行而产生关联影响。这一问题在一般征用中也普遍存在，但涉外属性对此类征用的补偿提出了更高的要求，如若无法达到涵盖合法预期利益的程度，极有可能导致后续的国际经济纠纷，在征用频繁的极端情况下甚至可能影响正常的国际海运商事秩序，进而影响国际海运货物征用的合法性基础。

从上述基本法律关系的分析可以归纳出突发公共卫生事件中国际海运货物应急征用的基本条件：第一，征用必须基于"传染病疫情控制的需要"；第二，征用主体为国务院或者县级以上地方人民政府；第三，基于涉外性，征用客体限于国际海运货物及必要的配套劳务；第四，应当配备较一般征用更为严格的权限控制及补偿规定设计。

## 二、突发公共卫生事件下国际海运货物应急征用的法理基础

与一般意义上的应急征用相同，国际海运货物应急征用问题的内核同样是紧急情况下的价值权衡问题，并最终指向国际海运货物财产权向主权国家应急征用权的让位。这一行为的法理基础存在于国家自卫权理论、各国国内法以及国际公约中。

对于突发公共卫生事件下国际海运货物的应急征用而言，其法律本质是为了应对国内的紧急情况，强制限制或者剥夺海运货物的使用权，实践中通常存在征用或者征用转征收两种情形。这种限制或者剥夺尽管也属于广义上的公共利益的结果延伸，但从严格意义上讲并不等同于日常管理状态下出于公共利益的需要而对财产权的限制或者剥夺，而是行政应急原则下对行政紧急权的行使，其理论基础源于国家的"紧急自卫说"或者"国家自卫权"，是"自然权利"理论中"个人自卫权"在国家领域的派生，而其宪法基础则导源于宪法中对"紧急状态"的规范。

根据自然法学的观点，个人自卫权是与生俱来的自然权利，自我保存乃神圣不可侵犯的自然法则，并且所有自然权利的出发点都是保全自己的生命。① 为了应对无序状况下的危险境遇，人们通过缔结条约让渡部分自然权利，国家因此而成立，但自卫权作为私人空间的捍卫者被保留并形成了最基本的自卫法则。"我享有那以毁灭来威胁我的东西的权利，这是合理和正当的。"② 这种"个人自卫权"在实定法上的直接体现便是正当防卫权和紧急避险权，而国家作为政治共同体，其自卫权既是本身享有的"自然权利"的一部分，也是缔结社会契约时每个成员委托形成的结果。③ 也即国家与其他同等地位的政治实体之间同样处于自然状态而得以天然享有自卫权。同时，从形式逻辑上看，成员让渡自己的权利形成权利束赋予国家，旨在依托国家保卫成员的基本权利，而国家行使这一职能的前提是可以实现自保。

国家自卫权随着国家及国际关系的不断演变，逐步衍生出了对内和对外两

---

① 参见［英］霍布斯《利维坦》，黎思复、黎延弼译，商务印书馆 1996 年版，第 97～98 页。

② ［英］洛克：《政府论》（下篇），叶启芳、瞿菊农译，商务印书馆 1997 年版，第 12 页。

③ 参见戚建刚《法治国家架构下的行政紧急权力》，北京大学出版社 2008 年版，第 72 页。

种形态。后者诸如使用武力对抗外来侵略，前者诸如在应对事故灾难、公共卫生时间等突发社会事件时动用国家权力对公民基本权利做出必要限制，对国家部分制度、秩序做出必要调整。从某种意义上讲，这种国家自卫权具有超越实定法的属性，即使现行法律没有规定相应的应对措施，国家依然可以采取各种紧急措施应对突发事件。①

行政紧急权同样需要在法治的规范下运行，特别是从权力运行角度考量，行政紧急权必然要在宪法和法律的规范下得以规制，这是世界各国的共识与实定法实践。基于此，行政紧急权不仅具有"自然法"意义上的天然合理性，同时也满足了实定法上的"合宪性"与"合法性"。横向比较日本、德国、土耳其诸国，均在宪法中规定了紧急状态或规定了紧急状态的宣布程序与期限，美国、加拿大、澳大利亚等英美法系国家则单独制定了紧急状态法对行政紧急权予以规范，俄罗斯亦采取了同样的立法模式。而我国则在《宪法》《戒严法》《突发事件应对法》《专利法》等法律文本中对紧急状态和行政紧急权力的行使进行了规范。②

除理论渊源及国内法规定以外，海运货物应急征用的法理基础同样存身于国际公约之中。作为占据统治地位的国际贸易运输方式，海上货运承担了全球贸易运输总量的九成，为其配备统一的国际法律制度自然地成了世界各国的共同追求。在历经《海牙规则》《维斯比规则》及《汉堡规则》的发展后，2008年12月11日，联合国大会正式通过的《鹿特丹规则》对国际海上货运活动产生了规模空前的影响。《鹿特丹规则》对承运人义务及承运人赔偿责任进行了细致的规定。其中第五章第17条规定了承运人赔偿责任基础，依该条规定之精神，承运人对货物的灭失、毁损等承担赔偿责任，但后续款项补充规定：因检疫限制或政府干涉导致的货物灭失毁损，承运人责任可全部或部分免除。该条规定为解决因征用或类似的其他限制措施而引起的国际海运货物相关纠纷提供了一定指向。可见，虽然《鹿特丹规则》并未正面回应国际海运货物应急征用所产生的相关问题，其对承运人责任的有条件豁免规定却已经预见了出现此种情况的可能，体现了各国主权活动之于国际商事活动的优势地位，也从侧面印证了国际商事利益有条件地让位于更高层级利益的合理性。

---

① 参见戚建刚《法治国家架构下的行政紧急权力》，北京大学出版社2008年版，第73页。

② 需要指出的是，我国1982年宪法规定了戒严制度，但是并未规定紧急状态制度，直到2004年的宪法修正案才将"戒严"修改为"紧急状态"。但是这种紧急状态是由非战争因素引起的，对于由战争因素引起的紧急状态应根据《宪法》《国防法》《兵役法》《国防交通条例》等法律法规进行处理。

## 三、国际海运货物应急征用的主要缺陷与变革逻辑

国际海运货物应急征用作为财产权保障体系中的重要组成部分，因主体和客体的特殊性，故而在规范体系的建构中存在更大的阻碍和缺陷，并主要体现在补偿主体、补偿原则与标准、征用与补偿程序以及资金来源等方面。

### （一）国际海运货物应急征用的主要缺陷

目前我国国内相关立法中存在对国际海运货物应急征用的相关规定，但现有的制度存在以下几个方面的问题。

第一，补偿主体不明确，财产权的保障缺乏指向性。补偿主体是被征用人在遭受财产"侵害"时寻求补偿的对象，然而在现行法律中却未明确规定补偿主体。这一问题在国际海运货物的应急征用中显得尤为突出，因为对于海运货物的应急征用主要依据货物属地国的国内法，然而各国国内法的相关规定却极其模糊。例如，在我国的《突发事件应对法》中，补偿主体被笼统概括为"有关人民政府及其部门"，《传染病防治法》则将所有"县级以上地方人民政府"视为补偿主体，在其他突发事件应对的法律法规中，还有诸如"相关人民政府""处置事件人民政府"等表述。然而在实践中，应对突发公共卫生事件的行政主体具有很强的跨区域性，对国际海运货物的应急征用牵扯到大量的部门，对哪一级政府可以对该国际海运货物实施应急征用也不明确，由此，补偿主体在法律上缺乏相应规范，其部门与部门之间的沟通与协调机制也存在一定程度上的模糊性。

第二，补偿原则和标准模糊，财产权的保障缺乏明确性。公平补偿是任何行政征用都必须遵循的基本原则，《民法典》虽明确了公平、合理的补偿原则，但配套的《突发事件应对法》或《传染病防治法》均未对征用的补偿标准做出明确的规定。正因如此，在地方性法规或者规章中，通常突出"应急""象征性补偿"，出现了诸如"按征用时的市场价格给予补偿""相应补偿""依有关规定补偿"等杂乱无章的表述。① 可见，在补偿这一问题上，由于没有统一的规范，行政机关行使了较大的自由裁量权，被征用者的财产保障在各国表现出较大的差异性，各个港口和地区的差异会造成财产权保障的不平衡，因此关于补偿原则和标准的问题有必要进行慎重考量。

---

① 参见杜仪方《何为禽流感中扑杀行为的"合理"补偿——兼论风险规制与行政补偿标准的新发展》，《行政法学研究》2016 年第 3 期，第 65 ～ 74 页。

第三，应急征用和补偿程序缺位，财产权的保障缺乏程序性。应急征用在法律层面缺乏一定的程序性规范，对于应急征用的财产应当通过何种审批程序、是否需要出具征用单据、是否需要登记造册、是否需要先行估价、是否可以先行征用后补手续等问题尚未有明确规定。与此相关的是，由于缺乏应急征用的程序性规定，导致补偿程序并不统一。不少地方甚至采取"申请—审批"式，由行政相对人提出申请才能获得补偿，但同时对于补偿标准的确定程序、申请程序、补偿的期限等并无统一明确的法律规范。应急征用与补偿程序的法律缺位一定程度上影响了"程序正义"，使得被征用者的财产权缺乏程序性保障。① 更缺乏针对国际海上货运的特殊建构，征用决定做出机制以及补偿程序的介入机制目前并不完善。

应急征用补偿资金来源不稳定，财产权的保障缺乏有效性。资金保障对突发事件的应对意义重大，事实上，无论是《中华人民共和国预算法》（以下简称《预算法》）还是《突发事件应对法》或者《传染病防治法》，均对应对突发事件的经费做出了规定，但是一个值得注意的现象是，规定的内容仅涉及应急经费支出决定主体、支出程序，其用途仅涉及"预防、控制、监督"等工作，并未明确提及"补偿"。② 而资金的来源则通常依赖于政府预算，渠道狭窄，数量上也并不能完全满足《预算法》1%的下限规定。③

## （二）海运货物应急征用的变革逻辑

结合目前相关立法中对国际海运货物应急征用的法律规制所存在的问题，可以从以下几个方面进行完善。

第一，明确突发公共卫生事件应急征用中的补偿主体，落实权责一致原则。如上所述，公共卫生突发事件中应急征用权行使的合法主体为县级以上地方人民政府，由于我国公共权力所有者与行使者的二元分离、制度规定与权力运行的轨道偏差，权责背离情况十分普遍，而责任政治建设又是国家治理现代化的重要内容，因此，确立"谁征用、谁补偿"的原则显得十分必要。同时，

---

① 参见赵颖《论公共应急行政补偿——以范围和程序为主》，《理论与改革》2012 年第 1 期，第 137～140 页。

② 《预算法》第 14、15、16、32 条，《突发事件应对法》第 31、49 条规定了应急资金来源之一的各级预备费动用方案的决定主体、预备费规模设置，但对预备费的使用并未有相应规定。

③ 《预算法》第 40 条规定："各级一般公共预算应当按照本级一般公共预算支出额的百分之一至百分之三设置预备费，用于当年预算执行中的自然灾害等突发事件处理增加的支出及其他难以预见的开支。"

由于海运货物征用的标的一般较大，为保证征用决定内容的科学及后续给付义务履行的流畅，对于海运货物的应急征用权也应当赋予县级以上地方人民政府。这一原则简单明确地确定了征用补偿的义务主体，也相对合理地划分了县、市、省级地方人民政府的补偿责任。当征用的海运物资用于县域范围内时，县级地方人民政府行使征用权并通过县级财政予以补偿。当应急征用的物资进行流通，跨县域使用之时，此时的补偿责任由上级地方人民政府承担。这样做可以减轻县级地方人民政府的负担，也可以较为合理地实现应急资源的有效配置。当然，对于相对欠发达的地区，应当通过转移支付的形式落实征用补偿，但就法律关系而言，补偿主体依旧是行使征用权的主体。①

第二，确立公正补偿的原则和市价补偿的标准。我国行政补偿制度最大的问题就在于标准过低，且不够精细化，这一点在征用领域体现得尤为明显。一方面，由于"公共利益—私人利益"之间的微妙关系，让立法者在价值倾向上更注重前者；另一方面，我国的立法技术、市场化程度、法治环境等均存在较大的完善空间。但是现代法学理论与法治发展告诉我们，财产权的社会义务与征用有着本质区别，国家虽然可以为了公共利益的需要征用财产，但也必须以公正补偿为前提，而按市场价进行补偿是最公平合理的方式，也即要让财产像"未被征用"一样。② 具体而言，对于因为使用而导致折旧的，应当补偿折旧部分；对于可以恢复原状的，应当采取合理措施恢复原状；对于无法恢复原状或者灭失的，应当按照市场价格进行补偿，补偿范围应当涵盖被征用财产、因征用而产生的其他成本（如燃油、吊装成本）以及其他不能避免的附带损失（如同船其余货物因征用程序造成的损坏变质等）。同时，对部分不支持多次使用或难以长期保存的海运货物，即使以"应急征用"为名对其实施控制，但事实上已经构成了"征用"，此时也应当按照市场价值进行补偿。③ 此外，如若征用时间较短且被征用财产返还后不妨碍承运人继续履行运输义务的，还应当将承运人等待时间内的必要支出纳入补偿范畴。

第三，建构应急征用和补偿的正当程序。行政程序的正当性是衡量行政行为合法性的重要标准，对于应急征用而言，则是规范征用权合法行使、落实财产权有效保障的重要因素。改变应急征用"重实体轻程序"现状的核心在于

---

① 参见王敬波《略论政府应急征用法律制度的完善》，《行政法学研究》2011 年第 4 期，第 16～24 页。

② See Frank I. Michelman, *Property, Utility, and Fairness: Comments on the Ethical Foundations of "Just Compensation" Law*, 80 Harvard Law Review 1165 (1967).

③ 参见薛峰等《疫情防控应急征用的法律风险与合法性规制》，《法律适用》2020 年第 6 期，第 80～90 页。

细化征用和补偿的流程，尤其是注重信息的公开。对于应急征用程序而言，应该出具征用通知书、填写征用清单、告知救济途径和期限、告知解除征用和进行补偿的信息等。其中，在通知书中应当用多种语言载明征用单位名称、地址、联系方式、执行人员姓名、征用用途、征用时间以及征用财产的名称、数量、型号等内容。上述内容应当统一制定相应的格式，登记造册，情况特别紧急时，可以依法先行征用，事后及时补办手续。对于应急征用的补偿程序而言，解除征用后应当根据财产的具体情况做出不同的处理。首先应当下达相应的"解除征用告知书"，告知相关财产的使用状况、补偿的方式、补偿的时间、相应的估价、返还财产的时间，以及无法达成一致补偿意见的救济途径，等等。同时，应当公示受偿人员名单、受偿方案等内容，接受社会监督。应当注意，国际海运货物征用的便捷程度不及一般的征用行为，应当格外重视征用部门的介入时间，明确征用预告、正式征用等一系列时间安排，为承运人与托运人的沟通提供充足的时间，方便各方利益主体的充分参与，使征用对象清单、补偿对象清单的制定及补偿标准的确定更具民主性与科学性，并在各个环节中及时与货物承运人、托运人进行意见交换，确保征用的稳定开展，尽可能避免产生纠纷。

第四，保障突发公共卫生事件应急征用补偿的资金来源。目前经费来源不稳定的主要原因在于预算不足且来源渠道单一。经费是最核心、最基础的保障，即使明确了责任主体、建构了补偿标准、执行了正当程序，倘若没有充足的资金进行补偿，行政相对人的财产权保障也只是空中楼阁。因此应当从两方面入手：一方面，提高应急经费的预算比例，同时在经费中设立专项资金作为应急征用补偿款，并逐年提高额度，各主要国际货运港口所在地尤其应当重视补偿资金的积累及动态平衡；另一方面，建立多样化的财政应急资金来源，完善预备费的计提比例，在必要时可以加大上级政府对下级政府的转移支付力度。

## 四、结语

国际海上货物运输作为国际货物运输最重要的渠道之一，在促进国际贸易、强化国际分工等领域发挥了极为重要的作用。但是随着国际突发公共卫生事件等非常规事件的爆发，海运货物的财产权与主权国家的应急征用权之间形成了一定的紧张关系。无论是从国际法体系还是从我国的国内法体系来看，对于应急征用的规范均较为笼统化和原则化，因此在未来的制度建构中，一方面要加强国际法与国内法之间的制度衔接；另一方面也要重点完善国内应急征用的法律制度，明确应急征用中的补偿主体，确立公正补偿的原则和市价补偿的标准，建构应急征用和补偿的正当程序，保障突发公共卫生事件应急征用补偿的资金来源。最后需要强调的是，完善应急征用法律制度的目的不是为了论证应急征用的合法性，从法理上赋予其正当性，而是通过对程序、标准、条件等的严格设定，控制国家征用权的过度行使，平衡海运货物的财产权与主权国家的应急征用权之间的协调性。

# Research on Compensation of International Maritime Cargo Emergency Requisition in Public Health Emergency

## FANG Jian   LI Wanting

**Abstract**: Maritime transport is one of the most important channels for international cargo transport. However, with the outbreak of international public health emergencies and other unconventional events, there is a certain tension between the property right of maritime cargo and the emergency eminent domain of sovereign states. The legal basis of this emergency requisition comes from the "emergency self-defense theory" of the state, which is the derivation of "individual self-defense right" in the theory of "natural rights" in the state domain, and its constitutional basis originates from the Constitution's regulation of "emergency state". From the international and domestic dimensions, although the legal system of emergency expropriation for public health emergencies has been initially formed, there are still some problems in the expropriation system, such as unclear compensation subjects, ambiguous compensation principles and standards, absence of procedures, and unstable sources of compensation funds. In the construction of the system, we should establish the principle of "who expropriates, who compensates", construct the due process of emergency expropriation and compensation based on the standard of fair compensation and market price compensation, and guarantee the source of compensation funds, so as to balance the coordination between the property right of maritime goods and the emergency expropriation right of sovereign states.

**Key words**: public health emergency; emergency requisition; maritime cargo

# "权能共享与行使"视域下海事赔偿责任限制权利主体的认定

詹雅芳[*]

**摘要：** 长期以来，关于海事赔偿责任限制权利主体的认定，司法界与学界争议不断。但不论是20世纪英国法院提出的"准船舶所有人"法律解释，还是后来中外法院较为认可的文义解释加目的解释等法律解释路径，抑或是学界归纳总结的"基于对船舶的所有标准"路径和"基于对船舶的经营或收益标准"路径，在海事赔偿责任限制权利扩张的趋势下，责任限制主体的认定结果依旧矛盾。虽然后两种路径打开了从物权角度探索责任限制主体认定的新视域，但仍无法摆脱其理论基础，即"权能分离""权能让与"理论的内在缺陷，对船舶占有、使用、收益等权能分离、让与情况进行详细阐释的力度存在不足。为弥合前述路径之缺憾，以"权利行使"为逻辑线索，提出"权能共享与行使"的新理论，以突破"权能分离"与"权能让与"之藩篱，从"权能分离""权能让与"走向"权能行使"，构建以"船舶占有、使用、收益权能行使"为核心的责任限制主体认定新路径。该路径有益于厘清权责关系、明晰责任主体、实现权责一致，有益于激励最优预防，实现风险最优分配，以达至公平。

**关键词：** 海事赔偿责任限制；权能行使；船舶承租人；船舶所有人责任限制

海事赔偿责任限制权利主体[①]，是指对一次海损事故所引起的特定海事请求享有责任限制权利的主体。在船舶运营模式单一化的过去，海事赔偿责任限

---

　* 詹雅芳，上海海事大学国际法学硕士，上海市锦天城律师事务所律师助理，研究方向：海商法。

　① 文章中的"海事赔偿责任限制权利主体"，简称"海事赔偿责任限制主体""责任限制主体"；文章中的"责任限制"除另有说明外，仅指"海事赔偿责任限制"；本文不对"权利"和"权能"两种表述做过多区分，"权利行使"亦代表"权能行使"。

制权利主体仅限于船舶所有人，但随着海上运输分工精细化、船舶运营模式多样化以及船舶所有权与经营权的逐渐分离，责任限制主体的范围亦随海上活动主体的日益增多而逐步扩展到船舶经营人、船舶承租人、救助人、责任保险人等众多海事主体。但是，在这些新纳入的责任限制主体中，因《1924年统一海船所有人责任限制若干法律规则的国际公约》（以下简称1924年公约）、《1957年海船所有人责任限制公约》（以下简称《1957年公约》）、《1976年海事赔偿责任限制公约》（以下简称《1976年公约》）与各国海商法尚未对其概念以及具体应纳入责任限制范围的主体类型进行清晰界定，致使实务中发生海损事故后，关于海事赔偿责任限制权利主体的认定仍存在争议。其中，以船舶承租人这一责任限制主体识别的争议尤为凸显。

## 一、海事赔偿责任限制权利主体范围认定之争

依我国《海商法》第四章及第六章规定可知，船舶承租人应包括光船承租人、定期租船人和航次租船人，故以此类推，在《海商法》第204条[①]未另有规定时，其所指"船舶承租人"理应包括光船承租人、定期租船人和航次承租人。但由于在《1957年公约》与《1976年公约》中，并未明确规定何种类型的租船人可享有责任限制，使得国内外不少学者认为，作为责任限制主体的船舶承租人类型应存在限制，并不当然地包括航次承租人、定期租船人等，且实务中国内外各法院对此的理解亦有所不同。[②]

（一）航次承租人的海事赔偿责任限制权利主体地位之争

譬如，在"航次承租人是否是海事赔偿责任限制权利主体"的问题上，

---

① 《中华人民共和国海商法》第204条："船舶所有人、救助人，对本法第二百零七条所列海事赔偿请求，可以依照本章规定限制赔偿责任。前款所称的船舶所有人，包括船舶承租人和船舶经营人。"

② 司玉琢、胡正良、杨良宜在各自著作中认为航次承租人享有海事赔偿责任限制权利，李天生、何丽新以及一些研究生在其论文中亦认为航次承租人享有责任限制，王淑梅、傅廷中则认为航次承租人不是海事赔偿责任限制主体。

英国高等法院托马斯（Thomas）法官曾在 The "Aegean Sea" 轮案①中判决道："《1976 年公约》中享受责任限制权利的船舶承租人必须是以准船舶所有人（qua shipowner）身份行事并承担责任的船舶承租人，而航次承租人并非以准船舶所有人身份行事且承担责任的船舶承租人，故而其不应享有海事赔偿责任限制。"② 此后，在 The "CMA Djakarta" 轮案③中，英国伦敦仲裁机构及英国高等法院大卫·斯蒂尔（David Steel）法官亦认可托马斯法官在 The "Aegean Sea" 轮案中关于船舶承租人责任限制问题的论述，并声明 The "CMA Djakarta" 轮案应受 The "Aegean Sea" 轮案生效判决之约束。④ 我国广州海事法院与广东省高级人民法院亦在"锦航 18"轮案中认为，航次承租人并非《海商法》中规定的海事赔偿责任限制主体，不享有海事赔偿责任限制。⑤

然而，在 2010 年"亚洲火星"（Asian Mars）轮案中，上海海事法院却认为，《海商法》第 204 条规定的"船舶承租人"应当包括光船租赁、定期租船和航次租船或以其他合法方式进行租赁的承租人，航次承租人可享有海事赔偿责任限制权利。⑥ 厦门海事法院亦在 2013 年"福顺 66"轮案中判决道，作为

---

① 在 1992 年 The "Aegean Sea" 轮案中，爱琴海贸易商公司（Aegean Sea Traders Corporation）和雷普索尔石油国际有限公司（Repsol Oil International Ltd.）签订航次租船合同。在航次租船期间，"Aegean Sea"轮在卸货港拉科鲁尼亚（La Coruna）港靠泊过程中发生触礁事件。爱琴海贸易公司向雷普索尔石油国际有限公司提起索赔，雷普索尔石油国际有限公司主张，其在承担相应损害赔偿责任的基础上，应享有海事赔偿责任限制。英国高等法院托马斯法官认为，从英国责任限制立法的发展历史，以及《1976 年公约》的结构与措辞来看，享受责任限制权利的承租人必须是以准船舶所有人（qua shipowner）身份行事并承担责任的承租人。而作为承租人的雷普索尔石油国际有限公司并非以船舶所有人的身份行事，其不应享有海事赔偿责任限制。故在最终判决中，英国高等法院拒绝了雷普索尔石油国际有限公司的海事赔偿责任限制请求申请。

② See Aegean Sea Traders Corporation v. Repsol Petroleo S. A. and Another (The "Aegean Sea"), 2 Lloyds Rep. 39 (1998).

③ 在 The "CMA Djakarta" 轮案中，达飞航运公司与克拉希卡航运公司于 1999 年 4 月 9 日签订定期租船合同，达飞航运公司为出租人，克拉希卡航运公司为定期租船人。在二者的纠纷仲裁中，克拉希卡航运公司辩称，自己已设立海事赔偿责任限制基金，对达飞航运公司向其提出的船舶爆炸索赔享有责任限制。但仲裁庭认为，案件应受 1998 年 The "Aegean Sea" 轮案生效判决的约束，因而作为承租人的克拉希卡公司无权享有责任限制。

④ See CMA CGM S. A. v. Classica Shipping Company Limited (The "CMA Djakarta"), 2 Lloyd's Rep. 50 (2004), 1 Lloyd's Rep. 460 (2004).

⑤ 参见"唐山中海宁兴物流有限公司诉中国太平洋财产保险股份有限公司厦门分公司海上货物运输合同纠纷案"(2017) 最高法民再 69 号。

⑥ 参见"华泰财产保险股份有限公司北京分公司诉浙江中远国际货运有限公司温州分公司海上货物运输合同纠纷案"(2010) 沪海法商初字第 349 号。

"福顺66"轮航次承租人的鹏远公司符合《海商法》之规定，享有海事赔偿责任限制。① 由此可知，在航次承租人究竟是否是海事赔偿责任限制权利主体的问题上，中外法院观点各不相同，未有统一定论。

### （二）定期租船人的海事赔偿责任限制权利主体地位之争

相较于在航次承租人责任限制主体地位认定方面的激烈争议，实务界在定期租船人这一船舶承租人类型上的争议有所缓和，尤其在 The "CMA Djakarta" 轮案后，国内外法院的意见逐渐趋于一致。

在 The "CMA Djakarta" 轮英国高等法院案中，大卫·斯蒂尔法官认为托马斯法官在 The "Aegean Sea" 轮案中对船舶承租人的身份定位正确合理。定期租船人虽是船舶承租人，但其并非《1976年公约》中以准船舶所有人身份行事并承担责任的船舶承租人，故其无权享有责任限制。但是，在该案上诉至英国上诉法院后，上诉法院朗莫尔（Longmore）大法官却否定了托马斯法官和大卫·斯蒂尔法官的判决观点。朗莫尔法官认为将海事赔偿责任限制主体中的"船舶承租人"曲解为"准船舶所有人"是不符合公约解释规则和立法精神的，"船舶承租人"一词应当按照通常的文义解释理解。因此，《1976年公约》中"船舶承租人"应当包括定期租船人，定期租船人有权享有责任限制。②

我国在"定期承租人是否享有海事赔偿责任限制权利"方面的争议则更少，较一致地认为定期租船人应享有海事赔偿责任限制。如上海海事法院对2008年"生松1号"轮案的判决认为，我国《海商法》第204条规定中的"船舶承租人"包括定期租船人，作为"生松1号"轮定期租船人的洋浦中良公司享有海事赔偿责任限制。③

### （三）箱位承租人的海事赔偿责任限制权利主体地位争议

箱位承租人是新型船舶租赁形式——"集装箱箱位租赁形式"下诞生的新海事主体，其是否属于船舶承租人的范畴，立法上尚未明确。虽然波罗的海国际航运公会（The Baltic and International Maritime Council, BIMCO）认为，

---

① 参见"东方先导糖酒有限公司诉洋浦鹏远服务有限公司万安县航运公司汕头市福顺服务有限公司海上货物运输合同纠纷案"（2013）厦海法商初第385号。

② See CMA CGM S. A. v. Classica Shipping Company Limited（The "CMA Djakarta"），2 Lloyd's Rep. 50（2004），1 Lloyd's Rep. 460（2004）.

③ 参见"长葛市康业废旧物资有限公司诉泰州市生松船务有限公司等船舶碰撞损害赔偿纠纷案"（2007）沪海法商初字第549号。

集装箱箱位租赁兼具定期租船和航次租船两者的特性，是一种非典型的混合租赁形式，属于船舶租赁，其主体箱位承租人应属于船舶承租人的范畴，但箱位承租人是否属于《1976 年公约》中的"船舶承租人"则另当别论。① 对于箱位承租人的海事赔偿责任限制主体地位认定还有赖于对箱位租赁形式的定性判断。若认为箱位租赁在性质上类似于定期租船，则箱位承租人可按定期租船人的责任限制主体地位进行认定；若将其性质定性为类似于航次租船，则应按航次租船人的责任限制主体地位进行认定。但因航次承租人、定期租船人在其是否是海事赔偿责任限制主体一问上本身就存在争议，故而使得以该种认定方式所得之结论存在瑕疵。箱位承租人是否享有海事赔偿责任限制权利一问，亦无准确定论。

## （四）众争议之下的问题本质

虽然，在航次承租人、定期租船人、箱位承租人是否是海事责任限制主体的争议中，各争议之间看似相互独立，但依据事物的共性与个性原理可知，在航次承租人、定期租船人、箱位承租人是否是海事赔偿责任限制主体的争议上应存在共性。同为船舶承租人，判断航次承租人、定期租船人、箱位承租人是否是海事赔偿责任限制主体之问不仅应从各自独立的角度出发思考，亦应从船舶承租人乃至整个海事主体的视角进行体系化分析，我们亦应该通过问题表象看到问题的本质。

### 1. "船舶承租人"等主体范围界定模糊

实际上，无论是关于已有承租人类型"航次承租人""定期租船人"的责任限制主体地位争议，还是新兴承租人类型"箱位承租人"的责任限制主体地位争议，依目前司法裁判所呈现的理由来看，其意见分歧的核心主要源于立法上对海事赔偿责任限制中"船舶承租人"概念（内涵与外延）界定的模糊。同时，除"船舶承租人"内涵与外延的不明确外，关于"船舶经营人、船舶管理人（我国海商法尚未把船舶管理人纳入责任限制主体的范围）"等其他主体亦存在概念界定不清晰的问题。如青岛海事法院在 2001 年烟台集洋集装箱货运有限责任公司申请海事赔偿责任限制案中所阐述的，无论是由《中华人民共和国船舶登记条例》还是由《1986 年联合国船舶登记条件公约》中关于船舶经营人规定所推断出的船舶经营人的内涵与外延，都不必然适用于海商法中的"船舶经营人"，换言之，海商法中"船舶经营人"的外延应大于船舶登

---

① 参见海洋行政体制改革的法律保障研究课题组《集装箱箱位承租人海事赔偿责任限制问题研究》，《法学杂志》2014 年第 6 期，第 93 页。

记条例上"船舶经营人"的外延。①故此，主体概念界定模糊是当前海事赔偿责任限制主体认定中的主要问题与困难。

2. 海事赔偿责任限制权利主体认定标准缺失

但深究问题本质，主体概念界定的不明确也只是表面原因，问题的根源还在于海事赔偿责任限制权利主体认定标准、内在逻辑体系的缺失。主体概念界定不明确应是法律本身滞后性与局限性所致，今时的概念内涵与外延终究会因时势变迁而处在不断变化之中。当实务中出现了当时立法未预测到的新兴主体时，即使彼时概念就当时状况而言已相对明确，也还是易因新主体的出现而冲击其所谓的"明确性"。此时，立法既可能将原有主体概念的外延进行扩展，亦可能维持原概念定义而重新对新兴主体设置新的主体概念类型。这样一来，以解决主体概念界定问题为核心的思路，也只能解一时之困，而终非长久之策。然则，若细究这表面原因背后之深层含义，可知无论是明确"船舶承租人""船舶经营人"等现有责任限制主体的具体范畴，抑或是分析新兴的"箱位承租人""多式联运经营人"等主体的性质，能否将它们纳入责任限制主体的"篮子"中，关键在于该主体是否符合责任限制主体认定的标准。只有符合了该标准的航次承租人、定期租船人、箱位承租人、多式联运经营人等，才可能被承认为海事赔偿责任限制中的"船舶承租人""船舶经营人"等，而无须囿于责任限制中"船舶承租人""船舶经营人"等概念为何、界定明确与否。

一言以蔽之，在众多争议之下，其真正反映的问题应是海事赔偿责任限制权利主体认定标准的缺失。

## 二、海事赔偿责任限制权利主体认定路径的变化与分析

对此，实务界与学界已有不少学者展开研究，并提出"以文义解释和目的解释等多种法律解释方法并用""基于对船舶所有的标准""基于对船舶经营或收益的标准"等认定路径，但这些认定路径是否有易于厘清争议，仍有待进一步解释与实践考证。②

---

① 参见"烟台集洋集装箱货运有限责任公司申请海事赔偿责任限制案"（2001）青海法海事初字第 49 号。

② 目前，我国学界中关于海事赔偿责任限制的研究亦有不少，以知网数据库检索为例，其中关于海事赔偿责任限制研究的博士论文有 2 篇、硕士论文 140 多篇、中文学术期刊 290 多篇、外文学术期刊 8 篇，但其中关于其责任限制主体的研究仍不多。

（一）从"准船舶所有人"法律解释到多种法律解释并用

《1976 年公约》对船舶所有人的定义是"the shipowner means the owner, charterer, manager or operator of a seagoing ship"，换言之，在《1976 年公约》中，作为责任限制主体的"船舶所有人"应包括狭义的船舶所有人、船舶承租人、管理人、经营人。但由于该公约并未在接下来的内容中就这些主体进行具体解释，致使在语义理解上难以把握属于责任限制主体范畴的船舶承租人、管理人、经营人的概念，故而在早期，有部分法官认为，"从《1976 年公约》规定表述上看，公约制定者既已将'船舶承租人、管理人、经营人'置于'shipowner'（船舶所有人）的定义之中，则该范畴内的船舶承租人、管理人、经营人就必须具有与船舶所有人相同的特点"，于是便有了"准船舶所有人"的说法。而这一说法也首次出现于托马斯法官在 The "Aegean Sea" 轮案的判决词之中，其如此写道：责任限制主体中的船舶承租人是船舶所有人的一部分，其不能根据"船舶承租人"本身自有的含义进行解释，而应按照船舶所有人的含义将此处的"charterer"解释为以准船舶所有人身份行事并承担责任的"qua shipowner"（准船舶所有人）。①

但很快，这样的观点便在 2008 年 The "CMA Djakarta" 轮英国上诉法院案中被推翻。朗普尔法官认为，在公约未对"承租人"等具体类型和构成要件进行规定时，要界定"承租人"等词的含义，首先需要通过法律解释的方法予以阐释。依据 1969 年《维也纳条约公约》第 31 条和第 32 条规定中确立的公约解释规则，公约条文应依据其用语所具有的通常意义，结合上下文并参照公约的目的和宗旨诚信解释。②对于意义仍不明确或矛盾之处，可依据公约起

---

① See Aegean Sea Traders Corporation v. Repsol Petroleo S. A. and Another（1998）2 Lloyds Rep. 39; Gard Marine & Energy LTD v. China National Chartering CO LTD And Another（2017）35UKSC Lloyd's Rep. 521、549.

② 参见邬先江、陈海波《海事赔偿责任限制制度的法理基础及其历史嬗变》，《浙江社会科学》2010 年第 11 期，第 18 页。

草和制定过程的有关背景资料来解释。①朗普尔法官认为，船舶承租人是否从事船舶所有人的行为是难以区分的，在《1957年公约》与《1976年公约》背景资料无特别规定说明的情况下，应按照词的通常意思理解。②

因此，在 The "CMA Djakarta"轮英国上诉法院案后，实务界开始采纳朗普尔法官的观点，依《维也纳条约法公约》中的解释规则，按照文义解释和目的解释等多种法律解释方法并用的方式，对"船舶承租人"等主体进行具体解释，以确定责任限制主体的范围。

### （二）从"基于对船舶所有的标准"到"基于对船舶经营或收益的标准"

虽然，法律解释是法律适用的必由之路，但除对法律适用进行解释外，对法律的理论性探索和研究亦是不可或缺的。自"准船舶所有人"法律解释提出始，学者们已渐有意识地从物权角度思考海事赔偿责任限制主体认定的标准。其中，认可度最高的便是"基于对船舶所有的标准"与"基于对船舶经营或收益的标准"认定路径。

1. "基于对船舶所有的标准"理论路径

"基于对船舶所有的标准"又称为"以船东身份作为说"，其源于早期的海事赔偿责任限制观念。在航运发展早期，船舶运营事项基本由船舶所有人负责，船舶所有权与经营权尚未出现分离，船舶占有、使用、收益等各项权能大都归于船舶所有人一人享有并行使，因而相应的责任风险也由船舶所有人一人承担。但因早期航运技术落后、船舶所有人抵御风险能力弱，而由海上风险带来的损害赔偿责任却无比巨大，在这种责任与风险匹配失衡的背景下，为保护和鼓励船舶所有人经营航运事业，世界各国开始赋予船舶所有人享有责任限制的权利，如英国的《1734年船舶所有人责任法》和美国的《1851年船舶所有

---

① 1969年《维也纳条约公约》第31条解释通则："一、条约应依其用语按其上下文并参照条约之目的及宗旨所具有之通常意义，善意解释之。二、就解释条约而言，上下文除指连同弁言及附件在内之约文外，并应包括：（a）全体当事国间因缔结条约所订与条约有关之任何协定；（b）一个以上当事国因缔结条约所订并经其他当事国接受为条约有关文书之任何文书。三、应与上下文一并考虑者尚有：（a）当事国嗣后所订关于条约之解释或其规定之适用之任何协定；（b）嗣后在条约适用方面确定各当事国对条约解释之协定之任何惯例；（c）适用于当事国间关系之任何有关国际法规则。四、倘经确定当事国有此原意，条约用语应使其具有特殊意义。"

② See CMA CGM SA v. Classica Shipping Co Ltd (The CMA Djakarta) [QBD (Comm Ct)] 2 Lloyd's Rep 50 (2003), (CA) EWCA Civ 114 (2004), 1 Lloyd's Rep 460 (2004).

人责任限制法》等，但这些责任限制法仅将责任限制主体限定于船舶所有人。又因船舶所有权作为判断船舶所有人的唯一标准，故而在责任限制主体认定上，便采纳了以船舶所有权归属判断为核心的"基于对船舶所有的标准"。可以说，这种标准是"船舶所有人责任限制法"时代下的历史产物。

2. "基于对船舶经营或收益的标准"理论路径

"基于对船舶经营或收益标准"是指以对船舶经营享有一定话语权，占有、控制船舶，并以此获得收益的标准。该标准的出现主要源于现代航运发展过程中船舶所有权权能的分散。

在航运经营与船舶所有相分离的现代，船舶所有者与经营者往往不是同一主体，因而对船舶所有的识别不等于对船舶经营的识别。之所以发生船舶经营与所有的分离，是因为船舶所有权权能发生了分散。在船舶所有权权能分散的作用下，实际占有、控制、经营船舶，并对此进行收益的主体并非船舶所有人，而是实际享有并行使船舶占有、使用、收益等部分权能的海事主体——实际的船舶经营者。然而，在权能分散与船舶经营过程中，虽然船舶所有者与经营者发生分离，但经营风险的承担者与船舶经营者却并未发生分离。因此，在权能分散的过程中，船舶经营风险的承担者依旧是船舶经营者。那么，在风险与责任平衡的原则基础上，船舶经营者便顺理成章地成为风险责任的承担者，并且有了风险责任承担者应享有责任限制权利的正当理由，这样的逻辑推理也符合《1976年公约》所规定的责任限制主体特征。[①] 因此，该类主体能成为责任限制主体，不是基于对船舶的所有，而是基于对船舶的经营或收益。[②]

故而，在船舶所有权权能分散的背景下，海事赔偿责任限制主体的认定标准从开始的"基于对船舶所有的标准"逐渐发展至"基于对船舶经营或收益的标准"。[③] 与此同时，"基于对船舶所有的标准"下以船舶所有权归属为核心的判断路径亦转变为对船舶所有权中能够反映船舶经营和收益的船舶占有、使用、收益三项主要权能归属的判断。

---

[①] 如《1976年公约》所规定的船舶承租人、船舶经营人、船舶管理人等主体并非法律上的船舶所有人，他们只是通过行使船舶所有权中的部分权能，来实现对船舶的占有、经营、收益，并没有处分船舶的权利。

[②] 参见林彦彦《船舶承租人的海事赔偿责任限制问题研究》，大连海事大学2010年硕士学位论文，第22页。

[③] 参见徐岸坤《船舶承租人的海事赔偿责任限制主体问题研究》，华东政法大学2016年硕士学位论文，第10页。

### （三）两种理论路径的局限性分析

但无论是"船舶所有人责任限制法"时代下的"基于对船舶所有的标准"，还是"船舶所有权权能分离"背景下"基于对船舶经营或收益的标准"，二者在海事赔偿责任限制主体认定问题上仍各有不足。

1. 两种理论路径的局限

"基于对船舶所有的标准"的理论核心在于对船舶所有权归属的判断，而"基于对船舶经营或收益的标准"的理论核心则在于对反映船舶经营和收益的占有、使用、收益权能的归属判断。两者相比，后者扩大了主体认定的范围，使得仅享有船舶占有、使用、收益权能的光船承租人、定期租船人等亦成为海事赔偿责任限制主体，突破了船舶所有权归属判断下海事赔偿责任限制主体囿于狭义船舶所有人范畴的禁锢，顺应了船舶所有权权能分散背景下，航运的发展和海事赔偿责任限制权利扩张的趋势。但在对船舶占有、使用、收益权能的归属判断上，各家意见纷纷，难有定论，致使在最终的海事赔偿责任限制主体范围认定上仍存在争议。

其中，颇具争议的便是对航次承租人是否享有船舶占有、使用、收益权能的判断。在"基于对船舶经营或收益的标准"下，一些学者认为，因航次租船合同本质上是海上货物运输合同，而非船舶租用合同，航次承租人对船舶享有的控制力和收益力极其微弱，甚至可忽略不计。[①] 因而，航次承租人并不享有船舶占有、使用、收益权能，不属于责任限制主体范畴。[②] 另一些学者则认为，航次承租人虽相较于期租承租人与光船承租人而言，对船舶的占有控制力微弱，但航次承租人在参与船舶经营或收益的过程中，尤其是当航次承租人租舱位后转租时，仍需对外承担所有人责任，故其应是船舶占有、使用、收益权能的享有者，应属于责任限制主体范畴。就此，航次承租人究竟是否享有船舶占有、使用、收益权能未有统一说法，依据对船舶占有、使用、收益权能归属的判断路径也未能发挥效用。

2. 未能引入"权能比例"这一概念及理念

然则，在航次承租人等主体上为何会存在对船舶占有、使用、收益权能归

---

① 参见李天生《论航次承租人海事赔偿责任限制权》，《大连海事大学学报（社会科学版）》2015年第5期，第57页。

② 傅廷中在《海事赔偿责任限制与承运人责任限制之辩》一文中认为，航次承租人不享有船舶占有、使用、收益权能，航次承租人不是海事赔偿责任限制主体。徐岸坤等硕士研究生在其论文中认为航次承租人不是海事赔偿责任限制主体。

属认定不清的现象？其中缘由主要源于对船舶占有、使用、收益权能归属判断的理论基础——"所有权权能分离说"和"部分内容让与说"未引入"权能比例"之概念，致使在分析船舶占有、使用、收益权能归属判断时，因未考虑"权能比例"因素之影响，而使得对船舶占有、使用、收益权能归属的判断亦不准确。

所谓所有权权能分离说，是指作为所有权内容的权能，在所有人自愿的情况下将权能分离出所有权本体，形成某类限制物权。在物权的基础理论研究中，所有权权能分离说一般分为"概括权能分离说"和"具体权能分离说"。其中，"概括权能分离说"是在德国物权法的理论基础上衍生而来，其主张将所有权内容进行抽象化[①]；"具体权能分离说"则是在苏联民法学的基础上发展起来的，主张将所有权具体化为由占有、使用、收益、处分四项权能构成[②]。所谓所有权部分内容让与说，又称"所有权权能让与说"，是指作为所有权内容的权能，在所有人自愿的情况下将部分权能以合适的"对价"让与他人，从而形成他人手中的限制物权。"所有权部分内容让与说"主要诞生于日本学界，其既不同于德国物权法的所有权内容整体抽象化，又不同于苏联民法中的所有权权能具体化，而是将所有权的权能抽象为使用、收益、处分三项功能。我国在权能分散让与问题上主要采"具体权能分离说"。但无论是"所有权权能分离说"还是"所有权部分内容让与说"，均未引入"权能比例"之概念，以至于在权能分离、让与过程中无法对权能归属的判断做出定量分析，而只能在其意识范畴内，四舍五入地将分离或是让与出的权能笼统地归于某一主体，从而确认该主体是否符合相应标准。

对于各学者在航次承租人是否享有船舶占有、使用、收益权能问题上的争执而言，在船舶运营过程中，无论是光船租赁，还是定期租船，抑或是航次租船，凡是在需涉及占有控制船舶的运营模式下，船舶所有人都需将船舶所有权中的占有、使用、收益权能进行分离或是让与。但不同的运营模式之间，船舶所有人对船舶所有权权能分离或是让与的程度不同，即船舶所有人与其他海事主体之间就船舶的占有、使用、收益权能享存存在一定比例问题，否则仅依船舶所有权权能分离或是让与将无法区分光船租赁与定期租赁或是航次租赁。而在"基于对船舶经营或是收益的标准"下，部分学者之所以将航次承租人排

---

① 参见蔡立东《从"权能分离"到"权利行使"》，《中国社会科学》2021年第4期，第89～90页。

② 参见蔡立东《从"权能分离"到"权利行使"》，《中国社会科学》2021年第4期，第90～91页。

除在外,是因其将"船舶经营或收益的标准"与"船舶占有、使用、收益权能的主要享有者"等同起来。依照所有权权能分离说和让与说之观点,航次承租人应为船舶占有、使用、收益权能的享有者,但却并非为主要享有者,故而当以"权能主要享有者"的条件加以限制时,航次承租人自然非"船舶经营或收益标准"下的责任限制主体。但何谓"权能主要享有者",不同人之间存在不同的衡量标准,且这样的标准往往又需以量化的方式加以实现。因而在未引入"权能比例"之概念下,所有权权能分离说与让与说,在责任限制主体与权能分离或让与后所形成的权利享有主体认定之间存在冲突。

## 三、海事赔偿责任限制权利主体认定的新路径探索

为弥补前述路径之缺憾,本文在原有研究基础上继续深究海事赔偿责任限制主体本质,为探索、构建科学、合理的责任限制主体认定标准,提供有益思路。

### (一)"权能共享与行使理论"的提出

1. 从"权能分离与让与"走向"权能行使"

虽然所有权权能分离说与让与说未引入"权能比例"之概念,但不可否认的是,在责任限制主体认定过程中,其依旧肯定了责任限制主体应为船舶占有、使用、收益三项权能的享有者。然而这样的分析也并不充分,享有权利只能确定该权利享有者可能是责任者,却并不能直接推导出其为责任限制者。享有权利只是表象特征,是确定责任的前提,但并非确定责任限制主体的实质标准。依据现有明确的责任限制主体船舶所有人、光船承租人可知,能否对这三项权能产生行使力的主体,才是责任限制主体认定的实质标准。即船舶所有权权能行使才是责任限制主体认定的核心。

其理由在于:第一,海事损害赔偿本质上是一种侵权损害赔偿,而侵权的发生源于权利的行使。不论该侵权是故意还是意外,其源头都有权利主体因行使物权而将其限于危境之中的起因。例如,船舶碰撞过程中,无论是过失碰撞还是故意碰撞抑或是意外事件,船舶发生损害的起因是该航次的船舶经营者行使了船舶的占有、控制、使用权,使该船置于该片海域并遭遇了海损事故。因而,基于其行使物权的行为而使得船舶限于危险的损害,自然应由权利行使者承担。第二,权利享有是海事赔偿责任主体确定的前提,而权利行使则是海事赔偿责任主体确定的直接原因;又因海事赔偿责任主体是海事赔偿责任限制主体的前提,所以在权利享有的基础上,权利行使才是责任限制主体认定的关

键。只有先通过对"权利行使"的认定确定了赔偿责任主体后，才有可能进一步依据赔偿责任限制的价值追求与航运政策等因素对赔偿责任主体进行责任限制。第三，无论是权能分离说还是权能让与说，权能分离与让与的目的，都是为了使权能享有者能够行使该权能。

因此，对海事赔偿责任限制主体的认定，是对与海事赔偿责任相关的船舶所有权权能行使者的认定。海事赔偿责任限制主体认定的核心应从"权能分离""权能让与"进一步走向"权能行使"，也即"权利行使"。①

### 2. 权利行使理论

关于"权利行使"的研究，我国已有学者提出"权利行使理论"。② 在该理论中，权利行使由主体享有权利，权利为行使对象，处分该权利的行为由内容三要素构成。其认为，现代民法对权利的享有和权利的行使进行分别规制，权利行使是权利享有已被确证后发生的问题，因而权利行使可以独立于权利享有。③ 权利行使理论旨在使主体所享有的权利中包含的行为可能性成为现实，由此该权利发生实效，权利主体现实享有权利中所承载之利益。④ 另外，依照《民法典》第130条之规定⑤，权利主体可依自己的意志行使权利，既可使权利所蕴含之行为可能性，在自己行使权利的背景下成为现实；亦可通过处分该权利，与其他民事主体达成合意，为其他民事主体设定独立权利，并授权他人实现此种可能性。但实际上这样显然夸大了权利行使的功能，设定权利必须具备极其严格的条件，否则易导致权利滥用的现象。"权利行使理论"中的"权利行使"可以独立于权利享有的观点应是针对权利行使在实现权利中所蕴含的行为可能性而言的，其仍需以权利享有为前提。虽然权利行使是在权利享有被确证后才发生的，但这并不代表二者可以相互独立。"权利行使"要先有"权"才可能"行使"，因此权利享有是权利行使的必然基础。笼统地认为权利行使可以与权利享有相独立，是割裂地看待权利行使与权利享有之间的关系。

---

① 本文将"权能行使"等同于"权利行使"，权利行使的本质即权能行使。

② 蔡立东在《从"权能分离"到"权利行使"》一文中提出了"权利行使理论"。

③ 参见蔡立东《从"权能分离"到"权利行使"》，《中国社会科学》2021年第4期，第96页。

④ 参见蔡立东《从"权能分离"到"权利行使"》，《中国社会科学》2021年第4期，第96页。

⑤ 《中华人民共和国民法典》第130条："民事主体按照自己的意愿依法行使民事权利，不受干涉。"

3. "权能共享与行使理论"的定义

为了弥合此类割裂性问题,借助"共享"之概念,重述"权利享有"与"权利行使"间的关系,为从权利(权能)行使角度认定海事赔偿责任限制主体提供有力的理论支撑。

"共享",依照360百科释义,即共同分享、与其他一起使用或分享。①所谓"权能共享",即指将作为权利内容的权能,在权利主体的自主意愿下,通过与他人达成合意的方式,就合意范围内的权能与他人一起分享。"权能共享"不仅是一种处分权利的行为,更强调的是一种持续共同享有的状态,其中持续状态的时间长短,取决于权利所有人与他人之间所达成的合意决定。此外,所谓"合意范围的权能"应既包括决定达成共享的权能类型,也包括能够共享的权能比例。具体的权能类型与权能共享比例的限定,为各主体间在权能共享基础上权能的行使提供依据。但"权能共享"不等于"权能行使","权能共享"应为"权能行使"的上位概念,"权能共享"只是在"权能享有"与"权能行使"间确定了二者发生的先后顺序关系,以及明确"权能行使"与"权能享有"中"权"的来源关系。权能的行使,还需以限定的共享权能类型与比例为前提条件才可实现。以所有权为例,当新的权能享有主体被引入所有权权能的共享状态时,该共享的权能即转化为新主体手中的权利,新主体需遵守协议中所达成的共享权能类型和比例限定条件,才可就共享权能形成的权利进行行使,以实现其与所有人达成合意时意欲取得的效果,由此完成了从"权能共享"到"权能行使"的自然过程。而这一从"权能共享"状态走向"权能行使"的过程,也即"权能共享与行使理论"。

"权能共享与行使理论"既解决了权能分离说与权能让与说中未引入"权能比例"的不足,又摆正了"权利行使理论"中"权利享有"与"权利行使"间的关系。

一方面,在"权能共享与行使理论"中,由于其要求原始权能享有主体和新引入的权能享有主体在达成权能共享状态前需对共享的权能类型与比例做出明确约定,因而在双方达成权能共享时,彼此间就已存在了明确的权能享有比例,以约束双方在权能共享时的权能行使状态,从而弥补权能分离说与权能让与说中"权能比例"缺失的遗憾。

另一方面,"权能共享与行使理论"与"权利行使理论"虽然都承认"权利享有"是"权利行使"的前提,但"权利行使理论"中的"权利享有"源

---

① "共享"释义,360百科,https://baike.so.com/doc/1500050-1586121.html,访问日期:2022年1月15日。

于原权利所有人基于其可以处分权利的起因而为他人新设定的一个独立于原权利的新权利。以所有权为例，即由所有人为他人设定的限制物权，是独立于所有权之外的新权利。此时所有权为"母权"，限制物权成了"子权"。① 但是这种相互独立的"母子关系"，依旧不能否定"子权"的内容必须源于"母权"，且不能超越"母权"的限定范围。"权利行使"独立于"权利享有"的是其实现权利所蕴含的行为效果的可能性，而不是"权利行使"整体独立于"权利享有"。"权利享有"不仅存在于"权利行使"之前，更是"权利行使"的权利来源基础。"权能共享与行使理论"既肯定了二者间的先后顺序关系，又肯定了二者间的权利来源关系。因此，相较于"权利行使理论"，"权能共享与行使理论"更好地摆正了"权利享有"与"权利行使"间的关系。

（二）"权能共享与行使理论"视域下责任限制权利主体认定体系的建立

以"权能共享与行使理论"来阐释海事赔偿责任限制权利生成机制，有利于海事赔偿责任限制主体认定体系的建构。一方面，"权能共享与行使理论"可为责任限制主体的认定确立理论基点；另一方面，"权能共享与行使理论"又可为探索责任限制主体认定标准提供可行路径。

1. "权能共享与行使理论"为责任限制主体认定确立理论基点

权能行使是责任限制主体认定的核心，但权能行使主体是否直接等价于责任限制主体则需要经过理论的验证。同时，在论及权能行使主体时必将涉及权能享有主体，那么在权能享有主体、权能行使主体、责任限制主体间又存在何种关系，亦须理清。

首先，依权责一致之法理及侵权法理论可知，权利行使主体（侵权行为主体）等于侵权责任主体，而责任主体包含责任限制主体，只有符合所谓"限制条件"的责任主体才可称之为责任限制主体，故而在权能行使主体是否等于责任限制主体问题上，只有满足"限制条件"的权能行使主体才是责任限制主体。换言之，责任限制主体等于权能行使主体，但权能行使主体未必等于责任限制主体。

其次，在"权能共享与行使理论"中，权能享有为权能行使之前提，且因权能共享比例的存在，权能享有主体不完全等于权能行使主体。多个主体虽

---

① "基于所有权的弹力性，'权能分离'是对所有权量的分割，并不破坏所有权的完整性。所有权为用益物权的'母权'，用益物权为其'子权'。"源自蔡立东《从"权能分离"到"权利行使"》，《中国社会科学》2021年第4期，第93页。

可就其合意范围内的权能达成共享状态,但并非每个权能享有主体在权能共享时段都是权能的行使主体。如船舶所有人虽与光船承租人就船舶占有、使用、收益三项权能达成权能共享状态,但在光船租赁期间,真正负责船舶运营、操控船舶海上航行运输的是光船承租人,船舶所有人并不负责该期间的船舶经营运输活动。由此可得,在光船租赁期间,共享权能的权能行使主体是光船承租人,而非船舶所有人。因为,当船舶所有人与光船承租人签订光船租赁合同并接受由光船承租人支付的租金后,船舶所有人便为自己与光船承租人一起共享的权能的行使设定了限制,否则在签订协议后,船舶所有人还能自由使用控制船舶,而这种由船舶所有人为自己设定的"限制"表现为其与光船承租人之间协商确定的交易价格——光船租赁金额。交易价格越高,船舶所有人的自我权能行使限制比例则越高,承租人等主体的权能行使自由度则越高。这也合理解释了为什么光船承租人占有使用船舶的权限大于期租承租人,期租承租人的权限又大于航次承租人。某种程度上说,船舶所有人虽然与光船承租人、期租承租人、航次承租人等主体达成了权能共享状态,都是占有、使用、收益权能的享有者,但由于彼此间存在协议限制,致使在权能共享期间,船舶所有人可能因限制程度的不同而成为非权能行使者,即以此时船舶所有人所共享的占有、使用、收益权能的行使功能可能处于暂停或被限制的状态,且只有当光船承租人等主体违反协议或协议终止时,船舶所有人所共享的权能的行使功能才可恢复。因此,在权能共享状态下,因权能限制比例的存在,权能享有者未必等于权能行使者。

所以,在权能享有主体、权能行使主体、责任限制主体间,应存在如此关系:责任限制主体等于权能行使主体但不完全等于权能享有主体。此时,在海事赔偿责任限制主体认定体系中,基于该三者主体间的关系,可通过判断识别真正的船舶占有、使用、收益三项权能行使主体,以展开对海事赔偿责任限制主体的认定。

2. "权能共享与行使理论"为责任限制主体认定提供可行路径

然而,如何具体展开船舶占有、使用、收益三项权能的行使主体是责任限制主体这一认定?对此,首先必须明确此处的船舶占有、使用、收益权能行使主体,究竟是权能的主要行使主体还是次要行使主体。其次,在明确权能行使主次的问题上才能依据海事赔偿责任限制价值理念等限制条件,从而具体阐述海事赔偿责任限制主体的认定路径。该路径大致可分为两步骤:第一步,是对与船舶占有控制直接相关的船舶占有权、使用权的行使认定;第二步,是在第一步认定困难的基础上,为实现海事赔偿责任限制价值,对与船舶占有控制间接相关的船舶收益权能的行使进行认定。

（1）对船舶占有、使用、收益权能行使主次的认定。基于前述分析可知，在"权能共享与行使理论"中存在权能比例问题。此种权能比例既包括各主体实际享有的权能占比，也包括各主体间可行使权能的比例。因而在该比例的影响下，必将存在权能的主要行使者和次要行使者。

在海事赔偿责任限制中，立法赋予船舶所有人、光船承租人等责任限制权利是为了实现海商法上的"公平"，该种"公平"不同于民法中的"公平"内涵，而是以海上风险的最优分配、最优预防等为主要内容。① 其中，关于海上风险的分配，既包括以船舶为核心的船方风险分配，也包括以货物为核心的货方风险分配。海事赔偿责任限制主体认定过程中的海上风险分配，应是指以船舶为核心的各船舶主体间的风险分配，如船舶所有人、光船承租人等。在这些主体中，与风险分配直接相关的，是其各自对船舶的控制程度，而与船舶控制程度紧密相关的，又是各主体对船舶占有、使用、收益、处分权能享有的行使比例（由于处分权能，在船舶发生转让前是基本不产生共享可能的，因而此处暂不讨论这一权能）。因此，船舶占有、使用、收益权能的权能行使比例，便成为与海上风险分配相关的实质因素。

那么，在责任限制主体认定中的海上风险分配指向船方内部风险分配时，船舶占有、使用、收益权能的主要行使者，即享有权能行使比例较大的一方主体，将被分配到更多的海上风险。此时，依据海上风险与责任平衡原则——高风险低责任，这些权能的主要行使者将无须承担全面赔偿责任，而享有责任限制的权利。如此推理，便得出船舶占有、使用、收益权能的主要行使者，如船舶所有人、光船承租人等才是海事赔偿责任限制主体，航次承租人等船舶占有、使用、收益权能的次要行使者，将被排除在责任限制主体的范围之外。

但这种相对于货方而言的船方内部风险分配和内部风险与责任的平衡并不是海事赔偿责任限制中追求的最优风险分配，海事赔偿责任限制主体认定作为海事赔偿责任限制中的首要环节，其所追求的最优风险分配应与整个海事赔偿责任限制制度相一致，而不应仅限于从船方这一单一角度出发。对于责任限制

---

① 民法以追求民主、自愿、公平、人文关怀为价值核心。海商法以保护促进航运发展，追求商事公平、商事效益，实现社会效益最大化为价值核心。二者虽均以追求公平为其价值目标，但民法中所追求的"公平"内涵不同于海商法中对"公平"的追求。民法讲究人文情怀、伦理道德，当人的情感与社会效益最大化发生矛盾冲突时，更注重的是人在情感上的平衡，从而在确定不违反法律强制性、禁止性规定时最大限度地尊重人的意愿，以达到社会公平。而就海商法言之，维护并促进航运发展、使社会效益最大化是其最终目标。因而，在追求海商法上的"公平"时，必然带有对社会利益和社会成本、商事成本和商事收益的比较与评价，"效率"是海商法之公平的核心内涵。

主体中的最优风险分配，应既考虑船方内部的风险分配，也应考虑与货方风险分配的比较。忽略任何一方，都将无法实现最优风险分配。正如，在仅考虑船方内部风险分配平衡的背景下，船舶占有、使用、收益权能的次要行使者因所拥有权能行使比例小而不享有责任限制权利时，其在外部却仍承担着比货方更大的风险。这样一来，外部的高风险严责任不仅易引发该类主体产生不公心理，同时也将极大打击他们预防海损事故发生的主动性和从事航运事业的自信心，最终不利于整个航运业的发展，无法实现最优风险分配。

由此可见，船方内部风险分配的平衡与整个船方风险和货方风险分配间的平衡实质上是一种相反关系，在两种平衡关系发生矛盾时，为实现整体的最优，应比较二者的外部效应。[①] 通过前述分析可知，对船方与货方间的风险进行平衡分配具有更高的外部效应，也更有利于航运的发展。因而，以实现船方内部风险分配平衡为目的的海事赔偿责任限制主体认定并不符合整体的风险最优分配，海事赔偿责任限制主体应不仅包括权能的主要行使者，也包括权能的次要行使者。

（2）新认定路径的具体展开。由于以"权能行使"为核心的海事赔偿责任限制主体认定涉及船舶占有、使用、收益三项权能。其中，船舶占有、使用权能与船舶的实际控制直接相关，船舶收益权能次之。因而，在面对众多海事主体时，可初步就该海事主体是否享有船舶占有、使用权能进行识别。若不享有，则直接排除责任限制主体认定的可能；若享有，则需进一步判断该主体是否是权能的主要行使者。若是，则可直接认定为责任限制主体；若不是，则需转入下一阶段的判断，即结合船舶收益权能判断该主体是否对船舶还存在享有并行使收益的可能。具体论述如下：

第一，初阶权能行使认定：占有权与使用权的行使。依据前文分析可知，责任限制主体必是船舶占有、使用权能的行使主体，因此在初步认定阶段，不享有船舶占有、使用权能的海事主体势必不可能是责任限制主体。在初步认定

---

① 外部效应又称外溢作用，是指经济主体（包括自然人与法人）的经济活动对他人造成的影响而又未将这些影响计入市场交易的成本与价格之中。外部性包括正外部效益和负外部效益，也即正外部性和负外部性。"外部效应（externalities）或溢出效应指的是企业或个人向市场之外的其他人所强加的成本或利益。"由此可以看出，对于资源配置要求最优的经济学来讲，出现外部效应或溢出效应，说明市场机制相对于交易主体有非效率的一面。外部效应理论指出，只要某人的效用函数所包含的变数是在另一个人的控制之下，就有外部效应的存在。也就是说，在经济活动中，一个人的行为或某些资源的使用影响到另外一些人的利益或福利，但他们之间却没有使用某种交换手段来协调两者之间的关系。参见高培勇《公共经济学》（第三版），中国人民大学出版社2012年版，第65页。

阶段，能够直观识别出对船舶享有占有、使用权利的往往是船舶占有、使用权能的主要行使者。如船舶所有人、光船承租人、船舶经营人。对于定期租船、航次租船等期间的期租承租人、航次承租人等，由于权能享有行使比例的存在，其可成为与船舶所有人共享并行使权能过程中的权能行使次要主体。在实际占有、控制船舶中表现为：船舶所有人主要占有控制了船舶，期租承租人与航次承租人仅是占有控制船舶的"辅助者"。这一现象与传统法律解释中的"准船舶所有人""基于对船舶所有"等标准所要求的"海事赔偿责任限制主体需对船舶占有使用享有高度话语权"相矛盾，致使该类主体往往被划出海事赔偿责任限制主体的范围。但根据"权能共享与行使"和最优风险分配分析可知，权能行使的次要主体亦应属于海事赔偿责任限制主体。因而，在因权能行使比例等因素导致相关海事主体并不主要占有控制船舶的现象中，还需进一步结合海事主体对船舶收益权能的行使情况来加以判断。

第二，进阶权能行使认定：收益权的行使。除因该海事主体是船舶占有、使用权能的次要行使主体外，海事主体不主要占有、控制船舶的情形亦可能是因工作性质的需要而临时占有、控制船舶，如引航员等海事主体。该类主体仅因法律规定、职业特性而暂时与船舶所有人达成船舶占有、使用权能的共享与行使，但其并不享有船舶收益权能，也不因占有、使用船舶而取得收益。依据"基于对船舶的经营或收益"的标准可知，享有责任限制权利的主体除占有、控制船舶运输外，还需对船舶取得一定的收益权，否则该主体并不能被称为该标准下的"船舶经营者"。因此，在收益权能的享有、行使与否判断下，可将引航员等仅占有、控制船舶的船舶占有、使用权能的次要行使主体排除在外。然而，又因关于引航员的责任限制存在特别法规定，如我国《海港引航工作规定》中明确规定除引航员恶意致损外，引航员享有责任限制。[①] 因此，除法律存在特别规定或是主体间存在特别关系外，仅凭该主体是船舶占有、使用权能的次要行使主体是无法认定其为责任限制主体的，还需进一步结合船舶收益权能的享有与行使情况加以判断。即，对于享有船舶收益权能的船舶占有、使用权能次要行使主体而言，在"基于对船舶经营或收益"的标准以及最优风险分配分析下，可在责任限制主体认定初步阶段难以识别的情况下，根据船舶收益权能的享有与行使情况进行进一步识别认定。

综上推理，在"权能共享与行使理论"视域下，海事赔偿责任限制主体认定新路径的建构以船舶占有、使用、收益权能的权能行使认定为核心，以对

---

① 参见交通部关于颁发《中华人民共和国交通部海港引航工作规定》的通知，公布日期为 1976 年 11 月 12 日，现行有效。

船舶占有、使用、收益三项权能的享有与行使分阶段识别来具体展开。但无论是前述"基于对船舶的所有",还是"基于对船舶的经营或收益"的标准,抑或是以"权能共享与行使理论"为核心的新路径,都只是理论上针对某种海事主体是否享有海事赔偿责任限制权利的初始界权。[①] 任何权利都是相对的,"没有哪一项权利是没有任何限制的"[②]。这种权利在个案中能否具体行使,还需以该主体在个案中的具体行为是否存在权利丧失的情况加以判断,而本文暂不讨论海事赔偿责任限制主体的责任限制权利丧失情况。

## 四、"权能共享与行使" 新路径下责任限制主体"船舶承租人"的界定

在"权能共享与行使理论"视域下,以"船舶占有、使用、收益权能行使为核心的分析路径"对航次承租人、舱位承租人、箱位承租人等主体的责任限制地位进行分析,可知航次承租人、箱位承租人、舱位承租人是海事赔偿责任限制主体,且不存在"基于对船舶经营或收益标准"下因船舶占有、使用、收益权能归属认定不同而产生不同结论的矛盾。

### (一) 航次承租人是海事赔偿责任限制主体

如文章第一部分所述,各国对于航次承租人可否享有责任限制权利的观点分歧较大,其主要在于:航次承租人是否享有船舶占有、使用、收益权能,若

---

① 界权,是指私人之外的公共权威通过规则制定创制或澄清名义权利的过程。"名义权利"的创建或澄清过程,就是将原本共有的"利益"界定为私人可转移的"权利"和限定为私人可处分的"资源"的过程。与之相对,科斯框架中"交易"则是私人个体转移或处分名义权利的过程。如此理解的科斯框架,包含的是经济过程中的两个环节:权利的创制和澄清(即科斯所谓"法律"和"界权")和权利的转移或处分(即科斯所谓"市场"和"交易")。经济学意义上的"权利"并不完全等同于法学意义上的权利,更非民事权能意义上的"所有权"。相比于法学含义,经济学意义上的"权利"既包括不同法律关系下的"权力类型"的区分,如物权和债权;也包括不同法律规则下的"权利内容"的区分,如允许排污或者保护隐私的权利。也正是从这个意义上讲,法律经济学所谓的"权利界定"就是"规则选择",就是立法机构或者司法部门对特定规则下权利类型或权利内容的澄清或创造。总之,只要任何一个"规则"赋予了某种作为或者不作为的明确内容,就是法律经济学所谓的"权利",也就是科斯所谓的可供市场交易的"资源"。参见凌斌《界权成本问题——科斯定理及其推论的澄清与反思》,《中外法学》2010 年第 1 期,第 108 页。

② [德]迪特尔·梅迪库斯著:《德国民法总论》,邵建东译,法律出版社 2001 年版,第 107 页。

享有，则是责任限制主体；反之，则不是责任限制主体。但由于推导航次承租人是否享有船舶占有、使用、收益权能的理论基础——权能分离说与权能让与说中尚未引入"权能比例"概念，致使在最终的推导上出现以偏概全、笼统分析的结果，认为航次承租人并不主要占有、控制船舶，所以不享有船舶所有权中的占有、使用、收益权能，不是海事赔偿责任限制主体。但这样的观点是武断的，即使在权能分离与让与的理论之下，航次承租人也并不享有船舶占有、使用、收益权能，但因海事赔偿责任限制已逐渐成为一项"社会公共政策"①、海事赔偿责任限制权利在不断扩展②，风险与责任必须依靠整个制度系统才可有效分担等理由，航次承租人故而也应被认定为责任限制主体，但这样一来又与"权责相统一"的法理基础相矛盾。

在海事赔偿责任限制主体认定中，我们必须明确的推理思路应是：海事主体先享有了一定权利，因行使该权利，所以必须要面对行使该权利可能会遭遇的风险，承担相应的责任；另外，基于对"责任"与"权利"在特定背景下的平衡考量，决定是否给予责任承担者新的权利，以弥补在特定背景下初始享有、行使权利时所产生的不公平，即"从权利，到责任，再到权利"。其中，前一个权利指的是海事主体对船舶享有的控制权；责任指海事主体因行使前项权利可能承担的责任风险、损害赔偿；后一个权利则指海事赔偿责任限制权利。换言之，海事赔偿责任限制权利的赋予仍需以一定的权利享有与行使为基础，否则只能是立法上的特殊规定，即立法者直接将责任限制权利赋予某一主体，且这种直接赋予行为应是一种零成本或收益大于成本的界权行为。但依科斯定理可知，零成本的交易世界是理想化的，现实世界应是一个交易成本为正的世界。③立法者欲给予某一主体权利时，仍需进行成本—收益的衡量。海事赔偿责任限制责任权利的赋予亦应如此。因此，能够赋予航次承租人海事赔偿

① 参见李天生《论航次承租人海事赔偿责任限制权》，《大连海事大学学报（社会科学版）》2015年第5期，第61页。

② 参见夏元军《海事赔偿责任限制权利的扩张与平衡》，《上海大学学报（社会科学版）》2017年第4期，第16～31页。

③ 科斯定理，实证的科斯定理（科斯第一定理）：若市场交易成本为零，法律对权利的初始配置和效率无关，因为如果权利配置没有效率，那么当事人将通过一个矫正性的交易来调整它。规范的科斯定理（科斯第二定理）：①若市场交易成本大于零，法律应该尽可能减少交易成本，如通过清晰地界定产权，通过使产权随时可以交易，以及通过为违约创设方便和有效的救济来减少交易成本。②在法律即使尽了最大努力而市场交易成本仍旧很高的领域，法律应当通过将产权配置给对他来说价值最大的使用者，来模拟市场对于资源的分配。参见艾佳慧《法律界权视野下的科斯定理：厘定、推进与不足》，《财经法学》2018年第6期，第131页。

责任限制权利的理由亦应有航次承租人享有、行使船舶占有、使用、收益权能这一因素存在，然后才是以责任限制权利扩张以及"社会公共政策"等理由来加强对这一结果的认定。

在"权能共享与行使理论"下，航次租船运营模式是船舶所有人为充分发挥船舶价值，通过限制船舶所有权中占有、使用、收益权能以吸引航次承租人主动与船舶所有人达成航次租船协议，形成权能共享与行使状态，进而实现航次承租人与船舶所有人的合作共赢模式。即船舶所有人收获租金，航次承租人实现货物运输。

由于航次租船的特性，在航次租船合同下，承租人存在两种角色扮演。一种是只依租约，以支付运费为对价，将货物交与船舶出租人运输。此时，船舶出租人的地位相当于承运人，而承租人的身份则相当于运输合同下的货主。① 但此种"货主"的身份定位不同于班轮运输中的"货主"，而是具有限制船舶出租人海上运输的权利。即使船舶出租人此时的身份相当于承运人，但在航次租船合同的约束下，船舶出租人的航行计划仍需受到被视为"货主"的承租人的限制。船舶出租人依照船舶承租人指定的始发港或目的港来开展海上运输，而不是承租人迁就船舶出租人的航行计划。因此，即使船舶承租人在此时并不实际占有控制船舶、为船舶配备人员物资等，承租人依旧享有船舶的占有、使用权能，因为承租人对船舶出租人航行的限制就是其享有与行使船舶权能的最好证明。当然，这种限制相对于光船租赁、定期租赁而言是极小的。另一种情况是船舶承租人以租进的船舶来承运他人的货物。相较于前一种情况而言，此种情况下承租人反而具有了承运人的地位，那么在前一种承租人被视为"货主"之时，作为"承运人"的承租人更应享有、行使船舶占有、使用权能。

因此，对于航次承租人责任限制主体地位的认定，在以"权能行使"为核心的认定路径中，需完成两阶段判断：在初步阶段的权能主次行使判断和进步阶段的收益权能享有、行使与否的判断。在第一阶段的识别中，由于航次承租人所享有的权能比例较小，致使其对权能的行使权限也较小，是权能的次要行使者，不符合第一阶段权能主要行使者的识别，需转入下一阶段中的对船舶收益权能的判断。在分析航次承租人是否享有和行使船舶收益权能时，虽然航次承租人不像光船承租人那样有船舶的自主经营权；可通过自主经营船舶进行收益，但在航次租船期间，航次承租人亦可通过转租或是货物运输的方式，通

---

① 参见傅廷中《海事赔偿责任限制与承运人责任限制关系之辨》，《中国海商法研究》2018 年第 2 期，第 74 页。

过发挥船舶的作用来实现收益。所以，在一定程度上，航次承租人是享有并可行使船舶收益权能的，且该阶段并无对船舶收益权行使主次的限制。因此，在以"权能行使"为核心的认定路径中，航次承租人是海事赔偿责任限制主体。同时，本文"对船舶占有、使用、收益权能行使主次的认定"的分析中，也从最优风险分摊、激励最优预防的角度证实了航次承租人应享有海事赔偿责任限制权利。

### （二）舱位承租人、箱位承租人是海事赔偿责任限制主体

在"权能共享与行使理论"下，箱位承租人亦是船舶占有、使用、收益权能的享有与行使主体，在"船舶占有、使用、收益权能行使"的认定标准下，箱位承租人也享有海事赔偿责任限制权利。

在英文"slot charter"或"space charter"中，"slot"是指放置一个集装箱的位置，"space"是指放置集装箱的船舱，两者并无本质区别，中文学术论著中将其翻译为"箱位"或"舱位"，相对应的便是"箱位承租人"和"舱位承租人"。[①] 在集装箱船舶运输中，将租赁船舶部分空间位置的承租人称为"箱位承租人"；在干散货船舶运输中，将租赁船舶部分空间位置的承租人称为"舱位承租人"。二者本质上都是对船舶部分空间进行租赁，只是被租赁的船舶部分空间在不同船舶运输中的叫法不同，即"集装箱箱位"或是"船舶舱位"等。因此，当箱位承租人享有责任限制权利的同时，舱位承租人亦应享有责任限制权利。此处以箱位承租人为例进行详细阐述，具体推理如下：

首先，从现实中箱位承租人对船舶的控制现象角度来说，箱位承租人类似于航次承租人，都不享有为船舶配备船员、经营船舶运输、直接控制船舶的能力。但这种表面现象并不代表在权能享有与行使的实质方面，箱位承租人不享有船舶占有、使用、收益等权能。箱位对于船舶而言，是船舶进行海上运输的重要组成部分，其属于船舶这个整体。对箱位的租赁与使用，亦是对船舶的租赁与使用。因为在箱位租赁期间，船舶租赁是实现了船舶空间量化的租赁，即将船舶空间划分为一个个箱位空间进行租赁。而所谓"租赁"在 360 百科的解读下，是指在约定的期间内，出租人将资产使用权让与承租人以获取租金的行为。[②] 因此，在对船舶空间进行划分的同时，势必涉及对船舶所有权内容进

---

① 参见刘琳娜《箱位承租人的海事赔偿责任限制主体资格问题研究》，华东政法大学 2014 年硕士学位论文，第 3 页。

② "租赁"释义，360 百科，https：//baike. so. com/doc/5341835-5577278. html，访问日期：2021 年 12 月 31 日。

行划分,即整艘船的船舶所有权内容随着船舶空间的量化而被均匀地分配到每个箱位中。

此时,当船舶所有人对部分箱位进行出租时,亦是其向他人发出船舶所有人愿与他人共享出租部分的船舶所有权权能的信号。当他人在收到相应信号后,通过与船舶所有人协商、支付租金、签订箱位租赁合同的方式,便可就租赁箱位与船舶所有人达成权能共享与行使状态。因此,在箱位租赁中,箱位承租人亦享有与行使船舶占有、使用、收益权能。只不过,对于整艘船舶而言,其所享有与行使的权能仅为船舶所有权占有、使用、收益权能的小部分。也正因这小部分,致使其无法成为三项权能的主要行使者,无法表现出占有、控制船舶的租赁特征。但在占有、控制船舶的本质上,其依旧是权能享有与行使者,在海事赔偿责任限制权利扩张与航运政策的影响下,亦可因这小部分的权能享有与行使成为海事赔偿责任限制主体。

其次,从对船舶的经营、收益角度看,箱位承租人享有在一定时期内使用固定箱位并对该箱位进行收益的权利。若不对该箱位进行使用收益,在租赁期间箱位承租人也依然要按照约定支付租金,这对于箱位承租人而言是不经济、不理性的。因此,在对船舶的经营、收益上,箱位承租人并不是对某一整艘船舶进行经营、收益,而是将这种经营、收益分散在不同船舶的不同箱位中展开。而箱位又属于船舶的一部分,因而从广义上来说亦是实现了对船舶的经营收益。故从"对船舶的经营或收益"角度而言,在"权能共享与行使"理论分析下,箱位承租人亦符合标准,亦可享有海事赔偿责任限制权利。

最后,从风险最优分配的角度来说,在"权能共享与行使"理论基础上,船舶整体所面临的海上风险也随船舶空间、船舶所有权内容的划分而被分配到不同的箱位上。箱位承租人在享有与使用某部分箱位的同时,亦需承担此部分箱位可能遭受的风险。对于箱位承租人所承受的这部分风险而言,由于箱位承租人属于船方一方,而船方内部风险分配的平衡又与整个船方风险和货方风险分配间的平衡形成一组矛盾关系。因此,为实现海上风险最优分配,应选择产生负外部性小的一种风险分配方案。但因在箱位租赁中,箱位承租人所享有和可行使的权能比例远小于定期租船等,使得两种风险分配方案所产生的负外部性差值较小,也即学界通常认为的,箱位承租人所承受的海上风险远小于船舶所有人、光船承租人等海事主体,不给予箱位承租人海事赔偿责任限制权利,亦不会对箱位承租人造成不公。那么此时,在两种负外部性比较差值极小的时候,对于两种风险分配方案的选择将无多大差别。但在结合海事赔偿责任限制权利扩张趋势、激励海上最优预防等因素的影响下,选择船方与货方风险整体平衡,赋予箱位承租人海事赔偿责任限制权利的方案,却更有利于实现海事赔偿责任限制价值追求。因此，在海上风险分配下，为实现海事赔偿责任限制价值追求，亦应赋予箱位承租人一定的责任限制权利。当然，为弥补因赋予箱位承租人海事赔偿责任限制权利而造成的船方内部风险与责任分配的不平衡，应当对箱位承租人享有的海事赔偿责任限额予以限制，即不适合以整艘船舶的吨位为基础计算箱位承租人的海事赔偿责任限额。

简而言之，在"权能享有与行使"视域下，在船舶占有、使用、收益权能的享有与行使认定中，箱位承租人可享有海事赔偿责任限制权利。

## 五、结论

在航运迅速发展的今天，海事赔偿责任限制权利呈逐渐扩张趋势，作为海事赔偿责任限制权利内容之一的权利主体，其范围亦应得到相应扩张。"准船舶所有人"的法律解释与"基于对船舶所有的标准"既无法满足其扩张趋势，亦不利于其实现制度价值追求。"基于对船舶经营或管理的标准"虽满足了海事赔偿责任限制权利主体扩张的趋势，并指出船舶占有、使用、收益权能的享有是认定海事赔偿责任限制主体的关键，但该标准的理论基础——权能分离说与权能让与说未引入"权能比例"这一思想，致使不同人对船舶所有权权能分离、让与有着不同的判定结论。在不同权能分离或让与结论的影响下，所认定海事赔偿责任限制主体范围亦不同，实务争议亦未得到良好的解决。

因而，在现有研究基础上提出"权能共享与行使理论"，既有利于弥补此种不足，又有利于理清权能享有与权能行使以及责任承担之间的关系。即：①权能享有在权能比例的限制下不完全等同于权能行使；②责任产生的直接原因是权能行使，而非权能享有。故而权能享有主体不完全等同于权能行使主体，不完全等同于责任主体，但权能行使主体等同于责任主体，此时作为责任主体之一的责任限制主体，亦是权利行使主体。那么，在"权能共享与行使理论"的新视域下，船舶占有、使用、收益权能的享有识别是海事赔偿责任限制主体认定的基础，船舶占有、使用、收益权能的行使才是海事赔偿责任限制主体认定的核心。在以"权能行使"为核心构建的新路径中，航次承租人、箱位承租人、舱位承租人等能够行使船舶占有、使用、收益权能的海事主体是海事赔偿责任限制主体。

# Identification of the Subject of the Limitation of Liability for Maritime Claims from the Perspective of "Power Sharing and Exercise"

## ZHAN Yafang

**Abstract**：For a long time, there have been constant disputes between the judicial and academic circles regarding the identification of the subject of the limitation of liability for maritime claims. However, whether it is the legal interpretation of "qua shipowner" proposed by the British court in the last century, or the legal interpretation path of textual interpretation plus purpose interpretation that was more widely recognized by Chinese and foreign courts, or the "vessel's ownership standard" and "vessel's operation or profitstandard" summarized by the academic circle under the trend of pursuit of "fair" value and expansion of rights in the limitation of maritime liability, the results of the identification of the subject of limitation of liability are still contradictory. Although the latter two paths have opened up a new horizon for exploring the identification of the subject of limitation of liability from the perspective of real rights, they still cannot get rid of the inherent defects of their theoretical basis of "separation of power" and "transfer of power", and cannot be used without the introduction of "proportion of power". In the context of the ship's possession, use, income and other power separation, the transfer situation is explained in detail. In order to bridge the gap between the aforementioned paths, a new theory of "power sharing and exercising" is proposed with "power exercise" as a logical clue, in order to break through the barriers between "power separation" and "power transfer", and from "power separation" to "power transfer". And towards the "exercise of power", and build a new path for the identification of the subject of limitation of liability with the core of "the possession, use, and benefit exercise of power". This path is conducive to clarifying the relationship between rights and responsibilities, clarifying the main body of responsibility, and realizing the consistency of rights and responsibilities; it is beneficial to motivate optimal prevention, realize optimal risk distribution, and achieve fairness.

**Key words**: liability for maritime claims; exercise of power; ship charterers; limitation of liability of ship owners

# 海洋环境行政公益诉讼的原告主体制度研究<sup>*</sup>

陈　石　施翊洋<sup>**</sup>

**摘要：**检察机关是我国当下海洋环境行政公益诉讼制度的唯一原告主体，而单一原告主体却给海洋环境行政公益诉讼制度及相应的司法实践带来一系列问题，制约了该制度的完善与发展。因此，有必要就海洋环境行政公益诉讼的原告主体问题进行研究，阐明原告主体资格在该诉讼中的地位及其基础理论。通过梳理国内海洋环境行政公益诉讼相关法律规范，反思当下原告主体的相关制度构建存在一定的缺陷。对此，应贯彻预防性司法理念以确立检察院之"公益诉讼监督人"的法律地位；尝试引入社会组织作为海洋环境行政公益诉讼的原告主体资格；激励公民参与海洋环境行政公益诉讼并发挥监督作用，为各主体之间协同推进海洋环境资源保护、督促行政机关积极打击破坏海洋环境行为提供坚实的保障。

**关键词：**海洋环境行政公益诉讼；原告主体资格；行政公益诉讼；预防性诉讼；公众参与

最高人民法院、最高人民检察院于 2022 年 5 月颁布了《关于办理海洋自然资源与生态环境公益诉讼案件若干问题的规定》，以司法解释的方式明确了海洋环境民事公益诉讼和海洋环境行政公益诉讼的原告主体资格，自此在司法领域终结了海洋环境民事公益诉讼领域关于原告主体之争。① 但是自 2017 年《中华人民共和国行政诉讼法》修改后，行政公益诉讼制度建立至今 5 年有余，理论界研究重点集中在是否应借助客观诉讼机制将公益诉讼原告资格授予

---

\* 本文系广州市哲学社科规划 2022 年度课题"粤港澳大湾区海商立法协调机制研究"（项目编号2021GZGJ210）的阶段性成果。

\*\* 陈石，法学博士，广州航海学院海商法研究中心/南方海洋科学与工程广东省实验室（珠海）助理研究员。施翊洋，广州航海学院 2022 届本科生。

① 参见最高人民法院官网，https：//www.court.gov.cn/fabu-xiangqing-358411.html，访问日期：2023 年 1 月 5 日。

公民这一问题上，以求建立更加完善的环境行政公益诉讼制度。① 但是公民作为私益主体，其价值取向是追求私益，并且自然人相对弱势的地位会导致行政公益诉讼的诉讼目的难以实现。② 司法解释的效力不完全等同于法律，理论界对于公民是否要被纳入海洋环境行政公益诉讼的原告主体资格尚存疑虑。在海洋环境行政公益诉讼司法实践中，检察机关对破坏海洋生态、海洋水产资源、海洋保护区从而给国家造成重大损失但行政机关未依法履行职责的情况进行了有力监督，有效地规制了行政机关的失职行为。然而检察机关作为起诉主体，其案件线索来源狭窄、兼具起诉者与监督者身份等问题致使其难以转向预防性行政公益诉讼，这一问题也在一定程度上制约了海洋环境行政公益诉讼的制度发展。③ 因此有必要完善海洋环境行政公益诉讼的原告主体资格，以响应党的二十大报告提出的人与自然和谐共生的中国式现代化，实现生态环境发生根本好转的目标。

## 一、海洋环境行政公益诉讼原告主体制度问题概述

由于海洋环境行政公益诉讼与一般行政诉讼中原告主体所享有该诉利益的性质存在区别，因此有必要分析海洋环境行政公益诉讼原告主体的法律地位。在此基础上结合美国环境法有关原告主体资格的相关理论学说，剖析其内涵，一方面为原告主体资格提供理论基础，另一方面防止该主体资格被过度泛化。

### （一）原告主体在海洋环境行政公益诉讼中的地位

依行政主观诉讼理论，法律只允许行政相对人就本人主观权利受到行政行为的侵犯时才能提起诉讼，对国家和社会公共利益被侵犯则不能起诉。④ 而检察机关提起行政公益诉讼是"官告官"的诉讼，是一种客观诉讼，⑤ 即起诉者

---

① 参见刘艺《构建行政公益诉讼的客观诉讼机制》，《法学研究》2018 年第 3 期，第 39～40 页。

② 参见张占杰《公民以非起诉方式参与行政公益诉讼的正当性》，《河南师范大学学报（哲学社会科学版）》2021 年第 5 期，第 38～39 页。

③ 参见刘超《环境行政公益诉讼的绩效检视与规则剖释——以 2018 年 140 份环境行政公益诉讼判决书为研究样本》，《甘肃政法学院学报》2019 年第 6 期，第 16～18 页。

④ 参见姜明安《行政诉讼中的检察监督与行政公益诉讼》，《法学杂志》2006 年第 2 期，第 11 页。

⑤ 参见刘艺《构建行政公益诉讼的客观诉讼机制》，《法学研究》2018 年第 3 期，第 39～40 页。

只需享有诉的利益，并不要求与案件具有直接的利害关系。行政公益诉讼的诉的利益与普通诉讼的差异在于该诉利益的公益性质，也即"公共利益"。① 但不同学说对公共利益的内涵又存在不同界定。在我国，对于公共利益的界定主要有三种，分别将公共利益划为一个层次、两个层次和三个层次。这三种划分无非是以"切蛋糕"的方式对公共利益进行拆分，一个层次认为公共利益即不特定多数人的公共利益；两个层次则将公共利益分为国家利益和不特定多数人的公共利益；至于三个层次，则是将公共利益划分为国家利益、不特定多数人的利益和特殊保护界别的利益。② 显然，三个层次的划分更为精确化，并能确定原告所代表的具体利益，但若不指明其界限，法律制度的建构和运行则会遭遇尴尬和矛盾。③

当下，利益的分化逐渐多元化，不同原告主体所代表的公共利益有所不同，需要有所区分。④ 因为该种利益是否可以被认为属于行政公益诉讼中的"诉的利益"将会直接影响原告主体资格的确认，而原告主体资格的确认意味着谁可以启动海洋环境行政公益诉讼，进而根据该原告主体类型的特征确认海洋环境行政公益诉讼这一程序设计的方式以及原被告双方享有的权利和义务。对于代表环境公共利益的适格原告，现行立法采取了拟制原告的方式来解决"代表环境公共利益"这一"虚拟"主体难以现实化的问题。⑤

（二）确定海洋环境行政公益诉讼原告主体资格的理论基础

1. 私人检察长理论

1943 年，美国联邦第二巡回上诉法院法官弗兰克在纽约州工业联合会诉伊克斯案件中第一次提出"私人检察总长"理论。⑥ 该理论认为，为了防止政府从事违反法律所赋予其权限的行为，国会可以依据宪法授权联邦检察长，或在没有授权联邦检察长的情形下授权没有直接利害关系的公民及社会组织就政

① 参见谢凡《环境民事公益诉讼当事人地位论——从该诉的特殊性出发》，《新疆大学学报（哲学·人文社会科学版）》2019 年第 5 期，第 18 页。

② 参见韩波《公益诉讼制度的力量组合》，《当代法学》2013 年第 1 期，第 31 页。

③ 参见张卫平《民事公益诉讼原则的制度化及实施研究》，《清华法学》2013 年第 4 期，第 10 页。

④ 参见刘艺《检察公益诉讼的司法实践与理论探索》，《国家检察官学院学报》2017 年第 2 期，第 7～9 页。

⑤ 参见谢凡《环境民事公益诉讼当事人地位论——从该诉的特殊性出发》，《新疆大学学报（哲学·人文社会科学版）》2019 年第 5 期，第 19～20 页。

⑥ 参见张辉《美国公民诉讼之"私人检察总长理论"解析》，《环球法律评论》2014 年第 1 期，第 165 页。

府损害公共利益的行为提起相应法律程序。① "私人检察总长理论"开辟了非直接利害关系人依据国会授权的方式提起行政公益诉讼，保障了热衷于公益的市民的诉权。② 有学者指出私人检察总长理论对于行政机关的影响："首先，特别是在短期内，诉讼会对官僚行政人员造成压力，迫使他们采取行动。其次，从长远来看，在法庭判决中会出现对事实和价值的判断，这将有助于改变行政人员的观念。"③ 因此，私人检察总长理论对我国海洋环境行政公益诉讼的原告主体资格的研究具有一定借鉴价值，在控制行政权的同时，能够为明确社会组织作为原告主体提供理论依据。

2. 公共信托理论

1970年，约瑟夫·L. 萨克斯教授在罗马法中的"公共信托"理论的基础上，详细论述了环境法的公共信托理论，他认为："阳光、水、野生动植物等环境要素是全体公民的共有财产；公民为了管理它们的共有财产而将其委托给政府，政府与公民从而建立起信托关系。"④ 该理论直接影响到了美国1970年建立"公民诉讼"这一制度后续近20年原告主体资格被放宽的走向，虽然后续法院对原告主体资格认定进行了限制，但至21世纪初的"地球之友诉兰德洛公司案"后，美国法院对原告主体资格的认定再次转为宽松的立场。⑤ 公共信托理论意味着如果政府未负环境公共财产管理权之义务，任何人均可提起诉讼请求政府履行义务并对其进行监督。但有学者发现，公共信托理论并没有回答有关受托人的限制和义务等相关问题，遇到此种情况时，受托人、律师和法院通常会寻求信托法的帮助。⑥ 对于海洋环境行政公益诉讼来说，若行政机关并未履行相应职责，似乎任何人均可提起诉讼。但问题在于公共信托理论没有完全回答受托人即行政机关的义务问题，且我国也无相关立法补充。因此在检察机关提起检察建议去认定行政机关是否尽到管理环境义务以及公民是否能作

---

① 参见徐祥民、凌欣等《环境公益诉讼的理论基础探究》，《中国人口·资源与环境》2010年第1期，第150页。

② 参见张晓玲《行政公益诉讼原告资格探讨》，《法学评论》2005年第6期，第137页。

③ John Denvir, *Towards a Political Theory of Public Interest Litigation*, 54 North Carolina Law Review 1134（1976）.

④ 侯宇：《美国公共信托理论的形成与发展》，《中外法学》2009年第4期，第624～626页。

⑤ 参见吴卫星《环境公益诉讼原告资格比较研究与借鉴——以美国、印度和欧盟为例》，《江苏行政学院学报》2011年第3期，第131～132页。

⑥ See John C. Dernbach, *The Role of Trust Law Principles in Defining Public Trust Duties for Natural Resources*, 54 University of Michigan Journal of Law Reform 77（2020）.

为原告主体时，该理论似乎无法给出明确的答案。

3. 公众参与理论

与前两种理论不同的是，公众参与理论更像是以公民的角度主张公民对环境的各种权利。该理论在美国"公民诉讼"中体现得淋漓尽致。这是因为美国众多环境法均将"公众参与"具体细化到每一个环境决策、标准制定以及许可证管理制度之中，并且授权任何公民都可以就"公众参与"提起"司法审查"或者"公民诉讼"。① 但是该理论的内涵并非无限度地扩张公民参与环境治理的权利，而是对权利进行限缩，即只有符合一定诉因的当事人才能起诉。这一做法的缘由在于公民无法定的实体管理权，无权对破坏环境行为采取法律上的执行措施，更无强制力措施保障执行。②

《中华人民共和国环境保护法》和《中华人民共和国海洋环境保护法》均赋予了公民享有获取环境信息、参与和监督环境保护的权利。③ 但从公众参与理论的内涵视角看，不能无限度地扩张公民参与权，公民也不能直接作为起诉者起诉，以防出现公民指导或代替行政权行使的现象。

以上三种理论最重要的是私人检察长理论。私人检察长理论开辟了以法律方式授权以检察机关为首的非利害关系人提起诉讼，并为行政机关的控权提供了社会监督的新形式，同时也为社会组织和公民个人作为原告主体提供了依据。而公共信托理论与公众参与理论的理论内涵则是体现了避免公民诉权的无限度扩张，这与我国未将公民纳入公益诉讼原告主体资格的现状不谋而合。与"公共信托"相对应的是我国人大对行政机关的授权，将公民所享有的环境利益授权给行政机关管理。基于公共信托理论促进原告主体资格被放宽的情况下，巩固了社会组织作为海洋环境行政公益诉讼原告主体资格的理论基础。同时，这也能将公众参与理论的核心，即公民对环境享有的各种权利作为一项原则予以落实。

## 二、海洋环境行政公益诉讼原告主体制度构建中的问题

海洋环境行政公益诉讼内容复杂，涉及的法律规范众多，不仅涉及诉讼法

---

① 参见张辉《美国环境公众参与理论及其对中国的启示》，《现代法学》2015 年第 4 期，第 148 页。

② 参见张辉《美国环境公众参与理论及其对中国的启示》，《现代法学》2015 年第 4 期，第 149～152 页。

③ 参见《中华人民共和国环境保护法》第 53 条和《中华人民共和国海洋环境保护法》第 4 条。

部门与环境法部门，还涉及一系列司法解释。通过对法律规范进行分析发现，该类诉讼呈现出原告主体资格过于狭窄从而难以对行政机关做到全方面监督、检察机关在海洋环境行政公益诉讼中的法律地位双重性可能导致检察机关与行政机关的利益难以衡平、现行法并未完全否认社会组织的行政公益诉权等问题。

## （一）单一原告主体资格过于狭窄

不同于海洋环境民事公益诉讼，《最高人民法院、最高人民检察院关于办理海洋自然资源与生态环境公益诉讼案件若干问题的规定》第5条规定了海洋环境行政公益诉讼采用原告主体一元论即检察机关为唯一原告主体。这一选择可能与我国行政公益诉讼的监督功能有关。[①] 但需要注意的是，在我国经济高速发展和城市现代化的进程中，行政机关仍旧存在针对破坏环境不作为以及乱作为等问题。[②] 这一问题产生的原因仍与海洋环境行政公益诉讼的原告主体资格单一有着莫大关系。一方面，公民和社会组织对于行政机关不作为、乱作为的现象缺乏诉权以及强力手段，因此并不能有效地进行社会监督。另一方面，司法实践中的种种问题已经体现出检察机关的局限性，最典型的即是案件线索收集的被动性。[③] 检察机关在任务本就繁重的情况下，倘若连破坏环境的行政行为都难以发现，后续治理便无从谈起。

相较于平等主体间进行的民事公益诉讼活动，行政公益诉讼所面对的是纵向法律关系中的行政机关，因而更需要进行规制。也有学者指出："行政公益诉讼本就是为保护公益，促进政府依法行政而突破行政诉讼原告资格标准的产物，其原告资格标准相较于一般的行政诉讼应更为宽松。"[④] 因此，检察机关作为海洋环境行政公益诉讼的唯一原告主体未免过于狭窄。

## （二）检察机关法律地位的双重性易导致诉讼构造的失衡

检察机关作为我国的法律监督机关，在行使法律监督时有着不可或缺的作

---

① 参见刘艺《检察公益诉讼的司法实践与理论探索》，《国家检察官学院学报》2017年第2期，第10～13页。

② 参见林仪明《我国行政公益诉讼立法难题与司法应对》，《东方法学》2018年第2期，第152页。

③ 参见秦前红《检察机关参与行政公益诉讼理论与实践的若干问题探讨》，《政治与法律》2016年第11期，第85～87页。

④ 蒉君：《行政公益诉讼原告资格研究》，《东南大学学报（哲学社会科学版）》2020年第22卷增刊，第36页。

用。① 然而，《关于检察公益诉讼案件适用法律若干问题的解释（2020）》第 4 条将检察机关的身份定义为"公益诉讼起诉人"，这一规定确立了检察机关在海洋环境行政公益诉讼中的双重身份：监督者与起诉者。具体而言，检察机关作为国家法律监督机关能在诉讼中对行政机关的违法失职行为予以监督，但检察机关在诉讼中又处于原告地位，充当着起诉者。就海洋环境行政公益诉讼的目的而言，是以检察机关的职能督促行政机关执法，体现了检察机关的监督者身份，但"公益诉讼起诉人"的称谓却表明了检察机关在诉讼过程中的起诉者身份。回顾《中华人民共和国行政诉讼法》第四章中的行政公益诉讼规定，即检察机关的权利义务乃参考诉讼参与人之规定②，不禁让人思考，检察机关在诉讼活动既作为起诉者又作为监督者，其定位不明极易导致诉讼构造失衡，使得被告难以应对诉讼请求，甚至导致检察机关权利滥用的现象产生。检察机关若过多地在诉讼中以监督者的身份干涉被告行政机关的权利行使，则可能会进一步加重法院的审判工作量。因此需要明确检察机关的定位，衡平检察机关与行政机关的利益，防止检察机关既提起诉讼又监督诉讼。

## （三）法律没有明确社会组织的行政公益诉权

从法律原则角度来看，《中华人民共和国环境保护法》第 6 条与《中华人民共和国海洋环境保护法》第 4 条，均将保护环境作为一切单位和个人的义务，并设有对污染和破坏环境的单位与个人进行控告和检举的权利。③ 上述两条法律条文，既是权利义务性规范，亦是具有综合性、指导性的原理准则。对"污染和破坏环境的单位"进行文义解释时不难发现，环境监督管理部门的不作为与乱作为造成的结果等同于污染和破坏环境。基于此，单位与个人当然享有控告权。

首先，从具体的法律规则来看，《中华人民共和国环境保护法》规定社会组织可以对污染环境、破坏生态，损害社会公共利益的行为提起诉讼。④ 《中华人民共和国海洋环境保护法》和《最高人民法院关于审理海洋自然资源与

① 参见《中华人民共和国宪法》第 134 条。
② 参见张式军、赵妮《环境行政公益诉讼中的和解制度探究》，《中州学刊》2019 年第 8 期，第 59 页。
③ 《中华人民共和国环境保护法》第 6 条规定，一切单位和个人都有保护环境的义务，并有权对污染和破坏环境的单位个人进行检举和控告；《中华人民共和国海洋环境保护法》第 4 条规定，一切单位和个人都有保护海洋环境的义务，并有权对污染和破坏海洋环境的单位和个人进行监督和检举。
④ 参见《中华人民共和国环境保护法》第 58 条。

生态环境损害赔偿纠纷案件若干问题的规定》则规定了海洋环境监督管理权的部门的民事公益诉权。① 《中华人民共和国环境保护法》与《中华人民共和国海洋环境保护法》属于同一法律位阶，后者属于在海洋环境领域的特别法，根据特别法优于一般法的法理，海洋环境监督管理部门的民事公益诉权显而易见，但这也仅限于民事公益诉讼。而在海洋环境行政公益诉讼中，该主体则成为被诉对象，《中华人民共和国海洋环境保护法》并未对相关原告主体的资格做出规定。

其次，《中华人民共和国环境保护法》如何界定"污染环境、破坏生态，损害社会公共利益的行为"尚未明确，"社会组织可以向人民法院提起诉讼"也未将社会组织的公益诉权限于民事公益诉讼。即使最高人民法院对民事公益诉讼相关问题做出司法解释，但该司法解释仅针对民事公益诉讼的司法实践问题，并不能从立法层面将社会组织的行政公益诉权予以否认。

最后，从环境法与诉讼法两大法律部门来看，环境法规定单位与个人保护环境的权利义务二重性规范，而在行使具体诉权时，行政公益诉讼制度并未把社会组织列为原告主体，这既导致了上述规范被束之高阁，又导致在对法律规则做出解释时产生矛盾，使得社会组织是否享有行政公益诉权变得更加不明确。显然，《中华人民共和国环境保护法》《中华人民共和国海洋环境保护法》《中华人民共和国行政诉讼法》之间存在衔接缺失，导致对社会组织的行政公益诉权做出了不同的解释。

## 三、海洋环境行政公益诉讼原告主体制度在司法实践中面临的桎梏

我国于 2019 年开展"守护海洋"专项监督活动，通过对沿海检察机关办理海洋环境行政公益诉讼案件，进而产生了一批由最高人民检察院公布的典型案例。通过对典型案例的梳理能发现海洋环境行政公益诉讼原告主体资格在司法实践中仍有一些潜在问题。

（一）原告主体资格的单一性导致案件线索收集的被动性

2019 年，《最高人民检察院关于开展公益诉讼检察工作情况的报告》表明检察机关办理案件时更多是借助刑事追索已锁定的对象、固定的证据拓展公益

---

① 参见《中华人民共和国海洋环境保护法》第 89 条和《最高人民法院关于审理海洋自然资源与生态环境损害赔偿纠纷案件若干问题的规定》第 5～6 条。

诉讼效果。① 有学者同样做了实证调查并指出，实践中，检察机关履行职责中发现的线索绝大部分是刑事侦查部门在履行审判监督职责中发现的线索，是负责行政公益诉讼的检察部门"被动"得到的线索。② 海洋环境行政公益诉讼作为行政公益诉讼下的子集，二者在具体案件操办上存在相似性。最高人民检察院公布的海洋环境行政公益诉讼指导性案例中有两起案件提起海洋环境行政公益诉讼诉中程序，另外八起均在诉前以检察建议的方式予以解决。③ 上述案件公布了检察机关的线索来源的共 7 起，在该 7 起案件中，检察机关获取线索的方式来源于中央环保督察与信访交办、人大常委会调研等。④ 更有甚者是通过生态环境部发布全国各地区水环境质量变化情况才知悉当地存在废水未经处理直接排放至近海水域的情形。⑤ 而在"青岛市崂山区居民小区生活污水直排入海案""文昌市海洋与渔业局不履行处置违法定置网破坏渔业资源案"中，居民和新闻媒体的作用被予以凸显。⑥ 正是通过社会监督的方式，才使得当地海洋环境资源长期被破坏、污染的情形被披露，从而使得检察机关掌握线索，知悉案情。

对于检察机关难以在履行职责中主动发现线索的问题，有学者认为："检察机关提起环境公益诉讼进行监督，运行原理是以'权力监督权力'，案件线索查找受到主体视角和信息获取渠道的限制。"⑦ 这不无道理，但检察机关的主体视角和信息获取渠道会因其法律监督地位的原因而难以被更正，这与海洋环境行政公益诉讼的单一原告主体资格有关。一方面，通过上述典型案例特征

① 参见最高人民检察院官网，https：//www.spp.gov.cn/spp/tt/201910/t20191024_435925.shtml，访问日期：2023 年 1 月 5 日。

② 参见张明彭、陈宏光《行政公益诉讼现存问题探讨——基于 90 篇裁判文书的实证分析》，《景德镇学院学报》2021 年第 1 期，第 109～111 页。

③ 参见最高人民检察院官网，https：//www.spp.gov.cn/xwfbh/wsfbt/202004/t20200429_460199.shtml#1，访问日期：2023 年 1 月 7 日。

④ 参见最高人民检察院官网，https：//www.spp.gov.cn/xwfbh/wsfbt/202004/t20200429_460199.shtml#1，访问日期：2023 年 1 月 7 日。以上案件分别为"浙江省平阳县守护南麂岛系列案""山东省招远市违建码头整治案""天津市古海岸与湿地国家级自然保护区海洋生态环境保护案""广西壮族自治区防城港市污水直排污染红树林生存环境案"。

⑤ 参见最高人民检察院官网，https：//www.spp.gov.cn/xwfbh/wsfbt/202004/t20200429_460199.shtml#1，访问日期：2023 年 1 月 7 日。该案为"辽宁省盖州市入海河流污染渤海生态环境案"。

⑥ 参见最高人民检察院官网，https：//www.spp.gov.cn/xwfbh/wsfbt/202004/t20200429_460199.shtml#1，访问日期：2023 年 1 月 7 日。

⑦ 丁国民、贾丹丹：《环境行政公益诉讼提起主体之拓展》，《东南学术》2021 年第 6 期，第 112 页。

已指出检察机关难以主动挖掘海洋行政公益诉讼案件线索；另一方面，社会公众作为置于各大角落的监督力量，缺乏相应的行政公益诉权去规制行政机关，基于此，社会公众大多缺乏主动监督和起诉的意愿，除非该环境问题已损害到私益。这就导致检察机关难以通过公共途径这一最便捷的方式主动发现案件线索，最终造成其案件来源线索稀少、被动获取案件线索的局面。因此，有必要在一定程度上拓展海洋环境行政公益诉讼原告主体资格。

（二）社会组织的诉讼力量在司法实践中被限制

《中华人民共和国海洋环境保护法》并没有规定社会组织享有海洋环境公益诉讼原告主体资格，相关司法解释也未确定其公益诉权。在海洋环境公益诉讼司法实践中，存在"中国生物多样性保护与绿色发展基金会诉平潭县流水镇人民政府等海洋环境公益诉讼案"①、"重庆两江志愿服务发展中心、广东省环境保护基金会诉广东世纪青山镍业有限公司等海洋环境公益诉讼案"②、"自然之友环境研究所诉荣成伟伯渔业有限公司海洋环境公益诉讼案"③ 等案件，上述案件无论被诉对象是海洋环境监督管理部门还是破坏海洋环境资源的侵权主体，社会组织的原告主体资格均在司法实践中被否认。可见，涉及海洋环境资源的行政与民事两大公益诉讼范畴中，社会组织已经在事实上失去其效能。而在最高人民检察院颁布的"浙江省舟山市人民检察院诉杨某某等人海洋环境公益诉讼系列案"中显示，该检察院在 2019 年 4 月的诉前程序中督促适格主体提起海洋环境公益诉讼，但未有机关或社会组织提起。④ 对于"社会组织"一词的出现，引发的思考便是是否应对相关法律进行扩大解释，以"实践试行"的方式谋求社会组织的原告主体地位？

海洋环境行政公益诉讼与海洋环境民事公益诉讼、环境行政公益诉讼三者所保护的相应的环境资源存在同源性，其本质相同，均彰显了公共利益。作为公民所享有的公共利益在被侵害时，公民有权对损害其利益的行为予以控告监督，而作为公民之代表与社会监督之典型的社会组织在控告监督方面则具有重要作用。反观适用范围更为广泛的《中华人民共和国环境保护法》，其在 2015 年被修订后极大地推进了环境公益诉权，这似乎是为社会组织开辟了道路，但

---

① （2018）闽民终 385 号，福建省高级人民法院，2018 年 5 月 20 日。

② （2017）粤民终 2635 号，广东省高级人民法院，2019 年 4 月 11 日。

③ （2019）最高法民申 6214 号，最高人民法院，2019 年 12 月 20 日。

④ 参见最高人民检察院官网，https://www.spp.gov.cn/xwfbh/wsfbt/202004/t20200429_460199.shtml#1，访问日期：2023 年 1 月 6 日。

司法解释却为了防止实践中社会组织的滥诉行为而对社会组织的起诉条件进行了更为严格的限定，同时，社会组织自身资金、人力、物力上的不足也使得其诉讼力量被限制。①

（三）单一的原告主体资格难以转向预防性行政公益诉讼

最高人民检察院通过开展"守护海洋"检察公益诉讼专项活动，共计摸排线索 2468 件，立案 1773 件，发出诉前检察建议 1411 件；向法院提起公益诉讼 152 件，其中，行政公益诉讼 7 件，民事公益诉讼 34 件，刑事附带民事公益诉讼 111 件，追缴各类赔偿修复金共 2.18 亿元。② 而在此基础上颁布的海洋环境行政公益诉讼的指导案例中，仅在"天津市古海岸与湿地国家级自然保护区海洋生态环境保护案"中，为恢复海域的水动力和水体交换功能的生态维修工程金额便高达 4.5 亿元，其价值远远超过此次专项活动所追缴的修复金。此外，本案还具有时间跨度长的问题，自 2008 年起因道路施工致使海域封闭丧失水体交换能力，但直至 2018 年全国人大执法检查时，才由当地检察机关督促相应职责的行政机关依法履职。无独有偶，上文提到的"青岛市崂山区居民小区生活污水直排入海案""浙江省平阳县守护南麂岛系列案"也存在时间跨度长的问题。前者自 2008 年起便出现了排污情形，却直至 2017 年由居民反映才使得检察机关行使行政公益诉权，最终花费 425 万元开展清除工程清除污染；至于后者，自 2016 年起相关行政机关先后四次下达责令改正决定，却未依法对侵权者予以处罚，直至中央环保督查挂牌督办，才予以解决。

海洋环境行政公益诉讼的原告主体资格不同于海洋环境民事公益诉讼，它仅限于检察机关。但以上案例表明，检察机关作为唯一的原告主体并不能适时地对海洋环境监督管理部门的行为予以规制，该滞后性处置方式可能导致损失进一步扩大，造成难以弥补的损害。虽然《中华人民共和国行政诉讼法》与《中华人民共和国民事诉讼法》中的公益诉讼条款并未明确要求实际造成公共利益损害，但《中华人民共和国环境民事公益诉讼解释》仍设计了预防性环境民事公益诉讼，通过类比，预防性行政公益诉讼的制度设计也可以留存一定空间。③ 如果将预防性公益诉讼贯彻到海洋行政公益诉讼当中去，上述案例体

---

① 参见崔爱鹏《社会组织提起环境公益诉讼的困境与出路研究》，《学习论坛》2017年第 9 期，第 76～78 页。

② 参见最高人民检察院官网，https：//www.spp.gov.cn/xwfbh/wsfbt/202004/t2020042 9_460199.shtml#2，访问日期：2023 年 1 月 6 日。

③ 参见吴良志《论预防性环境行政公益诉讼的制度确立与规则建构》，《江汉学术》2021 年第 1 期，第 18 页。

现的应然与实然的冲突会导致预防性行政公益诉讼不能切实地转化为具体诉讼制度，阻碍海洋环境行政公益诉讼的发展，从长远来看，也不利于海洋环境资源保护。

## 四、完善海洋环境行政公益诉讼原告主体资格制度的具体建议

虽然行政公益诉讼制度的建立至今已有 5 年，但其具体领域尤其是海洋环境领域的问题仍复杂困难，耗费的人力物力以及对海洋环境造成的巨大损害等问题短时间内解决的可能性较小。面对海洋环境行政公益诉讼所面临的制度困境以及司法实践中存在的问题，应当通过以下几个方面来完善海洋环境诉讼原告主体制度。

（一）贯彻预防性司法理念以确立检察院"公益诉讼监督人"的地位

《关于检察公益诉讼案件适用法律若干问题的解释（2020）》第 4 条将检察机关的身份定义为"公益诉讼起诉人"，它与《中华人民共和国行政诉讼法》第 25 条中的"诉讼参与人"相对应。然而，检察机关作为国家法律监督机关，其监督的职能不能因司法解释的规定而予以文义上的弱化。海洋环境行政公益诉讼系行政公益诉讼在海洋领域的体现，其仍具有以检察机关作为国家法律监督机关监督行政职权的功能。如果仅将检察机关定义为"公益诉讼起诉人"，反而会因其文义对检察机关的法律地位产生误解。"从某种程度上讲，检察机关提起的行政公益诉讼具有宪法监督之意，由检察机关依法监督行政执法机关是否正确实施法律，是对立法机关监督法律实施职能的延伸。"[1] 因此，检察机关在海洋环境行政公益诉讼中被界定为监督者更合适。另外，在我国当前的海洋环境行政公益诉讼中，检察机关处于"代位"地位，以先提起检察建议后提起诉讼的方式，在海洋环境监督管理部门不履行法定职责时提起诉讼。[2] 此种制度设计颇有被动的感觉，因为司法实践中的绝大多数案件都是行政不作为、确认行政行为违法的案件，并不存在因可能造成社会公共利益损害

---

[1] 刘艺：《检察公益诉讼的司法实践与理论探索》，《国家检察官学院学报》2017 年第 2 期，第 10 页。

[2] 参见吴尚聪《检察公益诉讼的定位与展望》，《行政与法》2021 年第 12 期，第 75～76 页。

而提起诉讼的案件。有学者指出："这一现状与我国行政公益诉讼制度并未留存提起预防性环境行政公益诉讼的空间有关。因此在立法缺失的情况下，应结合环境保护预防为主原则、环境行政公益诉讼目的性以及生态环境损害复杂性、不可逆性等特点，探索在环境行政公益诉讼中贯彻预防性司法理念。"[①]这种观点为在海洋环境行政公益诉讼中贯彻事前救济的预防理念提供了一定指引。海洋环境资源相较于其他自然环境资源而言有所不同，一旦被破坏，其产生的损失会更加复杂严重，恢复代价的高昂更是导致了损益难以平衡。上文已指出司法实践的问题致使海洋环境行政公益诉讼难以转向，而检察机关"代位"地位又使得其提起的诉讼在效果上体现为事后救济，更多体现为检察系统主导的国家权力内部的制约拘束功能。[②]故有必要将"公益诉讼起诉人"之称谓修改为"公益诉讼监督人"。在诉讼层面，不应过多地强调其起诉地位，而是应强调其监督地位，以支持社会组织起诉、与社会组织协同的方式参加诉讼，这样则更有助于理解检察机关本身的职权，防止其法律地位的错乱，也能使社会监督发挥其效能。

（二）尝试赋予社会组织原告主体资格

海洋环境行政公益诉讼的信息共享功能与社会组织的性质具有一致性，因为后者在获取海洋生态环境信息时具有天然优势，而海洋环境行政公益诉讼则通过诉讼权利的定向授予，强化海洋生态环境保护过程中信息的传输与共享。[③]二者在此功能上可以实现相辅相成。从监督的角度来看，社会组织对海洋环境管理部门的监督属于社会监督，但司法实践中的问题如检察机关案件线索收集的被动性、处置污染海洋环境行为的滞后性等，已经从侧面反映了社会组织在当前法律规定下在诉讼层面并无行使社会监督的权利，并发挥社会监督职能的优势。从政府部门与公民的关系来看，海洋环境监督管理部门的不履职可能导致公民陷入"塔西佗陷阱"，[④]而检察机关的公务性质相比于公民设立的社团组织而言，其对于公民的可接受性而言是较弱的。作为政府与公民之间

---

① 秦天宝、陆阳：《从损害预防到风险应对：预防性环境公益诉讼的适用基准和发展方向》，《法律适用》2022年第3期，第124～126页。

② 参见张晓飞、潘怀平《行政公益诉讼检察建议：价值意蕴、存在问题和优化路径》，《理论探索》2018年第6期，第126页。

③ 参见崔金星《环境管制变迁视角下的海洋环境公益诉讼功能定位与机制优化》，《浙江海洋大学学报（人文科学版）》2019年第6期，第9～12页。

④ 参见中国共产党新闻网，http://theory.people.com.cn/n1/2017/0817/c83859-29476402.html，访问日期：2023年1月7日。

力量平衡的社会组织不仅能够秉持独立性参与诉讼，且相较于公民个人具有更强的组织力，能够组织数人一同面对公民个人难以对抗的享有管理权的行政机关，使公民有效参与到环境治理、监督行政机关的过程中，从而提高政府公信力。

社会组织作为原告主体资格亦有其劣势。主要有以下两大方面：一是资金不足。海洋环境行政公益诉讼的复杂性体现在对海洋环境资源的调查取证往往需要借助高新技术或是极具专业性的手段，而此种调查取证的方式，不仅需要专业人员过硬的专业知识，还需要一定的资金以支撑社会组织支付高额的鉴定费用。但社会组织本身作为非营利组织，资金有限，进而会影响其后续的调查取证行为。而在诉讼费用承担方面，司法实践一般是由原告先行垫付，自判决后按照判决比例要求支付实际诉讼费，社会组织有限的资金亦会对其产生影响。二是无法确定能否有效执行判决。不同于传统环境公益诉讼，海洋环境行政公益诉讼面对享有行政权的海洋环境监督管理部门，社会组织不同于现有的原告主体检察机关，后者通过宪法赋予的法律监督权能够以权力监督权力，但前者仅仅是被民政部门赋予其资格的组织，并不享有实际权力。并且海洋环境行政公益诉讼造成的结果往往具有严重破坏性，其修复成本与修复时间远高于一般公益诉讼，如何保证案件能够有效执行也是社会组织面临的问题。

面对上述可能存在的阻碍，可以通过检察机关与社会组织相互间的协同予以解决。检察机关的法律监督权与社会组织获取信息的能力一旦结合，可在信息层面与法律层面取得融通的效果。一方面，检察机关所面临的案件线索以及难以转向预防性诉讼的问题能够通过社会组织所强大的信息获取能力予以弥补，并消解社会组织行政公益诉权的法律解释所产生的法律规范冲突；另一方面，社会组织所面临的执行问题能够通过检察机关本身的职权予以解决，在法律监督对抗行政权的情形下，通过社会组织处于社会监督的站位反作用于公信力降低问题，从而取得法治社会、民主社会的效益。因此，明确社会组织的原告主体资格有其合理性，在法理上也有私人检察长等理论作为理论依据，为其合法性提供支撑。

（三）激励公民参与海洋环境行政公益诉讼并发挥监督作用

激励公民参与海洋环境行政公益诉讼并发挥监督作用，是在检察机关为提出检察建议之前或提出检察建议时通过监督行使公众参与权利。其法理基础在于公民的监督权，能够使检察建议的提起时间得以提前，提前发现损害环境的行为，从而达到转向预防性诉讼的目的，同时还能将公众参与这项原则予以落实。我国宪法规定了国家机关及其工作人员受人民监督，以及公民对与国家工作人员的违法失职行为予以批评、申诉、控告等权利。① 海洋环境行政公益诉讼产生的原因是海洋环境监督管理部门的不作为，这与公民行使上述权利并不矛盾。故而，从宪法上看，公民通过公民监督的方式参与海洋环境行政公益诉讼具有法律基础。

激励公民参与海洋环境行政公益诉讼并发挥监督作用，是基于我国公益诉讼制度尚未将公民纳入原告主体的现实考量。对于排除公民的原告主体资格的制度设计亦是立法者思考我国当下国情和"恶诉防范理论"而采取的稳妥选择。② 理论上，有学者指出，公益诉讼与私益救济的区别在于公益诉讼并非在于损害赔偿，而是在行政救济失效时的补充性救济机制。③ 而将视角转向当下社会情形时，我们也不难发现即使随着国家海洋强国战略与生态文明建设的落实，公民对于海洋生态环境资源的认知得到了进一步的提升，保护海洋环境的意识也普遍提高了，但公民数量庞大、对环境知识认知水平参差不齐，必然会出现重复起诉的情况。更重要的是，对于公民提出的不同诉讼请求，法院不得不审查其是否出于保护社会公益的目的，从而对案件进行案由认定，这显然会极大地增加司法工作人员的负担。

当下世界各国公益诉讼原告主体资格的确认过程正逐步放宽。④ 随着我国公众对海洋生态资源环保意识的提高，在公民参与海洋环境行政公益诉讼时，我国也不应将公民完全排除在外，而是应当采取积极鼓励的态度，以保护公民的监督权和公民对海洋生态环境问题的热心关切。此种方式既有利于拓宽并落实公民权利以实现对行政权不断扩张的规制，又能达到法治国家、法治政府、法治社会共同推进的效果。对于激励公民以"非诉"的形式参与海洋环境行政公益诉讼提出以下建议：首先，设立公民环境问题投诉站，通过检察机关与社会组织协同合作查证、整合和解决公民投诉的问题。公民作为最广泛的监督者，更能直接体会到周边环境问题，尤其是沿海居民，其生活往往与海洋密切相关。但有时单纯的行政执法投诉并不能取得实质效果，也不是所有的投诉都能上升到诉讼层面。因此需要通过上述机关组织对其加以指导并解决问题，对"枫桥经验"进行创造性转化，实现区域化的管理和监督。在投诉站依旧不能

① 参见《中华人民共和国宪法》第 27 条和第 41 条。

② 参见刘汉天、刘俊《公民环境公益诉讼主体资格的法理基础及路径选择》，《江海学刊》2018 年第 3 期，第 215～218 页。

③ 参见王译《环境公益诉讼起诉资格范围之检讨》，《河南财经政法大学学报》2018 年第 2 期，第 102～104 页。

④ 参见洪泉寿《域外环境民事公益诉讼原告资格制度》，《人民法院报》2018 年 6 月 8 日，第 8 版。

解决问题的时候，请求社会组织或检察机关提起海洋环境行政公益诉讼。其次，增设公民"举报"奖励机制。公民若在上述过程中对相关海洋环境监督管理部门的不作为进行检举揭发且取得良好的社会效益，可以对公民的行为予以宣传表彰，提高公民的参与感与荣誉感，以构建更加完善的海洋生态环境监督与保护体系。

## 五、结语

就海洋环境行政公益诉讼原告主体资格的问题，基于当下国情和我国渐进式的立法模式，可以从检察机关、社会组织与公民三个方面予以修正优化。首先，对检察机关的法律地位予以优化；其次，论证研究社会组织原告主体资格的必要性；最后，提出建立"公民环境问题投诉站"的方式激励公民参与海洋环境行政公益诉讼并发挥监督作用。

海洋环境行政公益诉讼原告主体资格的确定既是一种立法的选择，也是不同价值间冲突的平衡，其中，预防性行政公益诉讼制度的构建、行政权与检察权之间的互动等问题仍需要深入研究。随着公众参与理念的深入与多元化主体协同保护海洋环境机制的构建，海洋环境行政公益诉讼将很可能呈现原告主体资格多元化的趋势。届时，检察机关的相应职权也会变得更加明细，公民的原告主体资格也很可能被纳入海洋环境行政公益诉讼之中。

# The Plaintiff Qualification of Marine Environmental Administrative Public Interest Litigation

## CHEM Shi　　SHI Yiyang

**Abstract**：Procuratorate is the only plaintiff in marine environmental administrative public interest litigation （MEAPIL） in China. While the single plaintiff has brought series of problems to the MEAPIL and judicial practice, and thereby restricts the development of MEAPIL. Therefore, it certainly needs to study on the plaintiff qualification in MEAPIL, and expounds the status and basic theory of the plaintiff in this kind of litigations. By combing the domestic legal provision of MEAPIL, this paper will also reflect on the defects of the plaintiff qualification in present, and by means of cases to analysis the difficulty in judicial practice. In view of this, putting forward suggestion to improve the authority of procuratorate, clarifying the plaintiff qualification of social organization, and stimulating public participate in administrative public interest action in non-litigation way, in order that providing preventive litigation concept for all subjects to promote the protection of sea environment and urging administration crack down environmental damage of ocean positively.

**Key words**：MEAPIL; plaintiff qualification; administrative public interest litigation; preventive litigation; public participation

# 国际海底矿物资源勘探开采法律制度的发展[*]

张克宁[**]

    2022 年 12 月 10 日是 1982 年《联合国海洋法公约》（以下简称《公约》）在牙买加蒙特哥湾通过并开放签字 40 周年的日子，第 77 届联合国大会（以下简称"联大"）于 2022 年 12 月 8 日在纽约联合国总部举行了纪念大会。1994 年 11 月 16 日《公约》生效当日，国际海底管理局（以下简称"海管局"）在其总部所在地——牙买加首都金斯敦成立。2023 年 11 月，海管局将迎来成立 29 周年的生日。海管局秘书长迈克尔·洛奇在 2022 年 12 月 8 日联大纪念《公约》通过并开放签字 40 周年大会的发言中说："联大每年都重申《公约》及其两个执行协议确立了进行全部海洋活动的法律框架。国际海底管理局在这一框架中扮演着一个重要角色。作为一个被授权为了全人类利益组织和控制'区域'内活动、保护海洋环境、促进和鼓励海洋科研的国际组织，海管局是海洋治理大厦的一根主要支柱。《公约》的卓越功绩在于建立了一个对全球公

    [*] 本文系对 2022 年《中山大学海事法文丛（第一辑）》（中山大学出版社 2022 年版）海事法系列讲座第一期《国际海底矿物资源勘探开采法律制度的发展》一文的修订、更新和补充，在此特别向张克宁教授表示感谢，并对其认真严谨的治学精神致以敬意！

    [**] 北京大学法学博士，北京大学法学院及中国人民大学法学院兼职教授，自然资源部海底科学重点实验室客座研究员。曾任厦门大学法学院南海研究院讲座教授、国际海底资源法研究室主任、浙江大学光华法学院讲席教授。主要研究方向为国际法、国际海洋法。曾任教于北京第二外国语学院英语系，任《人民日报》国际部编辑，外交部条约法律司处长及法律顾问，中国常驻联合国代表团参赞兼法律顾问，联合国国际海底管理局首席法律事务官（D1）兼企业部临时总干事，联合国禁止酷刑委员会委员。曾就读于北京四中、北京第二外国语学院英语系、中国社会科学院研究生院新闻系国际新闻报道专业，后考取澳大利亚政府奖学金并由国家选派至墨尔本大学法学院学习国际法与国际经济法（1980—1982 年）。曾在加拿大不列颠哥伦比亚大学法学院任客座讲师（1986 年），在美国纽约大学法学院做访问学者（1986—1987 年）。曾任海牙国际法学院国际私法课程研究主任（1992 年）。

域共同管理的制度，该制度在所有国家从事勘探开发资源的权利与国际社会保护和保全海洋环境、分享自然资源惠益的利益之间，取得了有效平衡。海管局代表着一个国际社会如何为了全人类的利益，一道管理一片共享的空间和一种共享的资源的共同愿景，因此，其独特的作用和使命，使其比以往任何时候都更加处于有关多边主义的有效性和全球海洋法治讨论的中心地位。"① 本文拟就海管局成立后近 30 年来忠实履行《公约》及《关于执行 1982 年 12 月 10 日联合国海洋法公约第十一部分的协定》② （以下简称《第十一部分协定》）的有关实践，做一简要回顾。

## 一、海管局的组织结构与决策程序

国际海底如今由海管局管理。1994 年 11 月 16 日《公约》生效当日，海管局在牙买加首都金斯敦成立。这是因为依照《公约》的相关规定，海管局大会应在《公约》生效之日召开。当时已批准《公约》的 60 个国家自动成为海管局大会的首批成员国。截至 2022 年 5 月 22 日，大会成员数量已达 168 个，其中包括 167 个国家和欧洲联盟。③

海管局作为依据《公约》设立的三个国际机构之一，其任务是组织、控制、管理海底活动。海管局不是联合国的专门机构，但它作为由联合国建立的国际组织，根据 1997 年与联合国签署的关系协定以及 2013 年生效的《国际公务员制度委员会章程》，其国际职员与联合国总部及其系统内各专门机构职员享有共同制度（common system）下的人事标准，在工资、津贴、养老金、执行公务国际旅行通行证发放，以及诉诸联合国内部司法机构解决劳务纠纷方面享有统一的标准与服务条件。海管局的总部设在牙买加的首都金斯敦，这是因为历史上要求海底管理局的总部必须设立在发展中的小岛国。当时的候选国分别是斐济、马耳他和牙买加。牙买加能被选中主要是因为，一方面，虽然它与

---

① Statement by H. E. Michael Lodge, Secretary-General of the International Seabed Authority at the Commemoration of the 40th Anniversary of the Adoption and Opening for Signature of the United Nations Convention on the Law of the Sea, UNHQ, New York, 8 December 2022, www. isa. org. jm.

② International Seabed Authority, Secretary-General's Informal Consultations on Outstanding Issues Relating to the Deep Seabed Mining Provisions of the United Nations Convention on the Law of the Sea: Collected Documents, 2002, Kingston, www. isa. org. jm.

③ 国际海底管理局秘书长根据《联合国海洋法公约》第 166 条第 4 款提交的报告，ISBA/27/A/2。

斐济同为英联邦成员国，但它率先争得了英联邦国家的承诺支持，斐济被迫退出竞选；另一方面，拉美国家在20世纪70年代主张200海里的海洋权，善于协调行动，在海管局东道国问题上支持属于拉美与加勒比地区的牙买加竞选。而且，牙买加最后能以一票的微弱优势成功当选，还少不了苏联投出的乌龙票。苏联主张在马耳他设立海底管理局，因为马耳他地处地中海，环境优美且贫富差距很小，离莫斯科也近。但是在第三次联合国海洋法会议就海管局总部设在牙买加投票时，俄文同声传译错把"牙买加"译成了"马耳他"，于是苏联代表团就对牙买加误投了赞成票，随着大会主席新加坡许通美大使一锤定音，木已成舟。虽然苏联代表团事后要求重新投票，但是大会主席以计票结束因而无法重新投票为由拒绝了该要求，并宣布牙买加被确定为海底管理局的东道国。① 海管局成立近29年来，是世界上唯一一个总部设在小岛屿发展中国家的全球国际组织，与东道国始终保持着良好关系。

海管局内部设有大会、理事会、秘书处三个职能机构。大会下设财务委员会，理事会下设法律技术委员会（以下简称"法技委"）。大会是海管局最高权力机构，很多事项由理事会确定后再交由大会通过。大会主席每年一换，由5个地区的代表轮流担任。这5个地区分别是非洲、亚洲和太平洋岛国、西欧、东欧、拉美加勒比地区。截至2022年8月，大会除了168个成员外，还有98个观察员。这98个观察员来自29个主权国家、32个包括联合国在内的国际和政府间组织、37个非政府组织。②

海管局理事会的成员分为A、B、C、D、E 5个分组（chamber或group）。其中A分组代表海底矿物资源最大的进口和消费国，属于实力很强的组别。A分组的4个席位过去有2个是常设的，分别留给了美国和苏联。③ 但是在1998年以后，美国丧失了在该组的席位，原因是1994年7月《第十一部分协定》在纽约联合国总部签署时，正值克林顿政府推动美国加入《公约》，因此美国常驻联合国代表奥布莱特大使代表美国签署了该协定。④ 按照该协定，非《公

---

① See Satya N. Nandan with Kristine E. Dalaker, *Reflection on the Making of the Modern Law of the Sea*, Ridge Books Singapore, 2021, p. 182.

② www. isa. org. jm, as of June 9, 2023.

③ 《关于执行1982年12月10日联合国海洋法公约的协定》，附件，第3节，第15（a）段。

④ Statement by H. E. Ambassador Madeleine Albright, Permanent Representative of the United States of America, to the United Nations General Assembly on 27 July 1994, in *The Law of the Sea Compendium of Basic Documents*, International Seabed Authority in collaboration with the Caribbean Law Publishing Company, Kingston, 2001.

约》当事国签署该协定可获得海管局的临时成员资格，有效期至 1998 年 11 月 16 日。① 据此，美国在海管局获得临时成员资格，并成为理事会 A 分组成员，在法技委和财务委员会也得以选举了美国委员。然而 4 年后临时成员资格有效期结束时，美国议会还是没有批准加入《公约》，于是美国失去了在理事会的席位，原来的席位改由意大利占据。意大利在进入 A 分组时与美国订立了协议，承诺替美国守住 A 分组的固定席位，有朝一日如果美国批准加入《公约》，意大利将主动将该席位返还给美国。然而直至今日，这个席位仍然由意大利替美国掌管着。法技委和财务委员会的美国委员也在美国失去临时成员资格后，终止了在两个机构的委员资格。理事会 A 分组的另一常设席位则一直由苏联解体后的俄罗斯所有。B 分组则代表在准备和从事"区域"活动中最大的投资国，衡量标准是申请国在申请前曾经投资的资金数额。依据这一标准，海管局成立时，中国、印度和韩国都排在前列。C 分组代表海底矿物资源最大的生产国，一共有 4 个席位，其中起码有 2 个席位归属于有望成为生产大国的发展中国家。D 分组成员代表具有特殊利益的发展中国家，共设有 6 个席位，其中包括具有特殊利益的发展中国家，即最大人口国、最不发达国家等。E 分组是大组，其中的 18 个成员席位按地区公平分配。当初 E 分组的席位只属于发展中国家，现在在理事会有发言权的发达国家成员也可以参与其中。

我国在海管局成立之初对海底矿物资源的消费水平不高，未达到进入 A 分组的条件，只能进入 B 分组。2001 年我国加入世界贸易组织后，经济实力发生了翻天覆地的变化。当时我国锰、铜、钴、镍 4 种海底矿物资源的进口和消费金额都排到了世界第一。笔者在制作为理事会成员选举所需的上述 4 种矿物的进出口及消费统计文件的长期过程中，也亲眼见证了我国在这些方面的进步和飞跃。我国对这些资源消费能力的大幅度提升，主要是因为发展经济需要大量的矿物资源，而国内原料短缺，只能依靠进口取得。目前，我国的进口总额已经远远超过日本和美国。因此，从 2004 年开始，我国凭实力进入了理事会 A 分组的行列。虽然我国锰、铜、钴、镍目前的进口量和消费量并非全部 4 种都占世界第一位，但起码有 3 种占世界第一位，另外 1 种占世界第二位或第三位。截至 2020 年，我国对 4 种矿物资源的总消费量和总进口量分别占世界

---

① 《关于执行 1982 年 12 月 10 日联合国海洋法公约第十一部分的协定》（A/RES/48/263），附件，第一节，第 12 段（b）。

总消费量的45%和世界总进口量的34.3%，仍然可以稳居 A 分组的席位。①

此外，理事会在实质性问题上的表决机制也值得关注。由于海管局商业色彩浓厚，理事会5个组分别代表不同利益集团，因此，为确保对5个组所代表的利益集团公平公正，《第十一部分协定》规定，在理事会就一项实质性问题做出决定时，除非经过成员协商一致通过，否则一方面，该决定必须经出席并参加表决的成员2/3以上多数做出；另一方面，将 A、B、C 3个分组各作为1个分组，D、E 2个分组中的发展中国家合在一起作为第4个分组，而这4个分组中必须没有任何一个分组有过半数的成员反对该项决定。只有在这两个条件均得到满足的情况下，该事项方可通过。② 因此，理事会对实质性事项的表决采取的是双重表决制度。在实践中，理事会在就实质性事项表决时，秘书处除了需要向出席并参加表决的成员发放同一种颜色的票，还需要向上述4个分组发放4种不同颜色以示区别的票。只要其中1个分组有超过半数的成员投反对票，该项决定就无法通过。这项理事会就实质性问题表决的特殊程序规定，被称为分组表决制（chamber voting system）。

理事会的席位分配是与组织结构与决策有关的另一特色。按照大会成员的地理区域代表性及成员所在的5个地区组分别在大会中的数量，按比例分配理事会席位的计算结果分别是：非洲10个席位、亚洲9个席位、西欧8个席位、拉美7个席位、东欧3个席位，共计37个席位。如此一来，比《公约》规定的36个席位③多出了1个。这个问题难以在国际组织法和以往的实践经验中找到解决办法。1996年，时任海管局大会临时主席的哈希姆·贾拉尔大使（印度尼西亚）想了个办法，即每届理事会开会时，除了席位最少的东欧地区组外，其他4个地区组每届会议轮流"放弃"（relinquish）1个席位，而被要求"放弃"席位的理事会成员在开会时不能行使表决权，但仍然享有发言权。这个充满智慧且行之有效的做法被沿用至今。

理事会下属的法技委主要负责起草规章、规则和指南，审议勘探开采工作计划并向理事会就批准与否提出推荐意见，审议合同承包人每年依照合同提交的工作报告，等等。历史上规定法律技术委员会内设15人，但也规定了如有

---

① Indicative List of Member States of the International Seabed Authority Which Would Fulfill the Criteria for Membership in the Various Groups of States in the Council in accordance with Section 3, Paragraph 15, of the Annex to the Agreement for the Implementation of Part XI of the United Nations Convention on the Law of the Sea of 10 December 1982, ISBA/27/A/CRP. 2, pp. 2 – 6, www.isa.org.jm.

② 同上，附件，第3节，第5段、第9（a）段。

③ 同上，附件，第3节，第15段。

需要可以增加人数。自 2023 年起，法技委委员人数已经增加到 41 人。① 大会下属的财务委员会主管财务方面的事务，在海底管理局具有会费收入之外的足够资金以支付其行政开支之前，15 个成员中必须包括大会成员国中向海管局行政预算缴纳款额最高的 5 个国家的代表。② 这 5 个国家按照缴纳款额多少排序，自 2020 年至今是中国、日本、德国、英国、法国。③

## 二、海底矿物资源及其勘探规章下的合同申请及审议机制

多年来，海管局秘书处将《第十一部分协定》规定的在《公约》生效之后和第一份开采工作计划获准之前的 11 项功能④大体上概括为 5 项，即核发勘探合同并监督合同执行、制定规章、保护和保全海洋环境、促进海洋科研、跟踪世界金属市场价格、深海勘探开采技术发展情况。

目前，海底管理局针对 3 种海底矿物资源分别制定了勘探规章，即 2000 年通过的《"区域"内多金属结核探矿和勘探规章》、2010 年通过的《"区域"内多金属硫化物探矿和勘探规章》、2012 年通过的《"区域"内富钴介壳探矿和勘探规章》，并已于 2012 年在理事会启动了多金属结核开采规章草案的讨论与谈判。

关于上述 3 种海底矿物的分布情况和成矿原因，多金属结核大多分布在 4000～6000 米以下深海床的表层上或表层下，含有锰、铜、钴、镍，主要系由金属成分缓慢从海水中析出、沉淀形成，结核直径一般在 5～10 厘米，大小如土豆。据通常观点认为，这种资源相对而言较容易开采，而且不会引起太大的环境污染，目前已经海底管理局批准的勘探区主要分布在中北太平洋以及北印度洋。多金属硫化物多分布在全球 6 万公里长的大洋中脊沿线，因地球板块碰撞和拉张断裂引起的火山喷发和岩浆冷却的热液作用形成，含铜、铅、锌、金、银。目前经海底管理局批准的勘探区主要集中在大西洋和印度洋的大洋中脊。富钴介壳主要分布在全球特别是西太平洋海底山脉上，系由从海水直

---

① Members of the Legal and Technical Commission (2023－2027)，isa. org. jm；关于法技委的组成和规模自 2016 年开始一直是理事会议程上的问题，并在 2020 年第 26 届会议第一期会议上决定在当年第二期会议上做出最后决定，为此还任命俄罗斯的库尔巴斯基先生为这一事项的协调人（ISBA/26/C/9）。

② 《第十一部分协定》，附件，第 9 节，第 3 段。

③ Members of the Finance Committee (2023－2027)，isa. org. jm.

④ 《第十一部分协定》，附件，第 1 节，第 5 段。

接析出的矿物沉降到硬基岩形成的氢氧/氧化矿床，富含钴、镍及多种金属和稀土元素。目前经海底管理局颁发的几个勘探合同主要集中在太平洋中西部地区。[①] 总之，这三种海底矿物由于成矿原因不同，分布情况和地质地貌也不同，开采难度各异。国际社会现在之所以要对海底矿物资源进行勘探，首先是因为海底的矿物资源品种与陆地上的几乎完全相同，其次是因为陆地上的矿物资源濒临枯竭，而国际海底矿物资源的商业开采还没有开始。因此，国际海底矿物的开采有着非常大的潜力。尤其是当今中国要力争建设海洋强国，白皮书上已经写明我国要向深海挺进，再加上我国利用周边海域资源方面所面临的困难与挑战，我国更需要放眼国际海底的矿物资源的勘探与开采。

目前海管局有待深入研究的第 4 种矿物资源是天然气水合物（可燃冰）。这是介于液体和固体之间的可燃烧的、可以替代石油和天然气的资源，英国、美国、日本、德国和中国近些年都下了很大的功夫去研究。虽然这种海底资源近年来被热烈讨论和提倡，但是国内海洋地质学界的泰斗[②]认为，现在距离真正商业开采这种资源还为时尚早，因为可燃冰的开采稍有不慎就会引发海底爆炸，目前对可燃冰的研究还处于采集样品期，要待条件成熟后才可以进行大规模的开采。

国际海底制度的法律地位由《公约》第 136 条确立，即"区域"及其资源是人类的共同继承财产。该理念由马耳他常驻联合国代表阿尔维德·帕多尔大使于 1967 年率先在联合国提出。1970 年第 25 届联大通过《各国管辖范围以外海床洋底及其底土的原则宣言》，首次宣布国际海底区域资源为全人类共同继承财产，然后才产生了《公约》第 136 条。

海底矿物资源的勘探实行"平行开发制"（parallel system）。已故海底管理局首任秘书长萨特雅·南丹认为，平行开发制是依照《公约》第十一部分和《第十一部分协定》建立起来的机制的核心。20 世纪 60 年代末期至 70 年代中期，高度工业化国家与发展中国家难以就国际海底管理机构在勘探开发锰结核方面的职权范围达成一致。高度工业化国家主张海管局的职能应仅限于向开采集团和国家企业发放许可证，而以 77 国集团为代表的发展中国家主张，既然国际海底及其资源属于全人类共同继承财产，它们应该由一个属于全人类

---

① "海洋矿物资源""多金属结核""多金属硫化物""富钴介壳"，www. isa. org. jm，Publications，Brochures；《"区域"内多金属结核探矿和勘探规章》，ISBA/19/C/17，附件，第 1 条（3）（d）；《"区域"内多金属硫化物探矿和勘探规章》，ISBA/16/A/12/Rev. 1，附件，第 1 条（3）（d）；《"区域"内富钴介壳探矿和勘探规章》，ISBA/18/A/11，附件，第 1 条（3）（a）。

② 著名海洋地质学家、上海同济大学汪品先教授对此有深入研究。

的国际公共企业来开采。在此背景下，1976 年时任美国国务卿亨利·基辛格在第三次联合国海洋法会议第 4 届会议即将召开之际，在纽约提出一个事后以"平行开发制"著称的妥协方案，[①] 该方案建议国际海底资源一方面由一个国际公共企业（即《公约》中的企业部——Enterprise）来开发，另一方面由国家、国家企业、私人企业或以上的联合体来开发。发展中国家担心企业部缺少资金和技术，会使项目无法顺利实施，亨利·基辛格继而提出由工业化国家向企业部提供资金，保证其完成首次开发项目，并保证企业部将得到海底开发技术。[②] 他还建议在 20 年后对这个"平行开发制"的可行性进行审查，以便做出必要的调整与修订。77 国集团经过内部激烈辩论，最终接受了美国提出的"平行开发制"建议，其基本精神后来体现在《公约》第 153 条（勘探与开发制度）以及 3 个勘探规章中。举例来说，按照该条款的原则规定，中国在申请多金属结核勘探区时，需要找到两块具有同等商业价值且每块不超过 15 万平方公里的勘探区，然后交给海管局审核和挑选，由海管局保留其中一块作为保留区，剩下的一块交由中国勘探和开发，但根据规定，中国必须在第一个 15 年合同期内放弃 15 万平方公里中的 50%，仅留下 7.5 万平方公里的区域作为最终勘探和开发区。这就是采用平行开发制的实例。依据相关规定，申请勘探保留区的主体，除企业部外，需符合几个条件，即任何发展中国家，或该国所担保并受该国或任何其他发展中国家有效控制的自然人或法人，或上述各方的任何组合。据此，由发展中国家担保的发达国家公司或自然人也可以作为主体，在保留区申请勘探区。另外，提交海底管理局审议的勘探区不必是完整的一块，就多金属结核而言，只要提交的两块勘探区各有 15 万平方公里，而最后留给勘探合同承包人的勘探区不超过 7.5 万平方公里即可。[③]

---

① See Center for Oceans Law and Policy, University of Virginia School of Law, *United Nations Convention on the Law of the Sea 1982: A Commentary*, Vol. Ⅵ, Dordrecht: Martinus Nijhoff Publishers, 2002, pp. 39 –41、297、305、315、322、516、760、810; Satya N. Nandan with Kristine E. Dalaker, *Reflections on the Making of the Modern Law of the Sea*, Ridge Books Singapore, 2021, pp. 177 – 178; Tommy Koh, *Building a New Legal Order for the Oceans*, Ridge Books Singapore, 2020, pp. 51 –52.

② 参见张克宁、吕鑫楠《国际海底管理局企业部运作的资金、技术困境及对策》，《中华海洋法学评论》2020 年第 2 期；International Seabed Authority, Legislative History of the "Enterprise" under the United Nations Convention on the Law of the Sea and the Agreement relating to the Implementation of Part Ⅺ of the Convention, Kingston, 2002, www. isa. org. jm.

③ 《"区域"内多金属结核探矿和勘探规章》，ISBA/19/C/17，附件，第 15 条、第 17 条、第 25 条。

申请勘探国际海底，必须经过三个规章要求的流程。① 申请者首先须向海管局秘书长提交勘探工作计划，其中包括文本信息（如矿区、坐标）和50万美元的申请费，然后再由秘书长把申请交给法技委，由法技委通过后再转交给理事会审议。理事会如果认为申请者在勘探活动中存在环保、权属方面的问题，则可以将申请驳回给法技委。但是，如果理事会在收到申请半年后仍然没有审议，则申请视为通过。理事会通过申请后，秘书长应与申请者签订勘探合同。海底矿物资源勘探合同的有效期为15年，合同到期可以申请延长5年。② 由于各申请者对海底矿物的前期勘探都是秘密进行的，因此3种矿物的勘探规章一经通过，有备而来的申请者们就抢先向秘书长提交申请，唯恐其他申请者抢在自己前面申请同一块勘探区。如果两个申请者申请的区域有所重叠，则秘书长必须在30天内召集双方商讨解决的办法，理论上递交申请在前的国家有一定的优势，但不意味着先来者就必然获得其申请勘探的全部区域。

由于3种矿物的成矿原因与在深海底分布地点和状况不同，海管局对申请勘探这3种矿物的具体要求也不尽相同。例如，多金属硫化物分布在大洋中脊，而大洋中脊非常狭长，要找到两块商业价值相等的区域相当困难。而且即使有申请者能够找到两块具有同等商业价值的勘探区提交海管局审议，由于两块勘探区可能在狭长的大洋中脊分散蔓延，从而给申请保留区的实际可操作性带来疑问，最终导致硫化物勘探区被几个有实力的申请者瓜分。鉴于多金属硫化物和富钴介壳的特殊分布情况，所以对这2种矿物的勘探规章做出了与多金属结核勘探规章不同的规定，即勘探硫化物和富钴介壳勘探合同的申请者，既可以选择提交两块商业价值相等的矿区供理事会挑选，也可以选择只提交一块矿区供审议，但必须承诺在商业开采开始以后与海管局企业部进行合资经营，

---

① 3个勘探规章的第三部分：请求核准合同形式的勘探工作计划的申请。

② 根据理事会主席就第26届理事会续会期间工作的声明（ISBA/26/C/13/Add.1）："10. 在第266次会议上，理事会审议了法律和技术委员会就七项请求将已核准的多金属结核勘探工作计划期限延长五年的申请所出具的七份报告和建议。上述申请分别由国际海洋金属联合组织（ISBA/26/C/31）、海洋地质作业南方生产协会（ISBA/26/C/32）、韩国政府（ISBA/26/C/33）、深海资源开发有限公司（ISBA/26/C/34）、中国大洋矿产资源研究开发协会（ISBA/26/C/35）、法国海洋开发研究所（ISBA/26/C/36）和联邦地球科学和自然资源研究所及国际海底管理局（ISBA/26/C/37）提交。11. 在同次会议上，理事会根据法律和技术委员会的建议采取行动，核准了所有七项延长勘探合同的申请。理事会对各项申请的决定载于ISBA/26/C/49至ISBA/26/C/55号文件。"在以上7个获准将勘探合同延长5年的承包者中，除德国联邦地球科学和自然资源研究所系首次申请并获准延长勘探合同期5年外，其余6名承包者都是第二次申请并第二次获准将合同期再延长5年。

由企业部获得开采利润的 50%。① 这是海管局在制定硫化物与富钴介壳勘探规章过程中，坚持但灵活执行平行开发制原则的体现。

迄今已被世界各国勘探过的海域的面积只占世界海域总面积的 5%。我国现在已就 3 种矿物得到 5 个勘探合同。日本、俄罗斯和韩国已就 3 种矿物各自得到 3 个勘探合同。截至 2023 年 6 月 11 日，海底管理局就 3 种矿物共发放了 31 份勘探合同，其中包括多金属结核 17 份、多金属硫化物 7 份、富钴介壳 5 份。② 这 31 份勘探合同是由 22 个海管局成员国担保的，其中包括 11 个发展中国家。③ 与 2008 年时只有 8 份勘探合同相比，这 15 年来，海管局在发放勘探合同方面取得了长足的进步。

第三次联合国海洋法会议中，众多国家对宽大陆架沿海国做出让步，允许其享有不超过 350 海里大陆架的补偿，《公约》第 82 条规定，宽大陆架国家在其 200 海里至 350 海里的外大陆架范围内开采油气，需在其生产开始后的第 6 年开始将其产值或产量的 1% 上缴海底管理局，此后百分比逐年递增 1%，直至第 12 年增至 7% 封顶，此后每年比率应保持在 7%，由海管局负责按公平分享的原则和标准将这笔收入分配给《公约》当事国，在分配过程中要特别考虑发展中国家，特别是其中最不发达国家和内陆国的利益与需求。这是《公约》赋予海管局在国家管辖范围之外的国际海底行使职权的同时，赋予该组织在国家管辖范围以内的外大陆架上行使的额外职权，是落实全人类共同继承财产原则的另一种形式。迄今为止，海管局已就《公约》第 82 条的执行问题分别于 2009 年和 2012 年在伦敦和北京举办了两次国际研讨会。④ 2023 年 6 月 12 日，海管局秘书长麦克尔·洛奇在纽约联合国海洋法公约缔约国第 33 次大会上报告，海管局财务委员会将恢复其"就按照第 82 条第 4 款取得基金的分配制定规则规章和程序"议题的讨论，以及用"区域"开采活动的特许权使

---

① 《"区域"内多金属硫化物探矿和勘探规章》，ISBA/16/A/12/Rev. 1，附件，第 16 条、第 17 条、第 18 条、第 19 条；《"区域"内富钴介壳探矿和勘探规章》，ISBA/18/A/11，附件，第 16 条、第 17 条、第 18 条、第 19 条。

② Exploration Contracts, www. isa. org. jm.

③ Statement by H. E. Michael Lodge, Secretary-General of the International Seabed Authority at the Commemoration of the 40th Anniversary of the Adoption and Opening for Signature of the United Nations Convention on the Law of the Sea, UNHQ, New York, 8 December 2022.

④ Technical Study No. 4, Issues associated with the Implementation of Article 82 of the United Nations Convention on the Law of the Sea; Technical Study No. 5, Non-living Resources of the Continental Shelf beyond 200 Nautical Miles; Technical Study No. 12, Implementation of Article 82 of the United Nations Convention on the Law of the Sea, www. isa. org. jm.

用费建立一个海底可持续基金的讨论。①

## 三、海管局对于海洋环境的保护与保全

海管局的主要使命，就是在和平利用海底矿物资源、使全人类共享开采矿物资源利益的同时，促进海洋科研，确保海洋生态环境的保护和海底资源的可持续发展。自成立起，海管局始终将海洋环境保护与勘探开发资源并重。1998年6月，海管局在我国政府的大力支持下，在海南岛三亚举办了1994年成立后的首次国际研讨会，多国海洋环境科学家与会。会议成果是确立了环境基线和其他基线，后来被业内视为环境标准。② 海管局在随后的25年里举行的研讨会大部分以海洋环保为主题，其余的则涉及法律、技术和发展中国家能力建设。出于对多金属结核勘探区海洋环境的保护，海管局听取了法国的提议，在太平洋多金属结核勘探区最密集的克拉里昂－克利珀顿区周围设立了9个区域环境管理计划区（regional environment management plan，REMP），同时规定在保护区设立的5年之内必须再次进行审查。如果5年之内采集的科学数据表明这9个保护区没有继续保护的价值，则可以重新开放，供潜在申请者申请勘探合同。海管局这个建立区域性环境管理计划区的成功实践，对国际海底乃至全球海洋环境保护都具有借鉴意义，在近几年《"区域"内矿物资源开采规章（草案）》的谈判中，一些代表团建议在制定相关环保条文时参考相关实践。在2021年12月第26届理事会续会上，法技委提交了关于审查克拉里昂－克利珀顿区环境管理计划执行情况的报告，并建议在该地区再增设4个特别环境利益区（areas of particular environmental interest，APEI），以提高特别环境利益区网络的效力的建议，同时建议未来建立定期审查计划并加强同利益攸关方的磋商。理事会成员一致支持法技委的上述报告和建议。③ 德国、西班牙、比利时、斐济等国，主张采用标准化办法来制定区域环境管理计划（REMP）。比利时、意大利、牙买加、密克罗尼西亚等国认为，在没有相关区域环境管理计

---

① Statement by Mr. Michael Lodge, Secretary-General of the International Seabed Authority, at Thirty-third Meeting of States Parties to the United Nations Convention on the Law of the Sea, Agenda item 9: "Information reported by the Secretary – General of the International Seabed Authority", New York, www. isa. org. jm.

② Deep Seabed Polymetallic Nodule Exploration: Development of Environmental Guidelines, www. isa. org. jm.

③ ISBA/26/C/43, ISBA/26/C/57, ISBA/26/C/58；理事会主席关于理事会第26届会议续会期间工作的声明（ISBA/26/C/13/Add. 1），www. isa. org. jm.

划的情况下，不应进行任何开发活动，并要求在第一份开采计划获得核准前达成环保方面的共识，使环境保护管理方案得以标准化。美国作为观察员在会上表示支持新建 4 个特别环境利益区，强调 20 世纪 80 年代初期美国就通过了国内立法来管理深海采矿活动和保护海洋环境，如果美国加入《公约》，就可以更好地参与海洋环境管理和保护。中国赞赏海管局为保护海洋环境做出的努力，支持新增 4 个特别环境利益区。在制定理事会确定的其他优先区域的区域环境管理计划方面，出席第 26 届理事会续会的代表团注意到在为北大西洋中脊和西北太平洋地区制定此类计划方面取得的进展，以及需要开始为印度洋三交点脊和结核带地区制定区域环境管理计划。一些代表团回顾了理事会关于制定、核准和审查"区域"内区域环境管理计划的标准化办法的决定，并请法技委在执行该决定方面更进一步。①

依照《公约》第 153 条第 4 款，担保国根据第 139 条承担的义务要求该国采取一切必要措施，确保受其担保的承包者遵守《公约》。《公约》附件三第 4 条第 4 款规定，担保国的确保遵守责任（responsibility to ensure compliance）在该国"法律制度范围内"适用，因此，确保遵守责任要求担保国制定法律和规章并采取行政措施，而这些法律和规章及行政措施应"足以使受其管辖的人遵守"。在这方面，《公约》第 209 条规定，各国应制定法律和规章，以防止、减少和控制由悬挂其旗帜或在其国内登记或在其权力下经营的船只、设施、结构和其他装置所进行的"区域"内活动造成对海洋环境的污染。这种法律和规章的效力应不低于按照《公约》第十一部分所确立的国际规则、标准及建议的办法和程序。2010 年，海管局理事会按照《公约》规定，请国际海洋法法庭海底争端分庭就担保国责任范围提供咨询意见。海底争端分庭受理此案，于同年 9 月 14 日至 17 日在德国汉堡开庭听证。海管局、德国、荷兰、阿根廷、智利、斐济、瑙鲁、墨西哥、英国、俄罗斯、联合国教科文组织下设政府间海洋委员会、国际自然保护联盟做了现场口头陈述。海管局、联合国环境署、海洋金属联合会、国际自然保护联盟、绿色和平组织、世界自然基金会、英国、瑙鲁、韩国、罗马尼亚、荷兰、俄罗斯、墨西哥、德国、中国、澳大利亚、智利、菲律宾等提交了书面陈述。海底争端分庭随后于 2011 年 2 月 1

---

① ISBA/26/C/10，ISBA/26/C/13/Add. 1，www. isa. org. jm.

日提出咨询意见。① 该咨询意见虽然不具备法律拘束力，但对《公约》和《第十一部分协定》中的相关条款做出了权威性的澄清和解释。分庭对因承包人过失造成海洋污染和环境破坏时担保国的责任范围问题提出了很好的咨询意见。特别值得注意的是，分庭进一步诠释并确认了《公约》第 139 条第 2 款的规定——如担保国"已依据第 153 条第 4 款和附件三第 4 条第 4 款采取一切必要和适当措施，以确保其根据第 153 条第 2 款（b）项担保的人切实遵守规定"，则该担保国"对于因这种人没有遵守本部分规定而造成的损害，应无赔偿责任"。2011 年 4 月 7 日，海管局秘书长在纽约联合国总部召集研讨会，向各国常驻联合国大使及法律顾问介绍了海底争端分庭的咨询意见，并展开讨论。在此鼓舞下，曾因对担保国责任范围心存疑虑、要求暂停勘探申请审查程序并要求理事会提供咨询意见的瑙鲁和汤加，转而分别促成其各自担保的承包者 NORI 和 TOML 公司，于 2011 年 7 月 22 日和 2012 年 1 月 11 日与海管局签署了多金属结核勘探合同。而海管局成员国纷纷制定法律并提交给海管局秘书长，成员国相关国内立法情况也从此成为海管局秘书长年度报告中的固定项目。海管局网站开设的各国国内深海立法文件库也日益丰富。②

## 四、《"区域"内矿物资源开发规章（草案）》谈判简介

海管局从事与《"区域"内矿物资源开采规章（草案）》起草、谈判相关的工作迄今已有 10 余年。因为在国际海底采矿是人类历史上绝无仅有的事，为其立法，建立一整套包罗万象且行之有效的监管制度，确保世界各国对共同

---

① Cases, No. 17, www. itlos. org。海底管理局秘书长在 19 届会议秘书长年度报告第 74 段中指出："在关于担保个人和实体从事'区域'内活动的国家所负责任和义务的咨询意见中，海底争端分庭申明，《公约》要求担保国在其法律制度范围内制定法律和规章并采取行政措施，以履行两种不同的功能，即，确保承包者遵守其义务和免除担保国的赔偿责任。虽然这些法律和规章及行政措施的范围和程度取决于担保国的法律制度，但不妨包括设立执法机制，以便对受担保的承包者的活动进行积极监督并协调担保国与管理局的活动。这种法律、规章和行政措施在与管理局的合同有效期间应始终生效。这种法律、规章和行政措施的存在虽然不是与管理局缔结合同的条件，但却是担保国履行尽职义务及寻求豁免赔偿责任的要求。尤其是在海洋环境保护方面，担保国的法律、规章和行政措施在严格程度上不得低于管理局通过的法律、规章和行政措施，或在效力上不得低于国际规则、规章及程序。"

② ISBA/18/C/8 & Add. 1, ISBA/18/C/21. National Legislation Database, Documents and Resources, www. isa. org. jm.

继承财产的惠益分享权利的同时，还要确保海洋环境的保护和资源的可持续发展，其难度之大、范围之广，超过了此前3个勘探规章。由于笔者在10年前已离开海管局，对此期间开采规章的谈判过程只能通过海管局网上资料予以跟进。现根据秘书长年度报告、理事会主席历届会议工作声明、法技委主席工作报告等相关资料，对过去10余年海管局对《"区域"内矿物资源开采规章（草案)》的起草及谈判过程，仅做简要汇总和梳理如下，限于本文篇幅，不予分析和探讨。

2011年，理事会在第17届会议上请求秘书处为拟订"'区域'内深海矿物采矿规章"编写一份战略工作计划。① 2012年，理事会第18届会议审议了秘书长关于拟定"区域"内多金属结核开采监管框架的工作计划报告。② 作为落实工作计划的第一步，秘书处请外部专家编写了一份初步研究报告，该报告于2013年1月完成，其中包括海管局在未来3～5年为执行总体战略计划而需要优先处理的主要组织、财政和研究事项，并提交法技委进行初步审议和评论以及定稿，最后成果作为海管局技术研究的第13期出版，供法技委在2013年讨论。③ 在2013年第19届会议上，法技委开始审议"区域"内多金属结核拟议规章的相关问题。④ 2014年第20届会议期间，法技委按照理事会的要求⑤继续优先进行关于"区域"内多金属结核开采的规章草案的工作。法技委在2014年3月10日启动了一项利益攸关方调查，向管理局成员以及当前和潜在利益攸关方征求相关信息，以便制定"区域"内矿物开采监管框架。⑥ 这项调查旨在启动一个利益攸关方参与和协商进程，从中获得专家关于"区域"内活动的深入意见、分析和看法。调查问题重点包括4个领域专题：财务条款和义务；环境管理条款和义务；健康和安全以及海事保安；一般考虑因素，如利益攸关方沟通和透明度。法技委先后收到来自多种公共和私营部门利益攸关方的50多份调查答复，并在2014年7月和2015年2月的会议上审议了调查结果。⑦ 2015年3月，法技委应理事会要求，发布了一份以"制定一个有关'区

---

① ISBA/17/C/21.

② ISBA/18/C/4.

③ Clark, A. et al., Towards the Development of a Regulatory Framework for Polymetallic Nodule Exploitation in the Area, ISA Technical Study No. 11, www. isa. org. jm；参见 ISBA/19/C/5。

④ ISBA/19/C/14, www. isa. org. jm。

⑤ ISBA/17/C/21，第20段，www. isa. org. jm。

⑥ ISBA/20/C/31, www. isa. org. jm.

⑦ ISBA/20/A/2，第66～68段；ISBA/21/A/2，第69段，www. isa. org. jm。

域'内矿物开采的监管框架"为题的报告，报告附件包括一个《"区域"内矿物开采监管框架草案》和一个制定监管框架的工作计划。2015 年 7 月，法技委发布了经修订的框架草案和行动计划，并列出此后 12 ～ 18 个月的 7 个优先可交付成果。① 理事会认可了法技委优先可交付成果清单，并请法技委继续优先进行开采规章工作。2016 年 7 月，法技委审议了经修订的开采规章工作草案，并为今后 12 ～ 18 个月制定开采规章提供了第二阶段的优先可交付成果②，得到了理事会核可。继 2016 年 7 月会议后，法技委向海管局成员和所有利益攸关方分发了订正工作草案，征求意见。法技委在 2017 年春季会议上审议了利益攸关方关于开采规章工作草案的评论意见（包括开采合同的标准条款）以及一份关于制定和起草"区域"内矿产资源开发规章（环境事项）的讨论文件。③

2017 年上半年，秘书处还和承包人联合举办了两个相关的国际研讨会。首先是 3 月 20 日至 24 日在柏林，秘书处与德国联邦环境保护局和德国联邦地球科学及自然资源研究所联合举办了以"达成海管局对'区域'的环境管理战略"为题的国际讲习班。讲习班旨在协助海管局制定一项关于深海海底采矿的环境管理战略。与会科学、法律和环境管理等领域专家根据秘书处 2017 年 1 月分发的环境事项讨论文件，就拟订和制定采矿法规的环境条款的各种问题交换意见并从多学科的角度提供反馈。讨论的项目包括环境标准、环境影响评估程序和标准、适应性管理、区域环境管理以及海管局长期环境战略要素。讲习班的报告已作为海管局的技术研究出版。④ 其次，秘书处以及法技委的一些成员还参加了 2017 年 4 月在新加坡举行的与开发支付机制有关的外部讲习班。讲习班主要侧重于向参与的利益攸关方介绍一项工作财务模式，并随后就模式内容及其依据的假设开展讨论。财务模式是一项重要的可交付成果，法技委可借此研究各个开采阶段的特许权使用费率预测和缴纳机制选项，并与承包者和其他利益攸关方讨论这些预测。为将讲习班成果进一步发展成可行的工作模式并纳入建议选项，秘书长打算请承包者向秘书处提供预测的财务数据，以便为这一系列数据建立模型。新加坡讲习班还审议了可能的奖励机制，包括基金和债券，以支持环境目标的交付。对这类机制须做进一步调查，包括研究其

---

① ISBA/21/C/16, www. isa. org. jm.

② ISBA/22/C/17, www. isa. org. jm.

③ ISBA/23/A/2，第 79 段，www. isa. org. jm。

④ ISA Technical Study No. 17, www. isa. org. jm.

他基于市场的财务工具和"区域"赔偿责任制度有关问题。①

据秘书长向海管局大会报告②，2017 年 8 月秘书处发布了一套"区域"内矿物资源开发规章草案③，以征求利益攸关方的意见。这份合并规章草案以法技委 2016 年 7 月发布的第一份工作草案为基础，纳入了关于保护海洋环境、检查以及开采权使用费的计算和管理规定的条款。在 2017 年最后一个季度，秘书处聘请了麻省理工学院的专家理查德·罗斯博士，为海管局设计可行的财务和经济模型，以协助拟订未来开发合同的财务条款。2018 年 3 月第 24 届会议第一期会议期间，理事会举行了非正式会议，以审议秘书处编写的关于海管局成员和其他利益攸关方就"区域"内矿物资源开发规章草案提交的呈件的非正式简报，并推动就开发规章草案（包括财务条款）进行首次实质性讨论。此前，英国外交和联邦事务部及皇家学会于 2018 年 2 月 12 日和 13 日在伦敦举办了一个研讨会，讨论了规章草案提出的一些共同主题，其成果对于理事会的讨论起到了参考作用，也得到了理事会认可。法技委在 2018 年 3 月的会议上审议了理事会的请求以及海管局成员和其他利益攸关方就开采规章草案提交的文件。④ 法技委请秘书处根据法技委的讨论编写一份规章草案订正案文，供 2018 年 7 月审议。秘书处将订正案文以编号为 ISBA/24/LTC/WP. 1 的工作文件发布，并同时发布一份编号为 ISBA/24/LTC/6 的评注文件，供法技委、海管局成员和其他利益攸关方使用。理事会还请法技委与财务委员会协作，并就法技委与财务委员会各自的作用和责任向理事会提出建议，以促进两个委员会合作制订规章草案，特别是在缴费机制及制订公平分享标准问题上更需如此。为协助这一讨论，秘书处编写了一份说明，以澄清海管局各机关在拟订"区域"内矿物资源开发的规则、规章和程序以及在《公约》第 151 条第 10 款所设想的补偿制度方面的职能。⑤ 2018 年 7 月，在理事会第 24 届会议第二期会议期间，法技委印发了关于"区域"内矿物资源开发的订正规章草案（ISBA/24/LTC/WP. 1/Rev. 1），供理事会审议，并附有一份评注，其中列有该委员会需要理事会指导的事项，并说明该委员会仍在审议的关键事项（ISBA/24/C/20）。为此，理事会对订正草案提出了评论意见，作为理事会主席关于第 24 届会议第二期会议期间工作的声明附件（见 ISBA/24/C/8/Add. 1，附件一），并

---

① ISBA/23/A/2，第 80～81 段，www. isa. org. jm。

② ISBA/24/A/2，第 88～91 段，www. isa. org. jm。

③ ISBA/23/C/12，www. isa. org. jm.

④ ISBA/24/C/9，www. isa. org. jm.

⑤ ISBA/24/C/10，www. isa. org. jm.

请理事会成员在 2018 年 9 月 30 日之前对订正草案提出书面意见。秘书处向理事会提交了这些评论意见的概要，包括来自其他利益攸关方的评论意见，以及对所提交材料中提出的共同主题的讨论情况。① 理事会在 2019 年第 25 届会议第一期会议期间，于 2019 年 2 月/3 月继续进行审议，并向该委员会提供了进一步的指引和指导（见 ISBA/25/C/17）。理事会 2019 年第 25 届会议第一期会议于 2 月 25 日至 3 月 1 日举行，理事会继续非正式审议法技委编写的编号为 ISBA/24/LTC/WP. 1/Rev. 1 的"区域"内矿物资源开发规章草案。

理事会第 25 届会议第一期会议后，2019 年 3 月 15 日，法技委发布了一套订正规章草案，并附有评注，介绍对案文做出的修改（ISBA/25/C/WP. 1，IS-BA/25/C/18）。这套编号为 ISBA/25/C/WP. 1 的"区域"内矿物资源开采规章草案，从此成为理事会讨论开采规章草案的基本文件。草案包括序言及 10 个部分（共 107 条）、10 个附件、4 个附录、1 个附表。10 个部分分别为：第一部分"引言"，第二部分"请求核准采取合同形式的工作计划申请书"，第三部分"承包者的权利和义务"，第四部分"保护和保全海洋环境"，第五部分"工作计划的审查和修改"，第六部分"关闭计划"，第七部分"开发合同的财政条款"，第八部分"年费、行政费和其他有关规费"，第九部分"资料的收集和处理"，第十部分"一般程序、标准和准则"。10 个附件包括：一、请求核准工作计划以取得开发合同的申请书，二、采矿工作计划，三、融资计划，四、环境影响报告，五、应急和应变计划，六、健康和安全计划和海上安保计划，七、环境管理和监测计划，八、关闭计划，九、开发合同及附表，十、开发合同的标准条款。4 个附录包括：一、应通报的事件，二、年费、行政费和其他适用的规费表，三、罚款，四、确定特许权使用费负债。附表：用语和范围。

理事会 2019 年第 25 届会议第二期会议于 2019 年 7 月 15 日至 19 日举行，会议期间，理事会首次审议了这个订正规章草案"ISBA/25/C/WP. 1"，并提出一份说明，解释其对案文所做的修改及进一步需要审议的领域②，还通过了一个关于审议规章草案后续步骤的决定③。

理事会第 26 届会议第一期会议于 2020 年 2 月 17 日至 21 日举行。理事会继续非正式审议了开采规章草案（ISBA/25/C/WP. 1），并决定设立 3 个非正式工作组，负责审议：①与保护和保全海洋环境有关的问题；②检查、遵守和

---

① ISBA/25/C/2，www. isa. org. jm.

② ISBA/25/C/18，www. isa. org. jm.

③ ISBA/25/C/37，www. isa. org. jm.

强制执行；③机构事项。各组任务规定和工作方法载入关于推动讨论"区域"内矿物资源开发规章草案工作方法的决定之附件。① 各组的讨论将由各区域组根据理事会商定的任务和方式指定的个人协调。此时，新冠疫情已开始在世界范围内蔓延，此次会后，海管局将近 2 年时间无法召开面对面的会议，直到2021 年 12 月才在牙买加金斯敦举行了第 26 届会议续会。2020 年 10 月以后，海管局通过了"默许程序"，并通过这种方式审议了海管局 2021—2022 年财务预算，核准了牙买加蓝矿公司多金属结核矿区的申请，完成了秘书长和理事会的换届选举，补选了法技委委员和财务委员会委员，有效保证了海管局疫情期间工作的运转。

为弥补 2020—2021 年疫情期间失去的面对面谈判机会和时间，理事会为2022 年第 27 届会议安排了三期会议，第一期于 3 月 21 日至 4 月 1 日以混合形式举行。作为优先事项，理事会继续审议了"区域"内矿物资源开采规章草案。会议期间，理事会于 2020 年 2 月设立的 3 个非正式工作组举行了首次面对面会议，讨论了以下内容：①保护和保全海洋环境［协调人：拉耶利·塔加（斐济）］；②检查、合规和执行［协调人：莫林·塔穆诺（尼日利亚）］；③机构事项［共同协调人：乔治娜·吉伦－格里洛（哥斯达黎加）和 菲格罗阿·塞普尔韦达（智利）］。协调人于 2022 年 4 月收到了关于规章草案和标准、指南草案的文本提案。协调人在 2022 年 7 月第二期会议期间向理事会提交了各自的案文，供其审议。

由奥拉夫·米克勒布斯特（挪威）担任主席的拟订和谈判合同财务条款不限成员名额工作组于 3 月 21 日至 22 日举行了第四次面对面会议。主席将向理事会提交一份简报，供其在 2022 年 7 月审议。理事会听取了 4 位协调人就会议情况所做的口头报告。② 3 月 22 日，理查德·罗斯博士应 2018 年理事会第 24 届会议第一期会议上德国提出的建议和理事会要求，再次介绍了以下四种特许权使用费计算和缴纳备选方案的优缺点：①非洲集团于 2018 年 7 月 9日提交的关于缴费制度和其他财政事项的呈文；②中国大洋矿产资源研究开发协会于 2018 年 7 月 17 日在会外活动期间提出的经济模式；③德国于 2016 年9 月 30 日提出的关于深海商业采矿活动经济效益的经济研究；④麻省理工学院于 2018 年 7 月 16 日在修订后版本中向理事会介绍的经济模式。不限成员名额工作组继续讨论支付系统问题，重点是主席在按照理事会 2020 年 2 月会议要求开展的研究基础上编写的简报中提出的支付系统备选方案。不限成员名额

---

① ISBA/26/C/11，www. isa. org. jm.

② ISBA/27/A/2，第 38～40 段，www. isa. org. jm。

工作组一些代表团表示赞成备选方案④，另一些代表团则表示赞成保留所有四种方案供进一步审议和谈判，并在今后商定一个协商一致的备选方案。不限成员名额工作组建议对环境成本进行研究，包括研究如何将与外部因素相关的成本内部化，如对生态系统服务和自然资本的估值以及对良好绩效的激励措施，并研究此类成本对支付系统的影响。不限成员名额工作组商定，主席应在 7 月会议之前编写一份简报，并在其中列入支付系统案文草案。① 2022 年理事会第 27 届会议第二期会议期间，7 月 18 日下午，介绍了 2022 年 6 月 13 日发布的简报。有的代表团回顾前几届会议的讨论情况，建议不限成员名额工作组重点讨论主席为相关规章草案、附录四及标准和准则编写的案文草案，并讨论与多金属结核中锰的估值有关的具体问题以及非洲组关于支付办法选项和费率有关问题的立场文件。许多与会者就与支付机制有关的不同问题提出了各种意见。一些代表团就哪一种备选办法更可取表明立场，而另一些代表团则坚持认为所有备选办法都应保留。几位与会者提到了此前关于环境成本研究的讨论，并表示应按照不限成员名额工作组 2022 年 3 月向理事会提出的建议，开展此类研究。一些与会者提到了加拿大和采矿、矿物、金属与可持续发展政府间论坛于 2022 年 7 月主办的一次研讨会，并提出海管局与该论坛可能进一步开展的合作。7 月 19 日，不限成员名额工作组对与支付制度有关的规章草案进行了一读。挪威主席在会上介绍了各种建议和提案，欢迎代表团在 2022 年 9 月 1 日前提交书面意见，以进一步完善案文草案，供 2022 年 11 月举行的不限成员名额工作组下次会议讨论。在宣读了规章草案和附录四之后，理查德·罗斯博士介绍了"湿公吨"和"干公吨"这两个术语的用法和与锰估值有关的具体问题。他还强调支持透明度的必要性，并在定价方面采取公平合理的做法。② 会议期间，保护和保全海洋环境非正式工作组还向理事会报告，该组会议讨论了拟议的环境补偿基金。与会者认可并赞赏 2022 年 6 月 21 日举行的关于拟议基金的网络研讨会及其做出的澄清。非正式工作组就此问题的讨论侧重于基金的目的。一些与会者分享了他们的看法，并主动表示将提出案文提议，以便更清楚地说明基金的宗旨。一些与会者主张，对基金的缴款数额应由理事会根据财务委员会的建议决定。还有与会者建议进一步明确环境补偿基金、可持续性基金和环境履约保证金之间的相互关系。③

　　海管局理事会第 28 届会议第一期会议于 2023 年 3 月 16 日至 31 日举行。

---

① ISBA/27/C/21，附件，www. isa. org. jm。

② ISBA/27/C/21/Add. 1，附件，www. isa. org. jm。

③ 同上。

按照理事会 2022 年 11 月核可的路线图①，理事会主要在非正式场合举行会议，以进一步拟订共识案文，并解决工作组中悬而未决的构想问题。理事会主席鼓励非正式工作组协调人和与会者弥合分歧，就仍然存在分歧的问题达成共识。协调人的口头报告反映了在达成基于共识的案文方面取得的重要进展，尤其是一些工作组完成了案文的三读。主席案文方面也取得了一定进展。会议将 2023 年 5 月 15 日定为提交与规章各部分有关的书面提案和闭会期间工作组大部分成果的截止日期。2023 年 3 月 31 日，理事会通过了海管局理事会关于理解和适用《第十一部分协定》附件第 1 节第 15 段的决定。② 理事会还强调，这一决定是对关键问题和对理事会可接受的前进方向的明智、谨慎、平衡的妥协。非正式对话将使各代表团有机会在理事会 7 月会议之前提交材料和提出详细意见，至少有两次半天的会议专门讨论这一议题。非正式对话是持续进程的第一步，它提供了一个机会，可以进一步阐述、完善和提出立场，推动确定更多意见一致和有共识的领域，以便理事会在处理《第十一部分协定》附件第 1 节第 15 段所述重要问题方面继续取得进展。

根据不限成员名额工作组主席奥拉夫·米克勒布斯特（挪威）的口头报告，该组在理事会第 28 届会议第一期会议期间举行了第七次会议，会上介绍了两个构想议题，并介绍了麻省理工学院开发的财务模型的最新情况。第一个构想是增加特许权使用费或与担保国所得税有关的税收，通过实行均衡支付，为陆基和海基承包者建立公平的竞争环境。第二个构想是对合同项下权利转让征收税款。采矿、矿物、金属与可持续发展政府间论坛的亚历山德拉·里德海德和托马斯·拉苏德就一些一般性问题、包括支付制度备选方案③和备选方案④与担保国税之间的相互作用做了专题介绍。该论坛还介绍了对合同项下权利转让征收税款的财务影响，并就各代表团提出的问题和评论意见做出回应。③会议还听取了理查德·罗斯博士根据不限成员名额工作组对麻省理工学院财务模型所做的订正假设，以及这些变动对主席订正案文的影响所做的报告。罗斯博士还介绍了从较高特许权使用费中扣除国内税和担保国税的可能性，特别是对数字和计算的看法。④ 会上有代表团提到惠益分享问题，特别是海管局收到的款项应如何分配的问题，但也有其他代表团认为这超出了不限成员名额工作

---

① ISBA/C/21/Add.2，附件二。
② ISBA/28/C/9，www.isa.org.jm。
③ ISBA/28/C/11，附件，第 3 段，www.isa.org.jm。
④ 同上，第 5 段。

组仅限于"就合同财务条款的规章草案提出建议"的范围和任务。① 会议对主席订正案文进行了二读，内容涉及第七部分以及第三部分中的一些相关规章草案（规章草案第 23 条、第 27 条、第 38 条、第 39 条），就若干规章草案条款达成了普遍一致意见。会议还商定，对于案文中一些与会者有新提案或有反对意见之处，将尝试通过闭会期间小组与所有相关提案者一道，在下次会议之前提供共识案文提案，包括关于统一时间表的提案。会议商定了闭会期间的工作，旨在推进这一进程，特别是在已经确定并且需要进一步讨论的两个构想问题上。南非代表非洲国家地区组，同意与澳大利亚共同主办一次会议，在麻省理工学院的支持下，讨论提出一个制定均衡措施的机制。加拿大同意与采矿、矿物、金属与可持续发展政府间论坛共同主办一次网络研讨会，进一步审议对合同项下权利转让征收税款的问题。②

　　保护和保全海洋环境非正式工作组于 2023 年 3 月 20 日至 22 日举行了 6 次会议，对协调人进一步订正的案文（ISBA/28/C/IWG/ENV/CRP.1）进行了三读。根据该组协调人拉耶利·塔加博士（斐济）的口头报告，该组会议上由英国介绍了由该国牵头上届会议闭会期间关于利益攸关方协商的标准化工作。在这项工作中，他们试图提出解决方案，力争为这类协商找到连贯一致的办法，确保透明度和善治。③ 三读期间发现了一些共有问题，包括采用通用提法、澄清定义、精简案文、保持案文一致性的问题。会议还考虑了已于 2023 年 3 月 3 日在纽约达成一致的"根据《公约》国家管辖范围以外区域海洋生物多样性的养护和可持续利用协定草案"的讨论情况，以便在一定程度上保持连贯一致。会上讨论了将一些规章草案的细节移入标准和准则的问题，并讨论了采用最佳可得科学证据、最佳可得信息等标准化措辞的问题。④ 会上，英国、墨西哥、密克罗尼西亚、西班牙、德国、挪威、比利时、斐济等国分别于第 28 届会议第一期会议后的闭会期间主动牵头组成小组，协调利益攸关方协商标准化办法、沿海国义务、水下文化遗产、精简和调整机构、环境影响评估流程的范围界定和各个步骤以及附件四的结构调整，实验采矿、关闭计划等问题，并于 2013 年 5 月 15 日或 6 月 1 日前提交各小组修订案文。⑤

　　检查、合规和执行问题非正式工作组于 3 月 23 日至 24 日举行了会议，协

---

① 同上。
② 同上，附件，第 6～8 段。
③ 同上，附件，第 11 段。
④ 同上，附件，第 12 段。
⑤ 同上，附件，第 22 段。

调人莫林·塔穆诺博士（尼日利亚）介绍了她的进一步案文（ISBA/28/C/IWG/ICE/CRP.1）。根据协调人口头报告，挪威在会上介绍了成员国和观察员举行的关于设立由检查主任领导的独立检查机构在闭会期间会议的讨论结果。"一些与会者对这一提议表示欢迎，认为该提议落实了拟议的检查机构和遵约委员会的核心内容。一些与会者对这一提议表示欢迎，但表示需要避免与根据《公约》和1994年《第十一部分协定》已经设立的其他机构的作用和职能发生重叠。在这方面，会议就海管局的适当检查机制进行了构想讨论。与会者一致认为，需要建立一个可投入运作且发挥作用的稳健机制。与会者提出了三种主要观点和办法。一些与会者赞成设立一个独立检查机构，另一些与会者则倾向于设立一个遵约委员会。还有一些与会者表示倾向于由法技委监督对规章的遵守情况。与会者商定，将在闭会期间进一步开展构想讨论，重点讨论职能、统属关系和工作流程等问题。"随后，挪威按照协调人的提议，提交了一份建议的检查机制组织结构图，其中确定了独立遵约机制的作用，该机制将在秘书处的行政支持下直接向理事会报告，并任命和监督名册上的检查专员。中国也应邀介绍了其提案和组织结构图。根据中国提案，检查专员将直接向法技委报告，法技委将指导、任命和监督检查专员，并发布检查专员行为守则。理事会将保留执行权，如发布合规通知和做出处罚，而秘书处将承担行政职能并提供行政支持。挪威同意即刻开始开展闭会期间的工作，到2023年5月15日结束，与所有代表团一道凝聚共识，以期编制一份经订正的组织结构图，供工作组在2023年7月的会议上审议。非正式工作组会议期间对协调人提交的与规章草案第十一部分有关的订正案文进行三读，对案文进行了高效讨论，顺利完成。[1] 协调人请代表团至迟于2023年5月15日提出评论意见和案文提案，以便使她有足够的时间进行整合，在2023年7月会议召开前提供第三份订正案文。

机构事项非正式工作组于2023年3月27日至29日开会，继续审读经修订的协调案文（ISBA/27/C/IWG/IM/CRP.1/Rev.1），并完成了对第二、五、八部分和附录二的一读，从头开始对案文进行三读，并在工作结束时对规章草案第1条和第2条进行审读。[2] 根据共同协调人乔治娜·吉伦－格里洛（哥斯达黎加）和萨尔瓦多·贝加（智利）的口头报告，海管局秘书长企业部特别

---

① 同上，附件，第31～33段。
② 同上，附件，第34段。

代表①提议对案文进行全面修正，在案文提及承包者的地方加入企业部。② 共同协调人欢迎与会者就会议期间的发言在 2023 年 5 月 15 日之前提出书面建议，以便在 2023 年 7 月第二期会议之前发布经更新的共同协调人新案文。共同协调人还告知与会者，他们将与秘书处就有效控制问题进行协调。③

2023 年 3 月 29 日，理事会举行非正式会议，拟定和谈判主席案文。此前，第一阶段规章和标准草案中未分配给理事会任何非正式工作组的部分，已在非正式场合分配给理事会（2022 年 3 月 31 日主席工作声明）。在 2022 年 11 月的会议上，理事会主席介绍了主席案文（ISBA/27/C/WOW/CRP. 1）之后，理事会完成了对序言和规章草案第 17～30 条的审读。在 2023 年 3 月 29 日的会议上，理事会主席提醒理事会，最新主席案文已全面梳理了各代表团和观察员提交的案文提案。理事会从规章草案第 31 条（合理顾及海洋环境中的其他活动）开始继续对主席案文进行一读，依据的文件是 2023 年 3 月 3 日发布的最新主席案文（ISBA/28/C/WOW/CRP. 1）。一读于 2023 年 3 月 30 日顺利完成。与会者就主席案文的不同内容提出了若干建议：第一，在审读规章草案第 33 条（防止和应对事故）和第 34 条（应通报的事件）时，一些代表团和观察员指出有必要通知其他利益攸关方，在这方面，有人强调有必要更广泛地研究这一问题，而不局限于这两条规章。关于规章草案第 35 条（具有考古或历史意义的人类遗骸、文物和遗址），一些代表团要求尝试"拆解说明"该条规章。第二，关于有关保险的规章草案第 36 条，一些代表团要求更明确地说明保险义务的内容。考虑到目前并无此类市场，有代表团建议采用保险以外的替代机制。经商定，这个问题将在 2023 年 7 月会议之前得以进一步澄清。第三，在关于一般程序、标准和准则的第十部分方面，有几个代表团提议扩大定义的适用范围，使其适用于整个案文。第四，关于附表、用语和范围，理事会收到了若干改进建议以及关于新术语的建议。一些代表团和观察员提到采用国家管辖范围以外区域海洋生物多样性条约中的定义。第五，一些代表团要求合并非正式工作组所使用的所有术语和范围。会议商定，主席将在订正主席案文中合并所有术语和范围。主席告知各代表团和观察员，欢迎在 2023 年 5 月 15 日前提出任何案文提案，并将在 7 月会议之前提供经订正的主席案文。④

---

① 在 2023 年理事会第 28 届会议第一期会议上，理事会决定设立企业部临时总干事职位，要求秘书长就设立该职位提交预算建议，目前秘书长已提交该预算建议，理事会和财务委员会将在 2023 年 7 月予以审议。ISBA/28/C/10, www. isa. org. jm。

② 同上，附件，第 47 段。

③ 同上，附件，第 48 段。

④ 同上，附件，第 50～58 段。

对于海管局成员国在近 2 年所做的多方面合作与贡献，海管局秘书长予以高度评价。他在 2023 年 6 月 12 日于纽约联合国总部举行的《公约》缔约国第 33 届会议上表示："如此之多的《公约》缔约国在海管局第 27 届会议和第 28 届会议第一期会议上的踊跃参会和具有建设性的贡献，是缔约国确保有效履行《公约》和《第十一部分协定》坚定承诺的证明。"他说："2022 年，理事会绝大部分时间致力于根据第 26 届会议上制定的路线图谈判开采规章草案，该路线图在 2022 年 11 月理事会第 27 届会议最后一期会议上得以修订更新。2023 年 3 月，在理事会第 28 届会议第一期会议上，由理事会建立的各非正式工作组取得了更有意义的进展。11 个闭会期间工作组得以建立，以协助代表团就规章草案的一些未决核心问题进一步讨论，并达到协商一致。目前秘书处已开始从这些闭会期间工作组收到简报和建议，这些简报和建议将于今年 7 月在理事会讨论。我相信迄今我们所取得的成果具有高度建设性，而且正在围绕规章草案中诸多重要问题形成协商一致。我期待着 7 月份更大的进展，从而保持我们迄今积攒的动力。秘书处将一如既往，随时给谈判提供支援。"[①] 这是对近 2 年来海管局成员国谈判《"区域"内矿物资源开采规章（草案)》现状简明、到位的评价。

## 五、结语

2023 年是我国恢复联合国合法席位 52 周年，也是我国参与国际海底事务 52 周年。半个多世纪以来，我国始终是"国际海底及其资源是全人类共同继承财产"理念的坚定支持者和贡献者。作为发展中大国，我国支持其他发展中国家参与国际海底事务。从 2020 年起，我国已成为每年向海管局行政预算缴纳会费最多的国家。截至 2021 年，我国已向海管局各类基金捐款 33 万美元，主要用于资助来自发展中国家的法技委和财务委员会委员参加两个委员会的年会。2020 年，我国自然资源部与海管局共同启动了总部设在青岛的中国—国际海底管理局联合培训和研究中心。我国愿意以此为平台，进一步加强发展中国家的深海能力建设。海洋是人类共同的生存和发展空间。当前国际海底正处于从勘探向开采过渡时期，对于近 10 年来海管局视为重中之重的开采

---

① Statement by Mr. Michael Lodge, Secretary-General of the International Seabed Authority, at the Thirty-third Meeting of States Parties to the United Nations Convention on the Law of the Sea, Agenda item 9："information provided by the Secretary-General of the International Seabed Authority", New York, 12 June 2023, www.isa.org.jm.

规章谈判及我国立场，正如外交部条约法律司司长马新民 2023 年 6 月 2 日在中国国际法学会学术年会主旨报告中所重申的："'区域'内矿产资源开发规章是国际上第一个旨在落实人类共同继承财产原则的国际立法。国际海底及其资源属于全人类共同财产，任何国家不能据为己有，实行和平利用、共同管理和惠益分享国际制度。……我国是深海大国，也是最大发展中国家，在谈判中要顾及广大发展中国家的利益关切，兼顾国际社会整体利益和全人类利益，找到各方利益汇合点，实现合作共赢。"①

---

① 中国国际法前沿，2023 年 6 月 2 日，"当前国际法形势与我国外交条法工作——外交部条法司司长马新民在中国国际法学会 2023 年学术年会上的主旨报告"。